한 번에 한
자격증은 이기적

KB050039

이렇게 기막힌 적중률

자격증 독학, 어렵지 않다!
수험생 합격 전담마크

이기적 스터디 카페

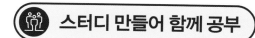 스터디 만들어 함께 공부

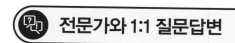 전문가와 1:1 질문답변

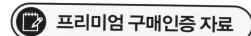 프리미엄 구매인증 자료

 365일 진행되는 이벤트

이기적 스터디 카페 🔍

인증만 하면, **고퀄리티 강의가 무료!**

100% 무료 강의

STEP 1
이기적
홈페이지
접속하기

STEP 2
무료동영상
게시판에서
과목 선택하기

STEP 3
ISBN 코드
입력 & 단어
인증하기

STEP 4
이기적이 준비한
명품 강의로
본격 학습하기

영진닷컴 이기적

1년 365일 이기적이 쏜다!

365일 진행되는 이벤트에 참여하고 다양한 혜택을 누리세요.

EVENT ❶
기출문제 복원

- 이기적 독자 수험생 대상
- 응시일로부터 7일 이내 시험만 가능
- 스터디 카페의 링크 클릭하여 제보

이벤트 자세히 보기 ▶

EVENT ❷
합격 후기 작성

- 이기적 스터디 카페의 가이드 준수
- 네이버 카페 또는 개인 SNS에 등록 후
  이기적 스터디 카페에 인증

이벤트 자세히 보기 ▶

EVENT ❸
온라인 서점 리뷰

- 온라인 서점 구매자 대상
- 한줄평 또는 텍스트 & 포토리뷰 작성 후
  이기적 스터디 카페에 인증

이벤트 자세히 보기 ▶

EVENT ❹
정오표 제보

- 이름, 연락처 필수 기재
- 도서명, 페이지, 수정사항 작성
- book2@youngjin.com으로 제보

이벤트 자세히 보기 ▶

N Pay 20,000원
네이버페이 포인트 쿠폰

영진닷컴 쇼핑몰 30,000원

- N페이 포인트 5,000~20,000원 지급
- 영진닷컴 쇼핑몰 30,000원 적립
- 30,000원 미만의 영진닷컴 도서 증정

※이벤트별 혜택은 변경될 수 있으므로 자세한 내용은 해당 QR을 참고하세요.

이렇게
기막힌
적중률

ITQ 파워포인트
ver.2016

"이" 한 권으로 합격의 "기적"을 경험하세요!

YoungJin.com Y.
영진닷컴

구매자 혜택 BIG 6

이기적 독자에게 모두 드리는 자료!

동영상 재생 목록

이기적이 수험생들의 합격을 위해 모든 것을 드립니다.
동영상을 무료로 시청하세요.

* 도서에 따라 동영상 제공 범위가 다를 수 있습니다.

이기적 스터디 카페

이기적 스터디 카페에서 함께 자격증을 준비하세요.
다양한 시험 정보와 이벤트, 1:1 질문답변까지 해결해 드립니다.

* 이기적 스터디 카페 : cafe.naver.com/yjbooks

자료실

책에 수록된 문제의 정답파일, 기출문제 해설 PDF를 받으실 수 있습니다.
이기적 홈페이지에서 제공하는 다양한 자료를 다운로드 받으세요.

* 이기적 홈페이지 : license.youngjin.com

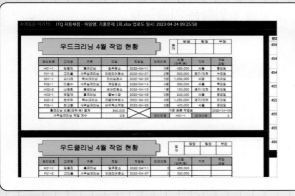

자동 채점 서비스

화면으로 정답파일과 직접 비교해볼 수 있는 채점 서비스를 제공합니다.

PC에서 아래 주소로 바로 접속하세요.

* 자동 채점 서비스 : itq.youngjin.com

정오표

이미 출간된 도서에는 오류가 있을 수 있습니다.

출간 후 발견되는 오류는 정오표를 확인해 주세요.

* 도서의 오류는 교환, 환불의 사유에 해당하지 않습니다.

추가 기출문제

도서에 수록되지 않은 기출문제들을 추가로 받으실 수 있습니다.

이기적 홈페이지에서 과목별 기출문제를 다운로드 받아 이용하세요.

이기적 200% 활용 가이드

STEP 1

시험 유형 따라하기

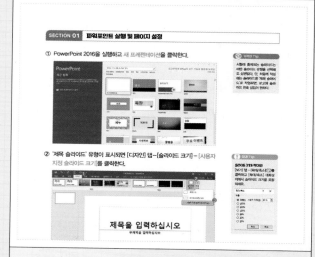

다년간 분석한 기출문제의 출제경향, 난이도를 토대로 따라하기 쉽게 구성하였습니다.

① ▶ 합격 강의

동영상 강의를 무료로 제공합니다. QR 코드를 스캔하거나 이기적 홈페이지에서 시청하세요.

② 정답파일

도서에 수록된 내용의 파일을 다운로드 하실 수 있습니다.

③ 기적의 Tip

출제 경향이나 학습 노하우를 알려주는 기막히게 잘 맞는 내용을 제시하였습니다.

④ 해결 Tip

실수하거나 감점이 될 수 있는 부분들을 세심히 짚어드립니다.

STEP 2

유형을 확인하는 기출문제

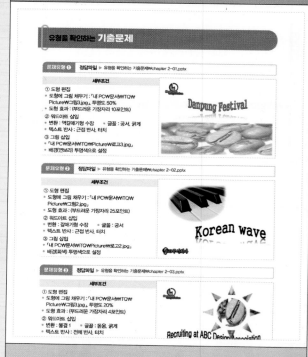

시험유형을 실습해본 후 중요 부분을 확인하는 기출문제로 자신의 실력을 체크하세요.

① 정답파일 ▶

도서에 수록된 문제의 파일을 다운로드 받으실 수 있습니다.

② 조건

문제의 조건을 먼저 확인하세요. 출력형태와 최대한 비슷하게 작업해야 합니다.

STEP 3

기출문제 따라하기

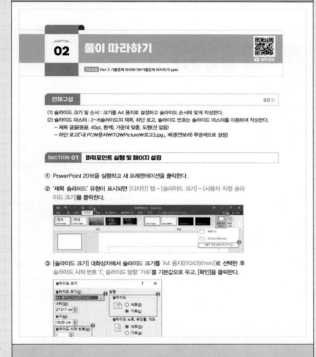

기출문제를 처음부터 단계별로 따라하며 풀이과정을
연습할 수 있습니다.

① ▶ 합격 강의

동영상 강의를 무료로 제공합니다. QR 코드를 스캔하거
나 이기적 홈페이지에서 시청하세요.

② 정답파일

정답과 비교할 수 있도록 파일이 제공됩니다.

③ 기적의 Tip

출제 경향이나 학습 노하우를 알려주는 기막히게 잘 맞는
내용을 제시하였습니다.

STEP 4

모의고사 / 기출문제

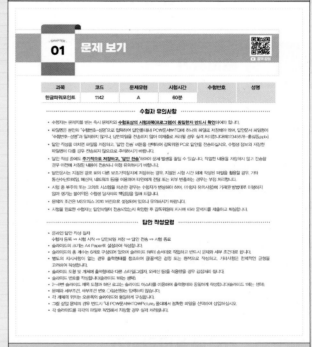

최신 기출문제를 수록하였습니다.
모의고사와 기출문제로 시험 전 마지막 테스트를 진행
하세요.

① ▶ 합격 강의

회차별 풀이 강의 영상을 제공합니다. QR 코드를 스캔하
거나 이기적 홈페이지에서 시청하세요.

② 정답파일

직접 정답파일과 비교해보는 것도 매우 좋은 공부가 됩니
다. 부록 자료를 다운로드 받아 확인하세요.

차례

부록 자료 다운로드 안내

영진닷컴 이기적 홈페이지(license.youngjin.com)에서 [자료실]-[ITQ]를 클릭하시면, 답안 파일을 다운로드하실 수 있습니다.

[2025] 이기적 ITQ 파워포인트 ver.2016 부록 자료를 클릭하고 첨부 파일을 다운로드 받아 압축을 해제하시면 됩니다.

▶ **합격 강의**

※ 동영상 강의가 제공되는 파트입니다. 영진닷컴 이기적 수험서 사이트(license.youngjin.com)에 접속하여 해당 강의를 시청하세요.

▶ 본 도서에서 제공하는 동영상 시청은 1판 1쇄 기준 2년간 유효합니다. 단, 출제기준안에 따라 동영상 내용은 변경될 수 있습니다.

INTRO · 준비하기

PART 01 · 시험 유형 따라하기 ▶합격 강의

PART 02 · 기출문제 따라하기 ▶합격 강의

PART 03 · 모의고사 ▶합격 강의

PART 04 · 기출문제 ▶합격 강의

PART 05 · 모의고사/기출문제 풀이 PDF

[자료실] ZIP 파일 다운로드

자동 채점 서비스

설치 없이 웹에 접속하여 바로 이용할 수 있습니다.

01 이기적 채점 서비스(itq.youngjin.com)에 접속한 후 ISBN 5자리 번호(도서 표지에서 확인)를 입력하고 [체크]를 클릭한다. 체크가 완료되면 [확인]을 클릭한다.

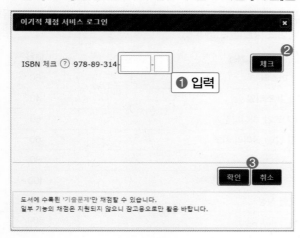

02 [작성한 파일 선택] 버튼을 클릭한다. 직접 작성하여 저장한 파일을 선택하고 '열기'를 클릭한다. 화면에 보이는 보안문자를 똑같이 입력하고 [실행]을 클릭한다.

03 채점 결과를 확인한다(왼쪽 상단이 정답 파일, 하단이 사용자 작성 파일).

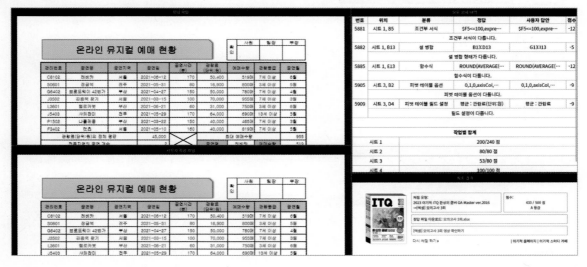

※ 현재 시범 서비스 중으로 답안의 일부 요소는 정확한 인식이 되지 않을 수 있습니다.

※ 본 서비스는 영진닷컴이 직접 설정한 기준에 의해 채점되므로 참고용으로만 활용 바랍니다.

시험 출제 경향

시험은 이렇게 출제된다!

ITQ 파워포인트는 주요 기능들을 두루 이해하고, 또 활용할 수 있는지를 평가하는 시험입니다. 60분 동안 총 6개의 슬라이드를 여러 가지 기능을 이용하여 작성해야 하기 때문에 시간관리에 주의해야 합니다. 기능을 익힌 후 반복 숙달을 통해 시험유형에 대비하는 것이 고득점의 비법입니다. ITQ 파워포인트의 배점은 다음과 같습니다.

구성	기능	배점
전체구성	페이지 설정 및 슬라이드 마스터	60
표지 디자인	그림 삽입, WordArt 삽입 및 스타일	40
목차 슬라이드	도형 편집 및 배치, 그림 자르기, 하이퍼링크	60
텍스트/동영상 슬라이드	단락 설정, 동영상/이미지 삽입, 글머리 기호	60
표 슬라이드	표 작성 및 스타일	80
차트 슬라이드	차트 작성 및 설정	100
도형 슬라이드	SmartArt, 애니메이션, 도형 작성	100
	합계	500

전체구성

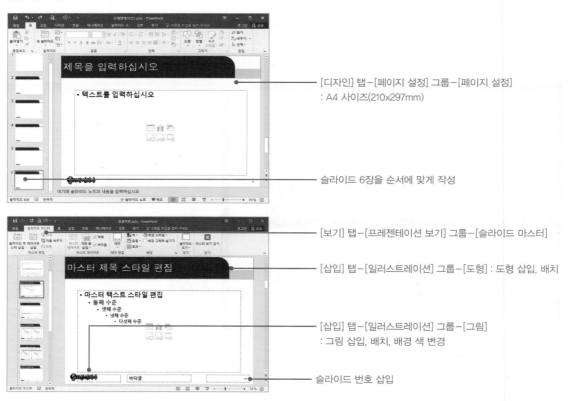

[디자인] 탭-[페이지 설정] 그룹-[페이지 설정]
: A4 사이즈(210x297mm)

슬라이드 6장을 순서에 맞게 작성

[보기] 탭-[프레젠테이션 보기] 그룹-[슬라이드 마스터]

[삽입] 탭-[일러스트레이션] 그룹-[도형] : 도형 삽입, 배치

[삽입] 탭-[일러스트레이션] 그룹-[그림]
: 그림 삽입, 배치, 배경 색 변경

슬라이드 번호 삽입

슬라이드 ❶　표지 디자인

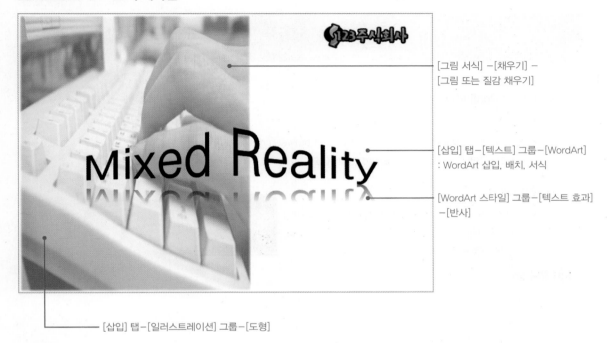

[그림 서식] −[채우기] −
[그림 또는 질감 채우기]

[삽입] 탭−[텍스트] 그룹−[WordArt]
: WordArt 삽입, 배치, 서식

[WordArt 스타일] 그룹−[텍스트 효과]
−[반사]

[삽입] 탭−[일러스트레이션] 그룹−[도형]

슬라이드 ❷　목차 슬라이드

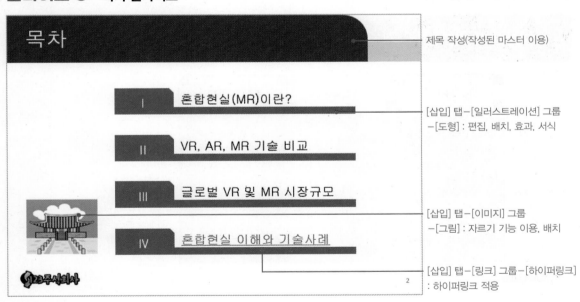

제목 작성(작성된 마스터 이용)

[삽입] 탭−[일러스트레이션] 그룹
−[도형] : 편집, 배치, 효과, 서식

[삽입] 탭−[이미지] 그룹
−[그림] : 자르기 기능 이용, 배치

[삽입] 탭−[링크] 그룹−[하이퍼링크]
: 하이퍼링크 적용

슬라이드 ❸ 텍스트/동영상 슬라이드

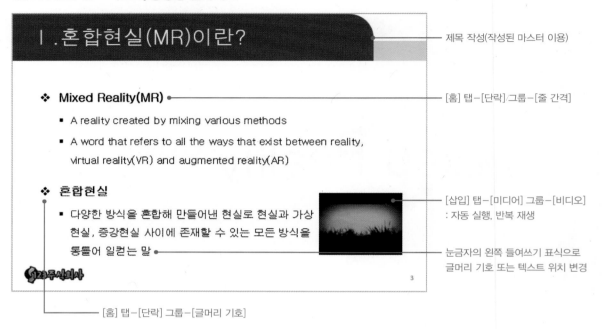

제목 작성(작성된 마스터 이용)

[홈] 탭-[단락] 그룹-[줄 간격]

[삽입] 탭-[미디어] 그룹-[비디오]
: 자동 실행, 반복 재생

눈금자의 왼쪽 들여쓰기 표식으로
글머리 기호 또는 텍스트 위치 변경

[홈] 탭-[단락] 그룹-[글머리 기호]

슬라이드 ❹ 표 슬라이드

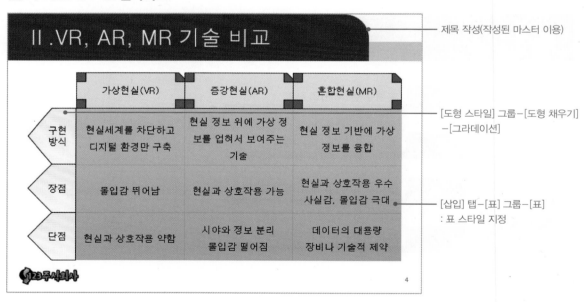

제목 작성(작성된 마스터 이용)

[도형 스타일] 그룹-[도형 채우기]
-[그라데이션]

[삽입] 탭-[표] 그룹-[표]
: 표 스타일 지정

슬라이드 ❺   차트 슬라이드

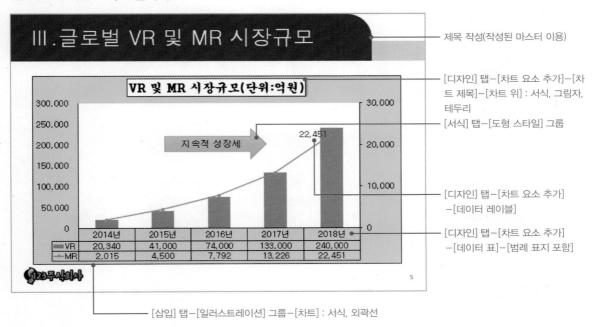

제목 작성(작성된 마스터 이용)

[디자인] 탭-[차트 요소 추가]-[차트 제목]-[차트 위] : 서식, 그림자, 테두리

[서식] 탭-[도형 스타일] 그룹

[디자인] 탭-[차트 요소 추가]-[데이터 레이블]

[디자인] 탭-[차트 요소 추가]-[데이터 표]-[범례 표지 포함]

[삽입] 탭-[일러스트레이션] 그룹-[차트] : 서식, 외곽선

슬라이드 ❻   도형 슬라이드

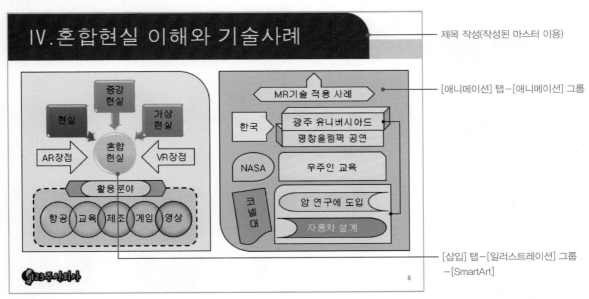

제목 작성(작성된 마스터 이용)

[애니메이션] 탭-[애니메이션] 그룹

[삽입] 탭-[일러스트레이션] 그룹-[SmartArt]

파워포인트 도형 변경하기

01 기본도형 + 사각형

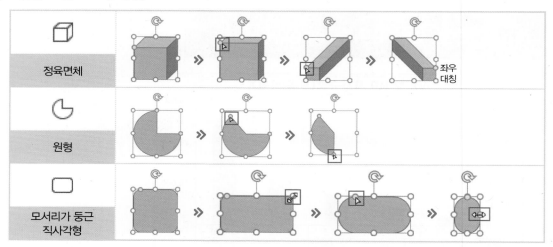

정육면체	
원형	
모서리가 둥근 직사각형	

02 블록 화살표

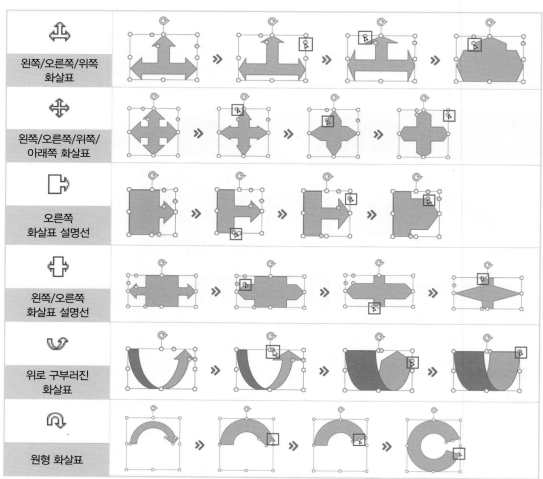

왼쪽/오른쪽/위쪽 화살표	
왼쪽/오른쪽/위쪽/ 아래쪽 화살표	
오른쪽 화살표 설명선	
왼쪽/오른쪽 화살표 설명선	
위로 구부러진 화살표	
원형 화살표	

03 별 및 현수막 + 설명선

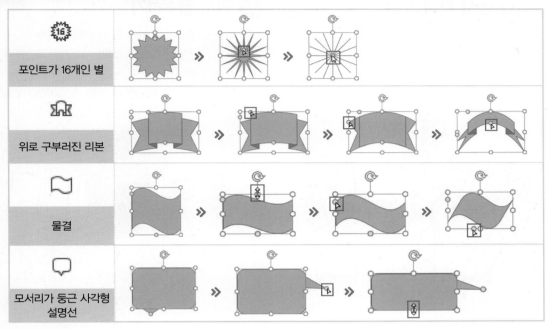

04 도형 2개 조합하기

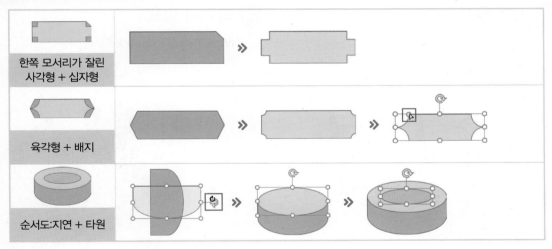

시험의 모든 것

01 ITQ 응시 자격 조건

제한 없음

02 원서 접수하기

https://license.kpc.or.kr 인터넷 접수

- 직접 선택한 고사장, 날짜, 시험시간 확인(방문 접수 가능)
- 응시료
  - 1과목 : 22,000원 | 2과목 : 42,000원 | 3과목 : 60,000원

03 시험 응시

- 60분 안에 답안 파일 작성
- 네트워크로 연결된 감독위원 PC로 답안 전송

04 합격자 발표

https://license.kpc.or.kr에서 성적 확인 후
자격증 발급 신청

1. ITQ 시험 과목

자격 종목	시험 과목	S/W Version	접수 방법	시험 방식
정보기술자격 (ITQ)	아래한글	한컴오피스 2022/2020 선택	온라인/방문	PBT
	한글엑셀 한글파워포인트 한글액세스	MS Office 2021/2016		
	인터넷	익스플로러 8.0 이상		

- 정보 기술 자격(ITQ) 시험은 정보 기술 실무능력을 평가하는 시험으로 국민 누구나 응시가 가능한 시험이다.
- 동일 회차에 최대 3과목까지 신청자가 선택하여 응시할 수 있다.
- 아래한글 과목은 2022/2020 두 개 버전의 선택응시가 가능하다.
- 엑셀, 파워포인트, 액세스 과목은 2021/2016 두 개 버전의 선택응시가 가능하다.

2. 시험 배점 및 시험 시간

시험 배점	시험 방법	시험 시간
과목당 500점	실무작업형 실기시험	과목당 60분

3. 시험 검정 기준

ITQ 시험은 500점 만점을 기준으로 200점 이상 취득자에 한해서 C등급부터 A등급까지 등급별 자격을 부여하며, 낮은 등급을 받은 수험생이 차기시험에 재응시하여 높은 등급을 받으면 등급을 업그레이드 할 수 있다.

A등급	B등급	C등급
500 ～ 400점	399 ～ 300점	299 ～ 200점

※ 200점 미만은 불합격 처리

4. 등급 기준

A등급	주어진 과제의 100～80%를 정확히 해결할 수 있는 능력 수준
B등급	주어진 과제의 79～60%를 정확히 해결할 수 있는 능력 수준
C등급	주어진 과제의 59～40%를 정확히 해결할 수 있는 능력 수준

답안 전송 프로그램 설치

01 이기적 홈페이지(license.youngjin.com)에 접속한 후 상단에 있는 [자료실]–[ITQ]를 클릭한다. '[2025] 이기적 ITQ 파워포인트 ver.2016 부록 자료'를 클릭하고 첨부 파일을 다운로드 받아 압축을 해제한다.

02 다음과 같은 폴더가 열리면 'SETUP.EXE'를 더블클릭하여 프로그램을 실행시킨다.
(※ 운영체제가 Windows 7 이상인 경우는 마우스 오른쪽 버튼을 클릭해 '관리자 권한으로 실행'을 선택하여 실행시킨다.)

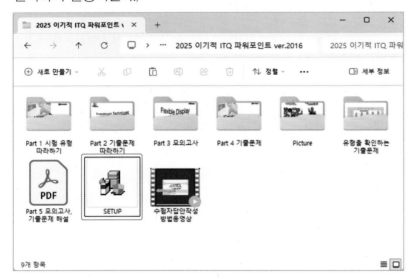

03 다음과 같이 설치 화면이 나오면 [다음]을 클릭하고 설치를 진행한다.

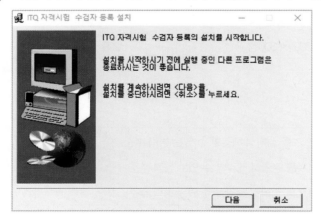

04 설치 진행이 완료되면 'ITQ 수험자용' 아이콘을 더블클릭하여 프로그램을 실행한다.

※ 여러 과목의 ITQ 시험을 함께 준비하는 수험생은 기존 과목의 프로그램을 삭제하지 마시고 그대로 사용하세요.

답안 전송 프로그램 사용 방법

답안 작성 요령

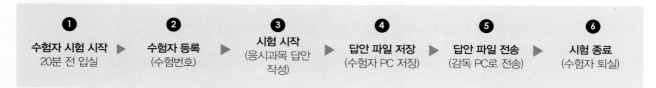

❶ 수험자 시험 시작
20분 전 입실
▶
❷ 수험자 등록
(수험번호)
▶
❸ 시험 시작
(응시과목 답안
작성)
▶
❹ 답안 파일 저장
(수험자 PC 저장)
▶
❺ 답안 파일 전송
(감독 PC로 전송)
▶
❻ 시험 종료
(수험자 퇴실)

01 수험자 수험번호 등록

① 바탕화면에서 'ITQ 수험자용'아이콘을 실행한다. [수험자 등록] 화면에 수험번호를 입력한 후
[확인]을 클릭한다.

② 수험번호가 화면과 같으면 [예]를 클릭한다. 다음 화면에서 수험번호, 성명, 수험과목, 좌석번
호를 확인한다.

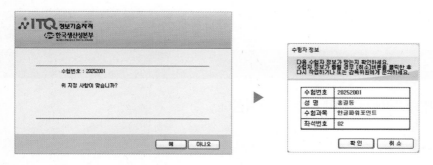

③ 다음과 같은 출력화면 확인 후 감독위원의 지시를 기다린다.

02 시험 시작(답안 파일 작성)

① 과목에 맞는 수검 프로그램(아래한글, MS 오피스) 실행 후 작성한다.

② 이미지 파일은 '내 PC₩문서₩ITQ₩Picture' 폴더 내의 파일을 참조한다.

03

① 답안 파일은 '내 PC₩문서₩ITQ' 폴더에 저장한다.

② 답안 파일명은 '수험번호−성명'으로 저장해야 한다.
(단, 인터넷 과목은 '내 PC₩문서₩ITQ'의 '답안 파일−인터넷.hwp' 파일을 불러온 후 '수험번호−성명−인터넷.hwp'로 저장)

04 답안 파일 전송(감독 PC로 전송)

① 바탕화면의 실행 화면에서 [답안 전송]을 클릭한다.

수험생 PC 실행화면

② 작성한 답안 파일을 감독 PC로 전송한다. 화면에서 작성한 답안파일의 존재유무(파일이 '내 PC₩문서₩ITQ' 폴더에 있을 경우 '있음'으로 표시됨)를 확인 후 [답안 전송]을 클릭한다.

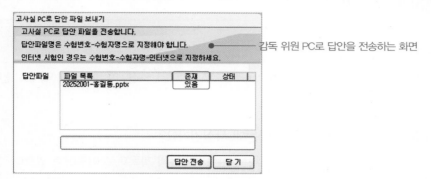
감독 위원 PC로 답안을 전송하는 화면

③ 전송이 성공적으로 끝나면 상태 부분에 '성공'이라 표시된다.

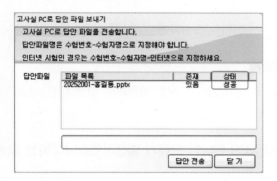

05

① 수험자 PC화면에서 [수험자 수험 종료]를 클릭한 후 감독위원의 지시를 기다린다.

② 감독위원의 퇴실 지시에 따라 퇴실한다.

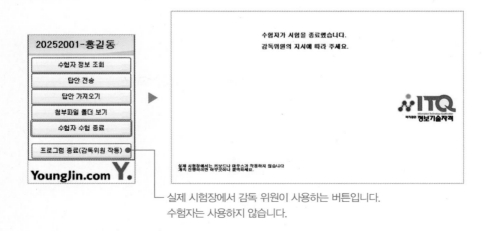

실제 시험장에서 감독 위원이 사용하는 버튼입니다.
수험자는 사용하지 않습니다.

자주 질문하는 Q&A

01 ITQ 시험에 대한 일반 사항

Q ITQ는 어떤 시험인가요?

ITQ는 실기 시험으로만 자격을 평가하는 시험으로 아래한글(MS 워드), 엑셀, 파워포인트, 액세스, 인터넷 등으로 이루어져 있습니다.

Q 3과목을 취득해야 국가공인 자격증이 인정된다는데 사실인가요?

사실이 아닙니다. ITQ는 한글, 파워포인트, 엑셀, 액세스, 인터넷 등의 과목으로 이루어져 있으며, 이 중 한 가지만 자격을 취득하여도 국가공인 자격으로 인정됩니다.

Q 1년에 몇 회 정도 시험이 시행되나요?

매월 1~2회 정도 1년에 16번 시행되며, 지역센터에서 시험을 응시할 수 있습니다.

Q OA MASTER 자격 취득은 어떻게 하는 건가요?

ITQ 시험에 응시하여 3과목 "A"등급을 취득한 자로, 온라인으로 신청 가능하며 발급 비용 및 수수료는 별도로 부과됩니다.

Q 부록 자료의 답안 전송 프로그램을 설치했는데 '339 런타임 오류가 발생하였습니다'라는 오류 메시지가 나타납니다. 어떻게 해야 되나요?

339 런타임 오류는 운영체제가 윈도 비스타일 경우 발생하는 오류입니다. 컴퓨터 부팅 시 반드시 관리자 모드로 부팅해주시고, 해당 프로그램 실행 시 마우스 오른쪽 버튼을 클릭하여 '관리자 권한으로 실행'을 선택해서 설치해 주시기 바랍니다.

Q 답안 전송 프로그램을 실행하는데, 'vb6ko.dll'파일 오류가 발생합니다. 어떻게 해야 하나요?

오류가 발생하는 경우는 이기적 홈페이지 ITQ 자료실 공지사항을 확인하시고 첨부 파일을 다운로드 받으셔서 해당 폴더에 넣어주시면 됩니다.

- 윈도우XP – C:₩Windows₩System
- 윈도우7, 10 ① 32bit – C:₩Windows₩System32
  ② 64bit – C:₩Windows₩System32, C:₩Windows₩Syswow64

02 작업 방법에 관련한 사항

도형 작성

Q 도형 색과 윤곽선 색은 지시사항에 지정되어 있지 않은데, 어떻게 해야 되나요?

도형 색과 윤곽선 색에 대한 명확한 지시사항이 없으면 출력형태를 참고하여 임의의 색을 선택합니다.

Q 여러 개의 도형을 작성할 때 어떤 순서로 작업해야 하나요?

뒤에 놓인 도형부터 작업하는 것이 좋습니다. 비슷한 도형은 복사하여 사용하면 편합니다.

Q 그라데이션 스타일을 상세하게 변경하려면 어떻게 해야 하나요?

[도형 서식] 대화상자의 [채우기] 옵션에서 각각의 그라데이션 중지점을 선택하면 그라데이션 스타일을 더 세밀하게 적용할 수 있습니다.

텍스트 작성

Q 글머리 기호와 텍스트의 들여쓰기가 되지 않아요. 어떻게 해야 하나요?

먼저 [보기] 탭에서 눈금자를 체크합니다. 슬라이드에서 변경할 글머리 기호나 텍스트를 선택했을 때 수준이 두 개 이상인 글머리 기호나 번호 매기기 항목이 있으면 눈금자에 각 수준에 대한 들여쓰기 표식이 나타나므로 이것을 조절하면 됩니다.

Q 텍스트 입력 시 텍스트 상자가 양 옆으로 늘어나지 않게 하려면 어떻게 해야 하나요?

텍스트 상자의 정렬이 '가운데 맞춤'이나 '양쪽 맞춤'으로 선택되어 있을 경우 양 옆으로 늘어납니다. '왼쪽 정렬'을 선택해 주세요.

Q 문제지와 동일한 글머리 기호가 없을 경우 어떻게 해야 하나요?

[글머리 기호 및 번호 매기기] 대화상자에서 [사용자 지정]을 클릭하고 [기호] 대화상자가 나타나면 '글꼴'을 'Wingdings'로 선택합니다. 대부분의 시험 문제는 'Wingdings'에서 출제됩니다.

차트 작성

Q 한 개의 데이터 계열만 선택하려면 어떻게 해야 하나요?

해당 데이터 계열을 두 번 클릭하면 하나의 데이터 계열만 선택할 수 있습니다.

Q 축의 눈금 간격이 다를 경우 어떻게 조절해야 하나요?

[축 서식] 대화상자의 [축 옵션]에서 최소값, 최대값, 주 단위, 보조 단위 등을 수정하여 눈금 단위를 조절
해주세요.

Q 차트의 내용을 변경하려면 어떻게 해야 하나요?

데이터 시트는 엑셀의 워크시트 사용 방법과 동일합니다. 셀의 내용 일부를 변경할 때에는 해당 셀을 더
블클릭하거나, F2를 누르세요.

기타

Q 파일 저장 시 파일명을 어떻게 입력해야 하나요?

파일명은 본인의 '수험번호–성명'으로 입력하여 저장합니다. 답안 문서 파일명이 '수험번호–성명'과 일치
하지 않거나, 답안 파일을 전송하지 않아 미제출이 될 경우 실격 처리합니다.

Q '배경 그래픽 숨기기' 옵션이 체크가 안돼요.

[슬라이드 및 개요] 창에서 [제목 슬라이드 마스터]를 선택하세요. [Office 테마 슬라이드 마스터]에서는
체크할 수 없습니다.

Q 하이퍼링크 기능이 제대로 설정되었는지 어떻게 확인해야 하나요?

설정된 하이퍼링크 기능이 올바르게 작동하는지를 확인하려면 반드시 [보기]–[슬라이드 쇼] 상태로 전환
해야 합니다.

PART 01

시험 유형 따라하기

차례

전체구성

▶ 합격 강의

난이도 상 중 하

점답파일 Part 1 시험 유형 따라하기₩시험 유형 따라하기.pptx

기적의 3회독
☐ 1회 ☐ 2회 ☐ 3회

문제보기

(1) 슬라이드 크기 및 순서 : 크기를 A4 용지로 설정하고 슬라이드 순서에 맞게 작성한다.

(2) 슬라이드 마스터 : 2~6슬라이드의 제목, 하단 로고, 슬라이드 번호는 슬라이드 마스터를 이용
하여 작성한다.
- 제목 글꼴(돋움, 40pt, 흰색), 왼쪽 맞춤, 도형(선 없음)
- 하단 로고(「내 PC₩문서₩ITQ₩Picture₩로고2.jpg」, 배경(회색) 투명색으로 설정)

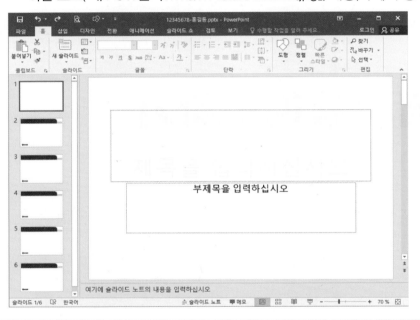

핵심기능

기능	도구 상자, 바로 가기 키	메뉴
슬라이드 크기	☐	[디자인] 탭 – [사용자 지정] 그룹 – [슬라이드 크기]
슬라이드 마스터 보기	☐	[보기] 탭 – [마스터 보기] 그룹 – [슬라이드 마스터]
머리글/바닥글	☐	[삽입] 탭 – [텍스트] 그룹 – [머리글/바닥글]
슬라이드 삽입	☐, Ctrl + M	[삽입] 탭 – [슬라이드] 그룹 – [새 슬라이드]
저장	☐, Ctrl + S	[파일] 탭 – [저장]

① PowerPoint 2016을 실행하고 새 프레젠테이션을 클릭한다.

🎓 기적의 Tip

시험에 출제되는 슬라이드는
어떤 슬라이드 유형을 선택해
도 상관없다. 단, 처음에 작성
하는 슬라이드를 '제목 슬라이
드'로 작업하면, 로고와 슬라
이드 번호 삽입이 편하다.

② '제목 슬라이드' 유형이 표시되면 [디자인] 탭-[슬라이드 크기] – [사용자
지정 슬라이드 크기]를 클릭한다.

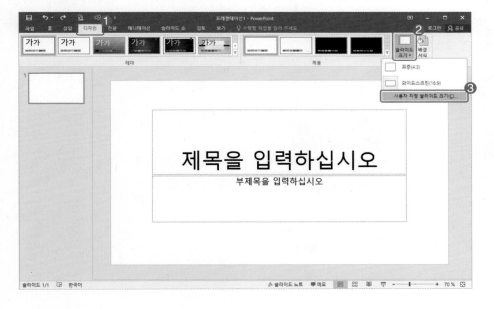

❗ 해결 Tip

슬라이드 크기가 작아요!
[보기] 탭 – [확대/축소](🔍)를
클릭하고 [확대/축소] 대화상
자에서 슬라이드 크기를 조절
하세요.

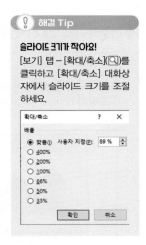

③ [슬라이드 크기] 대화상자에서 슬라이드 크기를 'A4 용지(210X297mm)'로 선택한다. → 슬라이드 시작 번호 '1', 슬라이드 방향 '가로'를 기본값으로 두고, [확인]을 클릭한다.

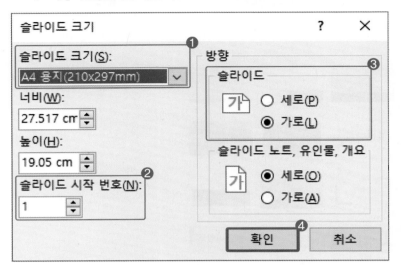

④ 슬라이드 크기 변경 안내 창이 나오면 '맞춤 확인'을 클릭한다.

SECTION 02 　마스터에서 로고 삽입하기

① 슬라이드 마스터를 작성하기 위해 [보기] 탭 – [마스터 보기] 그룹 – [슬라이드 마스터](▣)를 클릭한다.

② [슬라이드 마스터] 탭이 열리면 왼쪽 [슬라이드 및 개요] 창에 테마 슬라이드 마스터와 모든 레이아웃이 표시된다. → 제일 위의 [Office 테마 슬라이드 마스터]를 클릭한다.

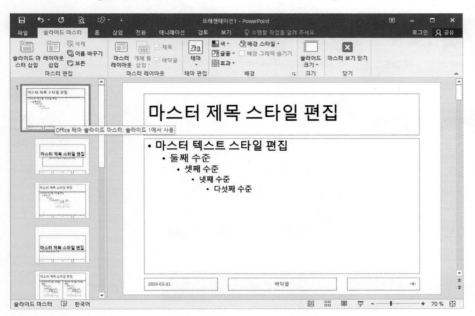

기적의 Tip

슬라이드 마스터에서 설정한 값은 하위의 모든 레이아웃에 공통적으로 영향을 미친다. 그러므로 슬라이드 마스터에서 디자인을 변경하면 하위 모든 레이아웃의 디자인도 함께 변경된다.

③ 슬라이드 마스터 하단에 있는 [날짜 및 시간] 영역과 [바닥글] 영역을 Ctrl 을 누른 채로 하나씩 클릭한 후 Delete 를 눌러 삭제한다.

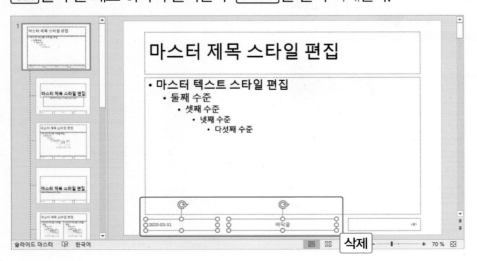

기적의 Tip

동시에 여러 개의 개체를 선택할 때는 Ctrl 을 누른 상태에서 하나씩 클릭한다.

PART 01 ● 　27　● CHAPTER 01 전체구성

④ 하단 로고를 삽입하기 위해 [삽입] 탭 – [이미지] 그룹 – [그림](📷)을 클릭한다.

⑤ [그림 삽입] 대화상자가 나타나면 '내 PC₩문서₩ITQ₩Picture' 폴더에서 그림 파일 '로고2.JPG'를 선택한 후 [삽입]을 클릭한다.

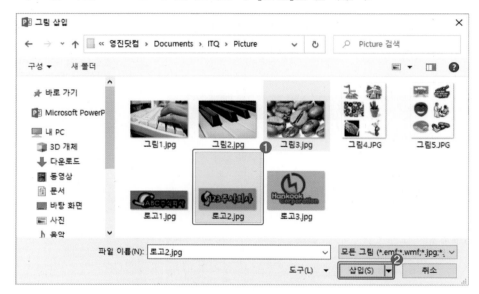

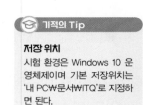
⑥ 그림 파일이 삽입되면 [그림 도구] – [서식] 탭 – [조정] 그룹에서 [색](🖼️) – [투명한 색 설정](🖌️)을 선택한다.

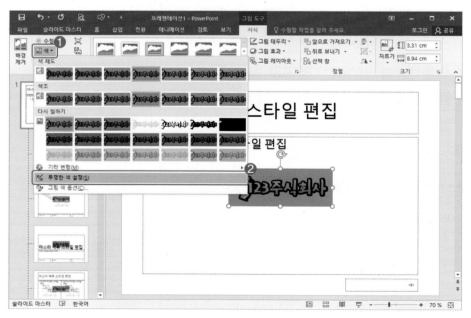

⑦ 마우스 포인터가 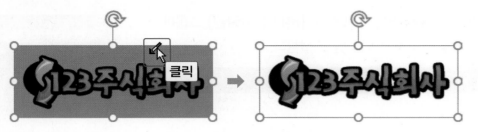으로 변경되면 회색 부분을 클릭하여 투명하게 만든다.

기적의 Tip

[그림 도구] – [서식] 탭은 그림이 선택된 경우에만 나타나는 메뉴이다.

⑧ 그림이 선택된 상태에서 마우스로 꼭짓점의 크기 조절점을 Shift 를 누른 채 드래그하여 그림의 크기를 조절한다.

기적의 Tip

그림이나 도형을 조절할 때 가로*세로를 일정한 비율로 유지하려면 Shift 와 꼭짓점에 위치한 조절점을 이용한다.

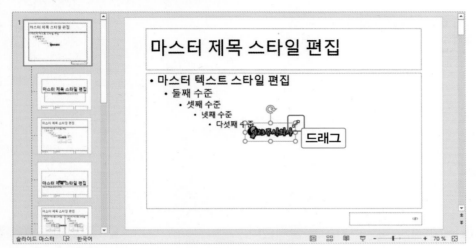

⑨ 그림 크기를 조절한 후 마우스로 드래그하여 제시된 위치로 그림을 이동한다.

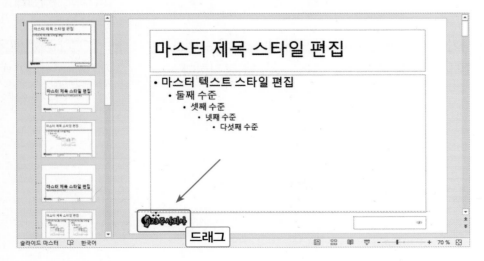

① 오른쪽 하단의 [슬라이드 번호] 영역을 선택하고, [홈] 탭 – [글꼴] 그룹에
서 글꼴 '맑은 고딕', '13pt'을 설정하고 위치를 조절한다.

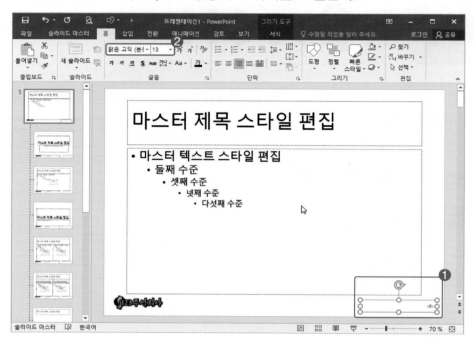

② [삽입] 탭 – [텍스트] 그룹 – [머리글/바닥글](📋)을 클릭한다.

③ [머리글/바닥글] 대화상자가 나타나면 [슬라이드] 탭에서 '슬라이드 번호'
와 '제목 슬라이드에는 표시 안 함'에 체크한 후 [모두 적용]을 클릭한다.

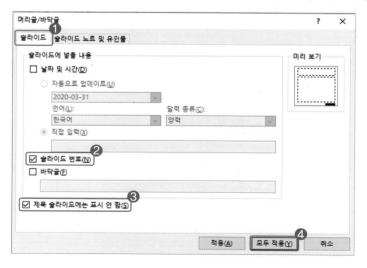

기적의 Tip

문제에서 슬라이드 번호 영역
에 대한 명확한 지시사항이 없
기 때문에 〈출력형태〉와 가장
유사하게 임의로 설정한다.

기적의 Tip

슬라이드 바닥글과 슬라이드
번호가 표시된 모습을 확인하
려면 [슬라이드 마스터] 탭에
서 [마스터 보기 닫기]를 클릭
하여 슬라이드 편집 상태로 돌
아오면 된다.

기적의 Tip

'제목 슬라이드에는 표시 안
함'을 체크해야만 제목 슬라이
드에 슬라이드 번호가 표시되
지 않는다.

① [삽입] 탭 – [일러스트레이션] 그룹에서 [도형](▧) – [사각형] – [한쪽 모
서리가 둥근 사각형](▢)을 선택한다.

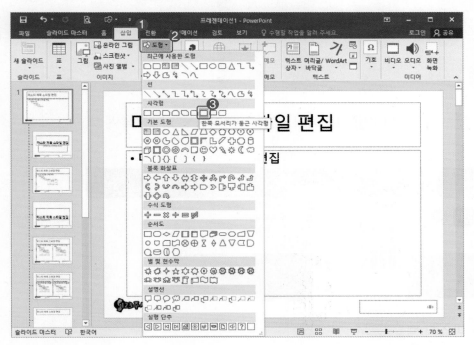

② 슬라이드 왼쪽 상단 모서리에서 마우스를 대각선으로 드래그하여 도형을
그린다.

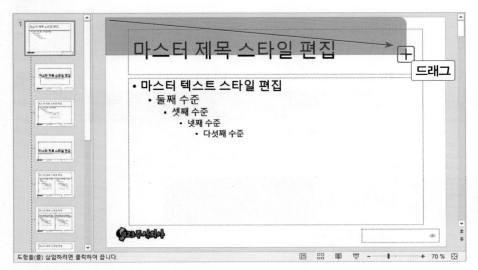

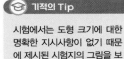

> **기적의 Tip**
>
> 시험에서는 도형 크기에 대한 명확한 지시사항이 없기 때문에 제시된 시험지의 그림을 보고 적당한 크기로 작성하면 된다.

③ 도형이 선택된 상태에서 모양 조절 핸들(◎)을 왼쪽으로 드래그하여 둥근 곡선을 크게 한다.

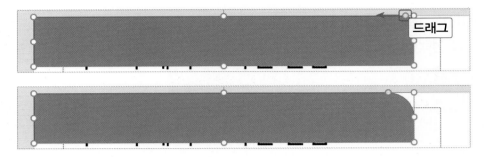

④ [그리기 도구] – [서식] 탭 – [도형 스타일] 그룹에서 [도형 채우기](🎨▾) – [청회색, 텍스트 2]를 선택한다.

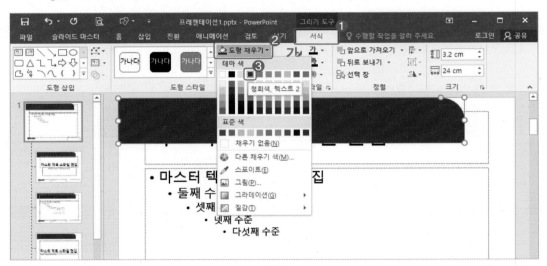

⑤ [그리기 도구] – [서식] 탭 – [도형 스타일] 그룹에서 [도형 윤곽선](🖊▾) – [윤곽선 없음]을 선택한다.

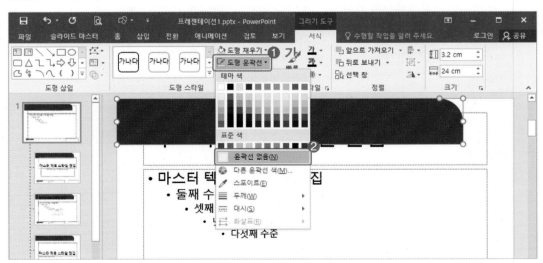

⑥ [삽입] 탭 – [일러스트레이션] 그룹에서 [도형](▧) – [사각형] – [직사각형](□)을 선택한다.

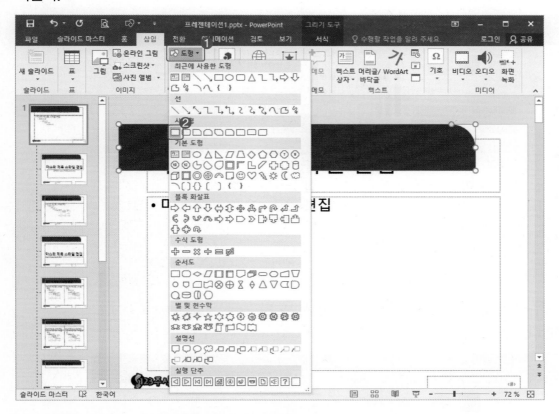

⑦ 슬라이드 왼쪽 상단에서 마우스를 대각선으로 드래그하여 도형을 그린다.

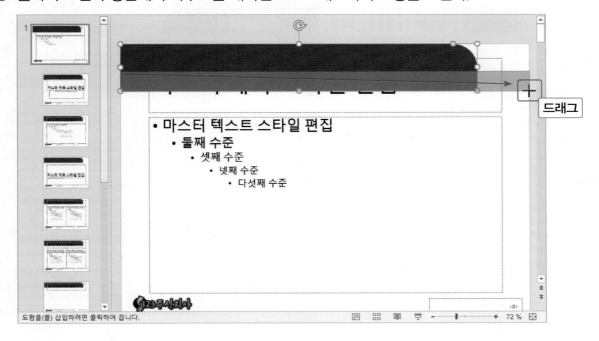

⑧ [그리기 도구] – [서식] 탭 – [도형 스타일] 그룹에서 [도형 채우기]( ) – [파랑, 강조 1, 60% 더 밝게]를 선택한다.

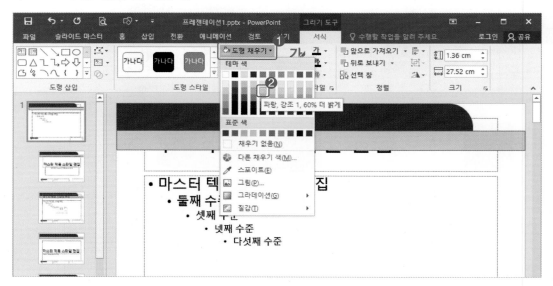

⑨ [그리기 도구] – [서식] 탭 – [도형 스타일] 그룹에서 [도형 윤곽선]( ) – [윤곽선 없음]을 선택한다.

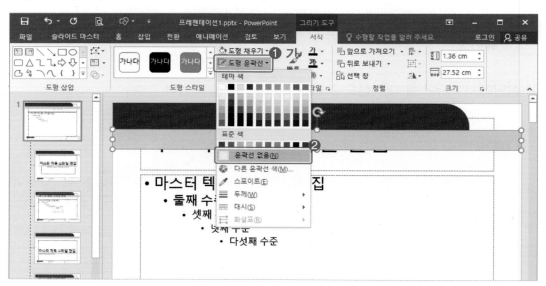

⑩ [그리기 도구] – [서식] 탭 – [정렬] 그룹에서 [뒤로 보내기](📄) – [맨 뒤로 보내기]를 선택한다.

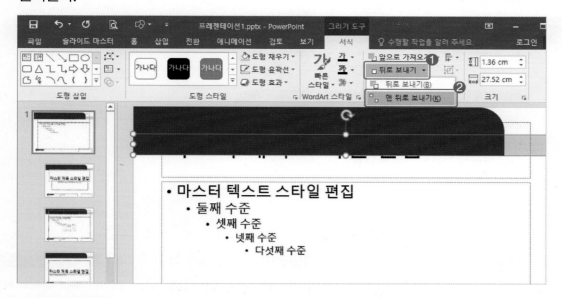

⑪ 슬라이드의 '마스터 제목 스타일 편집' 상자를 선택한다. → [서식] 탭 – [정렬] 그룹에서 [앞으로 가져오기](📄) – [맨 앞으로 가져오기]를 클릭한다.

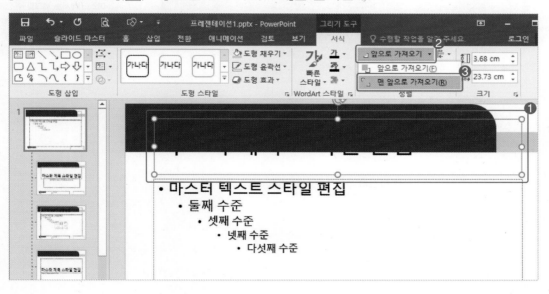

⑫ [홈] 탭 – [글꼴] 그룹에서 글꼴 '돋움', '40pt', 글꼴 색 '흰색'을 설정하고
상자의 위치 및 크기를 조절한다.

⑬ 작성한 도형이 제목 슬라이드에 나타나지 않도록 [슬라이드 및 개요] 창
에서 [제목 슬라이드 레이아웃]을 클릭하고, [슬라이드 마스터] 탭 – [배
경] 그룹에서 [배경 그래픽 숨기기]에 체크한다.

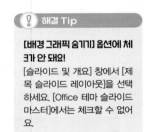

해결 Tip

**[배경 그래픽 숨기기] 옵션에 체
크가 안 돼요!**
[슬라이드 및 개요] 창에서 [제
목 슬라이드 레이아웃]을 선택
하세요. [Office 테마 슬라이드
마스터]에서는 체크할 수 없어
요.

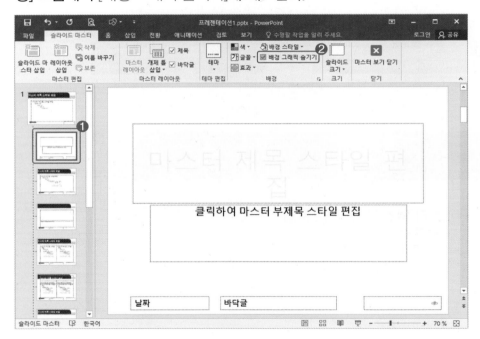

⑭ [슬라이드 마스터] 탭에서 [마스터 보기 닫기]( )를 클릭한다.

⑮ 슬라이드를 삽입하기 위해 [홈] 탭 – [슬라이드] 그룹에서 [새 슬라이드]
(📰) – [제목 및 내용] 슬라이드를 선택한다.

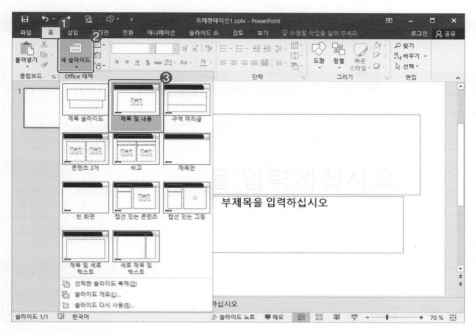

⑯ 총 6개의 슬라이드가 되도록 [Ctrl]+[M]을 눌러 슬라이드를 4개 더 삽입
한다.

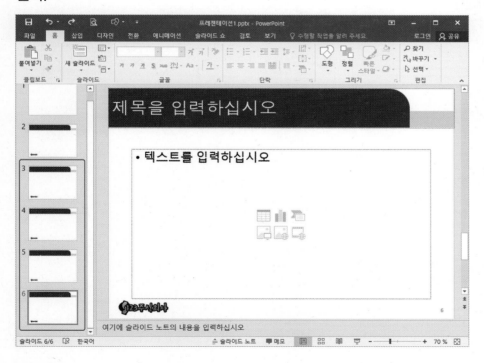

🎓 기적의 Tip

[Ctrl]+[M]을 누르거나 [Enter]
를 누르면 선택된 슬라이드와
같은 레이아웃의 슬라이드가
추가된다.

🎓 기적의 Tip

2~6 슬라이드의 제목, 하단
로고, 슬라이드 번호는 개별
적으로 작업하지 말고, 반드시
슬라이드 마스터를 이용하여
작성해야 한다.

① [빠른 실행 도구 모음]에서 [저장](🖫)을 클릭하거나 [파일] 탭 – [저장]을 선택한다.

② [다른 이름으로 저장] – [찾아보기]를 선택하고, 나타나는 대화상자에서 '내 PC\문서\ITQ'로 이동한다. 파일 이름을 입력하고 저장을 클릭한다.

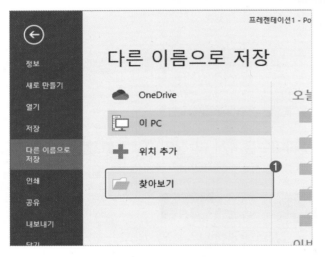

🎓 기적의 Tip

[저장]의 단축 키는 Ctrl+S 이므로 자주 활용하도록 한다. 시험 중에 주기적으로 '답안 전송'을 이용하여 감독위원 PC로 답안을 전송하면 예상치 못한 문제 발생을 줄일 수 있다.

🎓 기적의 Tip

파일명은 본인의 '수험번호 – 성명'으로 입력하여 답안 폴더(내 PC\문서\ITQ)에 하나의 파일로 저장해야 한다.

🎓 기적의 Tip

감독위원 PC로 답안을 전송할 때 수험생 정보와 저장한 파일명이 다를 경우 전송되지 않으므로 주의한다.

CHAPTER 02
표지 디자인

▶ 합격 강의

난이도 상 중 하

정답파일 Part 1 시험 유형 따라하기\시험 유형 따라하기.pptx

기적의 3회독
☐ 1회 ☐ 2회 ☐ 3회

문제보기

(1) 표지 디자인 : 도형, 워드아트 및 그림을 이용하여 작성한다.

세부조건

① 도형 편집
– 도형에 그림 채우기 :
  「내 PC\문서\ITQ\Picture\
  그림1.jpg」, 투명도 50%
– 도형 효과 :
  (부드러운 가장자리 5포인트)

② 워드아트 삽입
– 변환 : 삼각형
– 글꼴 : 돋움, 굵게
– 텍스트 반사 : 근접 반사,
  4pt 오프셋

③ 그림 삽입
– 「내 PC\문서\ITQ\Picture\
  로고2.jpg」
– 배경(회색) 투명색으로 설정

핵심기능

기능	도구 상자, 바로 가기 키	메뉴
수평/수직 이동	Shift +마우스 드래그	
세밀한 이동	Ctrl +방향키(←, ↑, →, ↓)	
	Alt +마우스 드래그	
그림 삽입	🖼	[삽입] 탭 – [이미지] 그룹 – [그림]
WordArt 삽입	📝	[삽입] 탭 – [텍스트] 그룹 – [WordArt]

① 슬라이드 1에서 '제목 텍스트 상자'와 '부제목 텍스트 상자'를 Delete 를 눌러 삭제한다. → [삽입] 탭 – [일러스트레이션] 그룹에서 [도형](⬚) – [사각형] – [직사각형](□)을 선택한다.

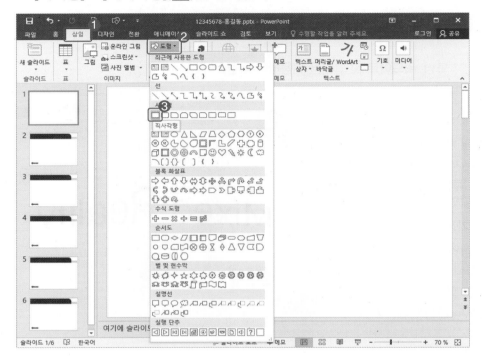

② 마우스 포인터 모양이 ✛로 바뀌면, 출력형태를 참고하여 슬라이드 왼쪽 상단에서 적당한 크기로 마우스를 드래그하여 도형을 삽입한다.

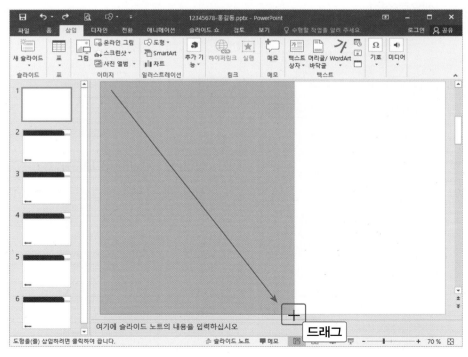

③ 도형을 선택한 후 마우스 오른쪽 버튼을 눌러 [도형 서식]을 클릭한다.

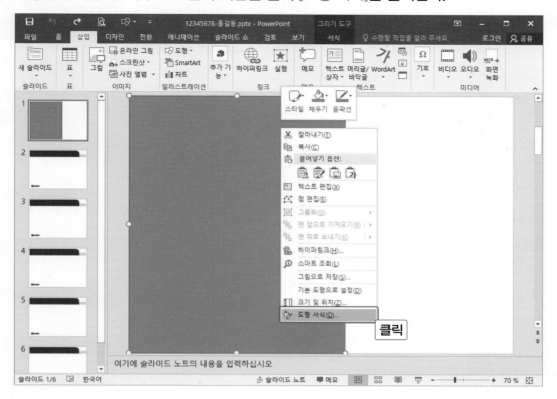

④ 도형 옵션의 [채우기 및 선](🖋) – [채우기] 항목 중 [그림 또는 질감 채우기]를 선택한다.

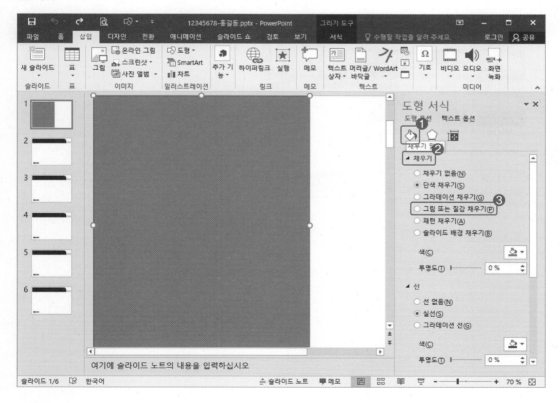

⑤ [다음에서 그림 삽입] – [파일]을 클릭하고 [그림 삽입] 대화상자가 나타나면 '내 PC\문서\ITQ\Picture' 폴더에서 '그림1.JPG'를 선택해 삽입한다.

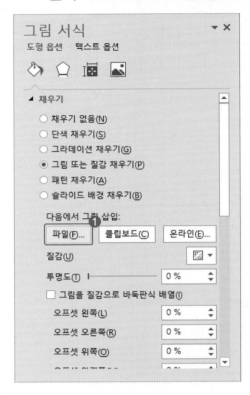

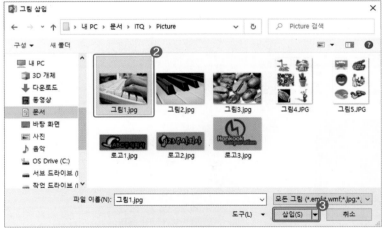

⑥ [그림 서식]에서 [투명도]를 50%로 조정한다.

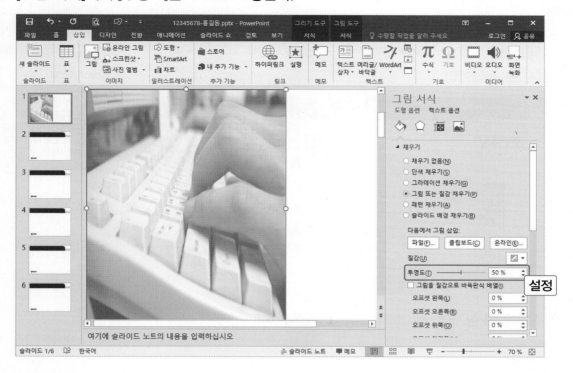

⑦ [효과](⬠) – [부드러운 가장자리] 항목에서 [크기]를 '5pt'로 설정하고 닫기(✖)를 클릭한다.

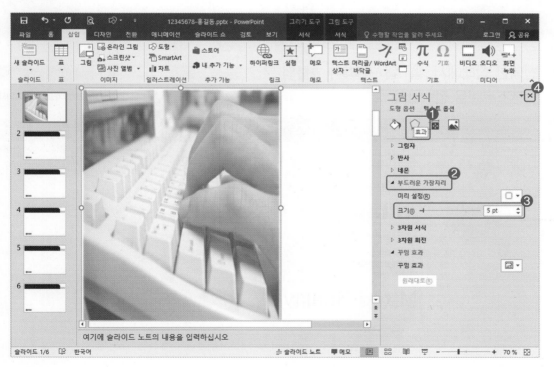

① [삽입] 탭 – [텍스트] 그룹에서 [WordArt](⃝) – [그라데이션 채우기 – 파랑, 강조 1, 반사]를 선택한다.

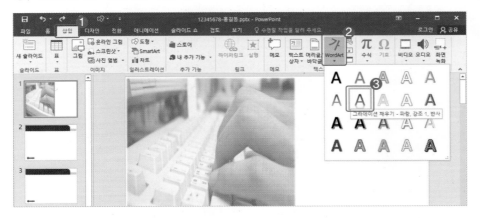

② 워드아트 텍스트 입력 상자에 「Mixed Reality」를 입력한다.

③ 워드아트를 선택한 상태에서 [홈] 탭 – [글꼴] 그룹의 글꼴 '돋움', '굵게', 글꼴 색 '검정, 텍스트 1'을 선택한다.

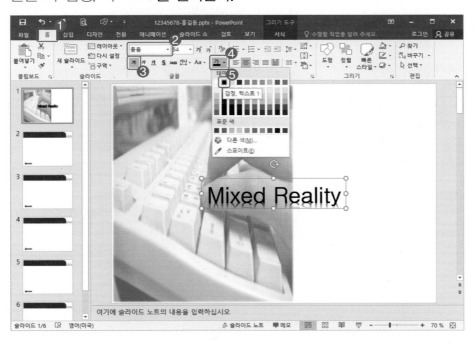

④ [그리기 도구] – [서식] 탭 – [WordArt 스타일] 그룹에서 [텍스트 효과](가 ▾) – [변환]
(abc) – [삼각형]을 선택한다.

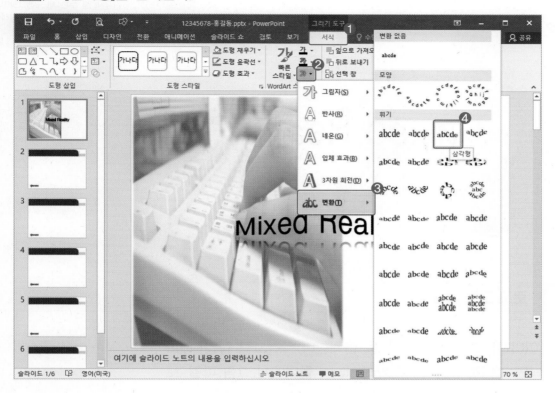

⑤ [WordArt 스타일] 그룹에서 [텍스트 효과](가 ▾) – [반사](A) – [근접 반사, 4 pt 오프
셋]을 선택한다.

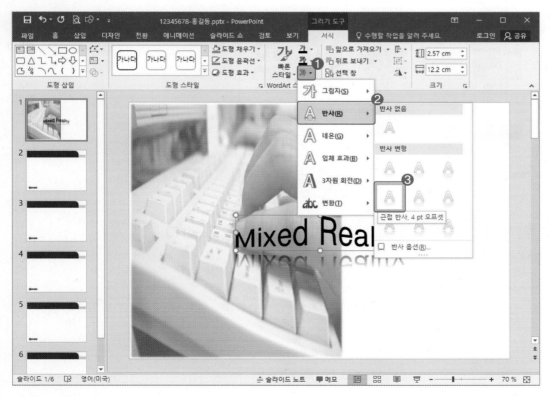

⑥ 워드아트를 전체적으로 문제지와 비교하며 크기 조절점을 이용해 크기와
위치를 조절한다.

SECTION 03　　**로고 그림 삽입**

① [삽입] 탭 – [이미지] 그룹 – [그림]( )을 클릭한다. → [그림 삽입] 대화
상자가 나타나면 '내 PC\문서\ITQ\Picture' 폴더에서 그림 파일 '로
고2.JPG'를 선택하고 [삽입]을 클릭한다.

② 그림 배경을 투명으로 지정하기 위해 [그림 도구] – [서식] 탭 – [조정] 그
룹에서 [색]( ) – [투명한 색 설정]( )을 클릭한다.

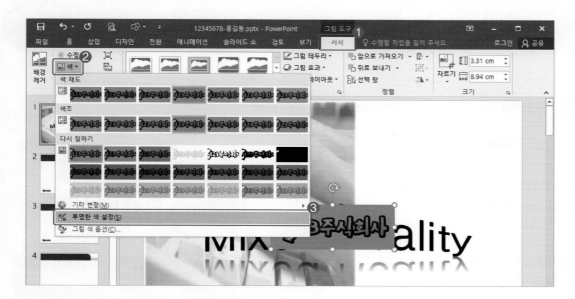

③ 마우스 포인터가 🖰으로 변경되면 회색 부분을 클릭하여 투명하게 만든다.

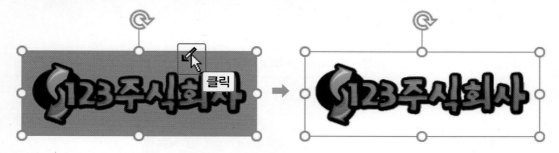

④ 그림의 크기를 조절점을 이용하여 조절하고, 문제지에 제시된 위치로 그림을 이동시킨다.

유형을 확인하는 기출문제

문제유형 ❶　　**정답파일** ▶ 유형을 확인하는 기출문제₩chapter 2-01.pptx

세부조건

① 도형 편집
- 도형에 그림 채우기 : 「내 PC₩문서₩ITQ₩ Picture₩그림3.jpg」, 투명도 50%
- 도형 효과 : (부드러운 가장자리 10포인트)

② 워드아트 삽입
- 변환 : 역갈매기형 수장　　• 글꼴 : 궁서, 굵게
- 텍스트 반사 : 근접 반사, 터치

③ 그림 삽입
- 「내 PC₩문서₩ITQ₩Picture₩로고3.jpg」
- 배경(연보라) 투명색으로 설정

문제유형 ❷　　**정답파일** ▶ 유형을 확인하는 기출문제₩chapter 2-02.pptx

세부조건

① 도형 편집
- 도형에 그림 채우기 : 「내 PC₩문서₩ITQ₩ Picture₩그림2.jpg」
- 도형 효과 : (부드러운 가장자리 25포인트)

② 워드아트 삽입
- 변환 : 갈매기형 수장　　• 글꼴 : 궁서
- 텍스트 반사 : 근접 반사, 터치

③ 그림 삽입
- 「내 PC₩문서₩ITQ₩Picture₩로고2.jpg」
- 배경(회색) 투명색으로 설정

문제유형 ❸　　**정답파일** ▶ 유형을 확인하는 기출문제₩chapter 2-03.pptx

세부조건

① 도형 편집
- 도형에 그림 채우기 : 「내 PC₩문서₩ITQ₩ Picture₩그림3.jpg」, 투명도 20%
- 도형 효과 : (부드러운 가장자리 4포인트)

② 워드아트 삽입
- 변환 : 물결 1　　• 글꼴 : 돋움, 굵게
- 텍스트 반사 : 전체 반사, 터치

③ 그림 삽입
- 「내 PC₩문서₩ITQ₩Picture₩로고3.jpg」
- 배경(연보라) 투명색으로 설정

문제유형 ④   정답파일 ▶ 유형을 확인하는 기출문제₩chapter 2-04.pptx

세부조건

① 도형 편집
- 도형에 그림 채우기 : 「내 PC₩문서₩ITQ₩ Picture₩그림1.jpg」, 투명도 30%
- 도형 효과 : (부드러운 가장자리 5포인트)

② 워드아트 삽입
- 변환 : 위로 기울기   • 글꼴 : 바탕, 굵게
- 텍스트 반사 : 전체 반사, 터치

③ 그림 삽입
- 「내 PC₩문서₩ITQ₩Picture₩로고1.jpg」
- 배경(회색) 투명색으로 설정

문제유형 ⑤   정답파일 ▶ 유형을 확인하는 기출문제₩chapter 2-05.pptx

세부조건

① 도형 편집
- 도형에 그림 채우기 : 「내 PC₩문서₩ITQ₩ Picture₩그림2.jpg」, 투명도 30%
- 도형 효과 : (부드러운 가장자리 25포인트)

② 워드아트 삽입
- 변환 : 물결 1   • 글꼴 : 굴림, 굵게
- 텍스트 반사 : 근접 반사, 터치

③ 그림 삽입
- 「내 PC₩문서₩ITQ₩Picture₩로고1.jpg」
- 배경(회색) 투명색으로 설정

문제유형 ⑥   정답파일 ▶ 유형을 확인하는 기출문제₩chapter 2-06.pptx

세부조건

① 도형 편집
- 도형에 그림 채우기 : 「내 PC₩문서₩ITQ₩ Picture₩그림1.jpg」, 투명도 40%
- 도형 효과 : (부드러운 가장자리 10포인트)

② 워드아트 삽입
- 변환 : 갈매기형 수장   • 글꼴 : 궁서, 굵게
- 텍스트 반사 : 근접 반사, 터치

③ 그림 삽입
- 「내 PC₩문서₩ITQ₩Picture₩로고2.jpg」
- 배경(회색) 투명색으로 설정

목차 슬라이드

▶ 합격 강의

난이도 상 중 하   정답파일 Part 1 시험 유형 따라하기₩시험 유형 따라하기.pptx

기적의 3회독
☐ 1회 ☐ 2회 ☐ 3회

문제보기

(1) 출력형태와 같이 도형을 이용하여 목차를 작성한다(글꼴 : 굴림, 24pt).
(2) 도형 : 선 없음

세부조건

① 텍스트에 하이퍼링크 적용
   → '슬라이드 6'
② 그림 삽입
 – 「내 PC₩문서₩ITQ₩Picture₩
   그림5.jpg」
 – 자르기 기능 이용

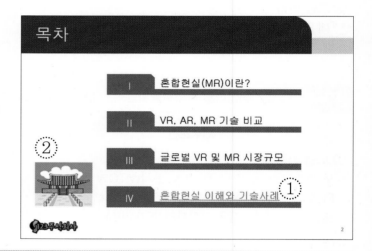

핵심기능

기능	도구 상자, 바로 가기 키	메뉴
도형 삽입	🔷	[삽입] 탭 – [일러스트레이션] 그룹 – [도형]
하이퍼링크 설정	🌐, Ctrl + K	[삽입] 탭 – [링크] 그룹 – [하이퍼링크]
그림 자르기	🖼	[그림 도구] – [서식] 탭 – [크기] 그룹 – [자르기]

① [슬라이드 및 개요] 창에서 슬라이드 2를 선택하고 슬라이드 제목 「목차」를 입력한다.

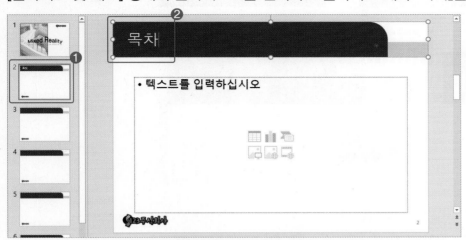

① 슬라이드에 있는 '텍스트를 입력하십시오' 상자를 삭제한다. → [삽입] 탭 − [일러스트레이션] 그룹에서 [도형](▨) − [사각형] − [한쪽 모서리가 잘린 사각형](▢)을 선택하여 도형을 그린다.

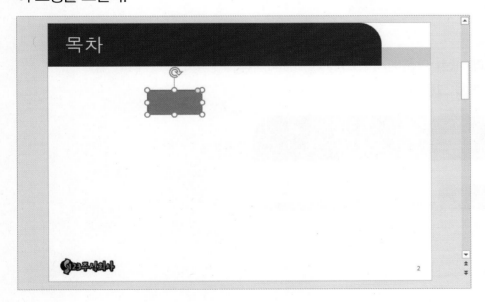

② [그리기 도구] – [서식] 탭 – [도형 스타일] 그룹에서 [도형 채우기]를 임의의 색으로 설정한다.

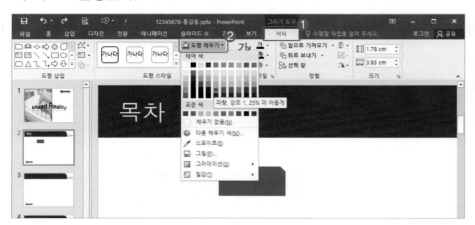

③ [도형 윤곽선]을 [윤곽선 없음]으로 설정한다.

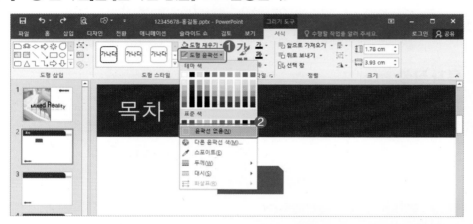

④ [삽입] 탭 – [일러스트레이션] 그룹에서 [도형](📷) – [사각형] – [직사각형](□)을 선택하여 도형을 그린다.

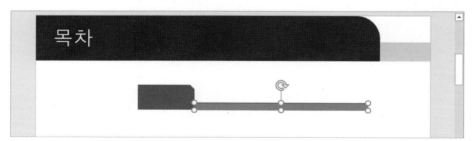

⑤ [서식] 탭 – [도형 스타일] 그룹에서 [도형 채우기]를 먼저 그린 도형과 같은 색으로 선택하고, [도형 윤곽선] – [윤곽선 없음]으로 설정한다.

⑥ 목차 번호가 들어갈 도형을 선택하고 [홈] 탭 – [글꼴] 그룹에서 글꼴 '굴림', '24pt', 글꼴 색 '흰색'을 설정한다.

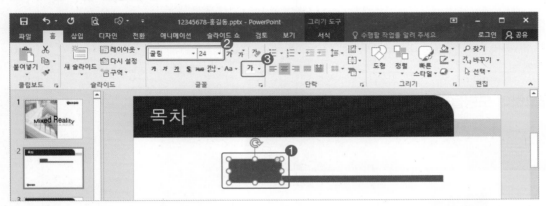

⑦ [삽입] 탭 – [텍스트] 그룹 – [텍스트 상자](가) – [가로 텍스트 상자]를 선택한다.

⑧ 출력형태를 참고하여 적당한 위치에 마우스 드래그하여 배치한다. → [홈] 탭 – [글꼴] 그룹에서 글꼴 '굴림', '24pt', 글꼴 색 '검정, 텍스트 1'을 설정한다.

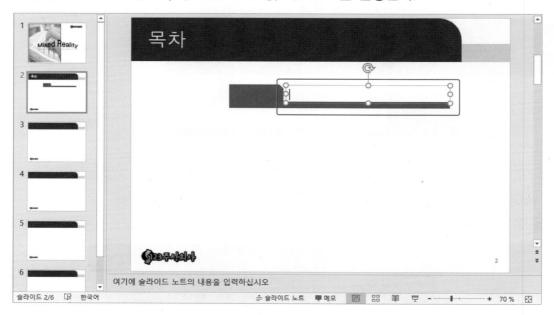

⑨ 마우스 드래그하여 도형들과 텍스트 상자를 같이 선택한다.

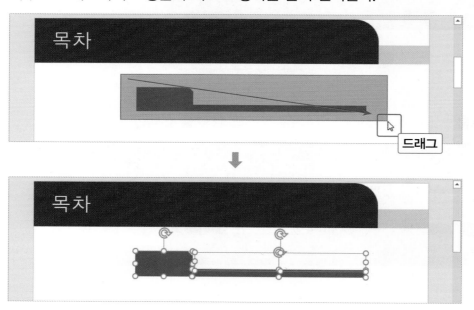

⑩ ⌜Ctrl⌝+⌜Shift⌝를 누른 채 아래로 드래그하여 복사한다.

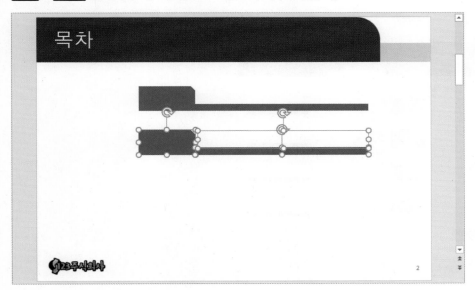

⑪ 동일한 방법으로 도형과 텍스트 상자를 복사하여 다음과 같이 배치한다.

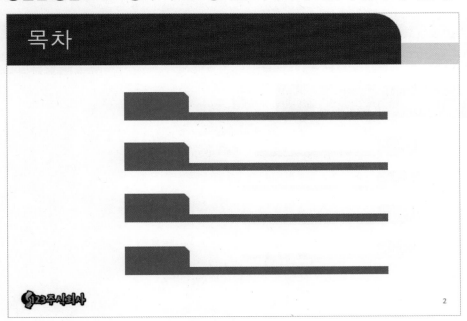

⑫ 목차 번호가 들어갈 도형에 마우스 오른쪽 버튼을 클릭하고 [텍스트 편집]을 선택한다.

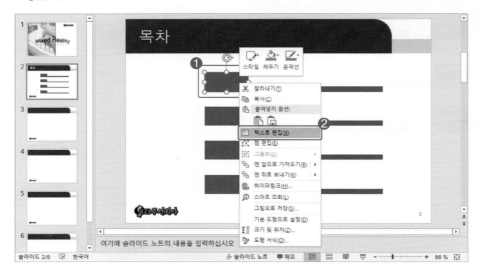

⑬ [삽입] 탭 – [기호]를 선택한다.

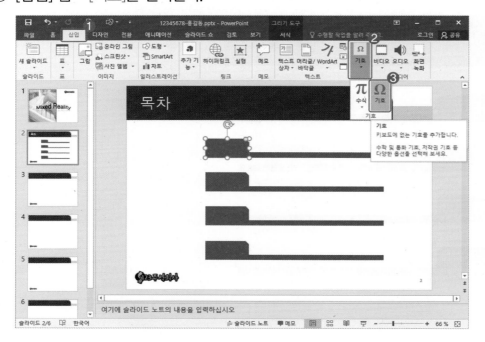

해결 Tip

기호가 선택이 안 돼요!
기호 삽입은 텍스트 편집 상태에서 선택이 가능합니다. 도형을 마우스 오른쪽 클릭하여 [텍스트 편집]을 클릭하세요.

⑭ [기호] 대화상자가 나타나면 [하위 집합] – [숫자 형식]을 클릭하고 'Ⅰ'을 [삽입]한 후
[닫기]를 클릭한다.

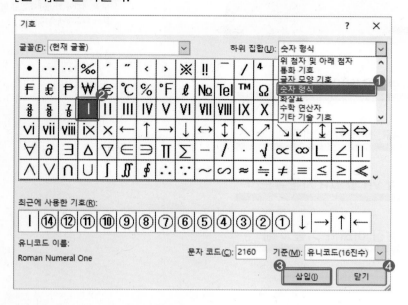

⑮ 같은 방법으로 다른 목차 도형에 'Ⅱ', 'Ⅲ', 'Ⅳ'를 순서대로 입력한다.

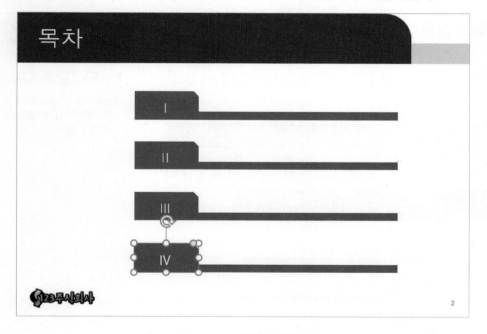

⑯ 나머지 텍스트 상자들에 해당 내용을 모두 입력한다.

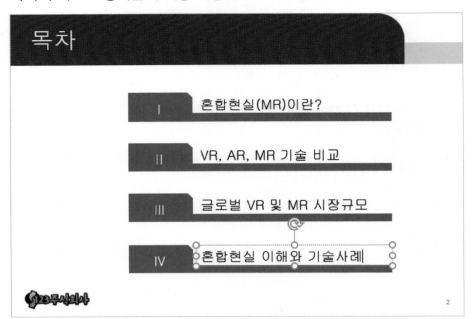

SECTION 03　하이퍼링크 설정

① 하이퍼링크를 지정할 텍스트의 범위를 블록 설정하고, [삽입] 탭 – [링크]
그룹 – [하이퍼링크](🌐)를 클릭한다.

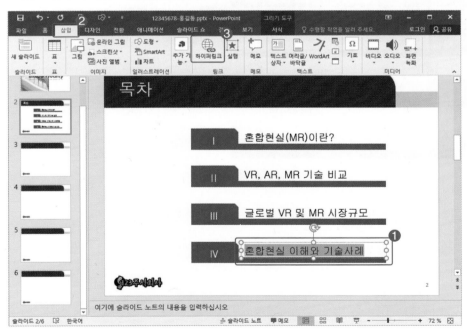

② [하이퍼링크 삽입] 대화상자가 나타나면 [현재 문서]를 클릭하고 문서의 위치 선택 부분에서 '슬라이드 6'을 선택한 후 [확인]을 클릭한다.

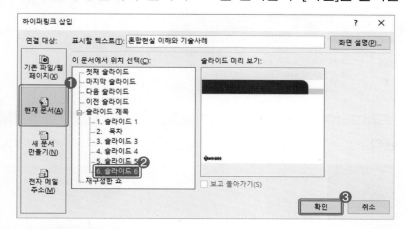

③ 하이퍼링크가 설정되면 블록 설정했던 텍스트 밑에 밑줄이 표시되고, 색상도 변함을 확인할 수 있다.

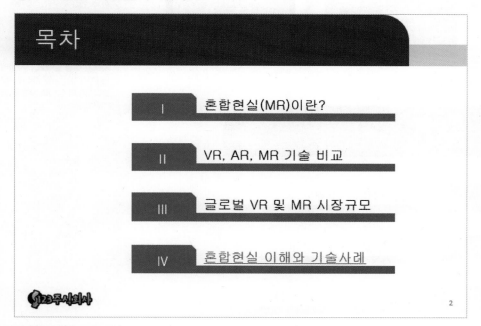

🎓 기적의 Tip

설정한 하이퍼링크가 올바르게 작동하는지 확인하려면 [슬라이드 쇼] 탭 – [현재 슬라이드부터]를 클릭하여 직접 테스트 하면 된다. 다시 편집 상태로 돌아올 때는 Esc를 누른다.

SECTION 04   그림 삽입 및 자르기

① [삽입] 탭 – [이미지] 그룹에서 [그림](🖼)을 클릭한다.

② [그림 삽입] 대화상자가 나타나면 '내 PC₩문서₩ITQ₩Picture' 폴더에서 '그림5.JPG'를 선택하고 [삽입]을 클릭한다.

③ 그림이 삽입되면 [그림 도구] – [서식] 탭 – [크기] 그룹에서 [자르기]()
를 클릭한다.

④ 그림의 모서리의 자르기 조절점들을 드래그하여 원하는 그림만 남겨놓고
다시 [자르기]를 클릭하여 그림을 자른다.

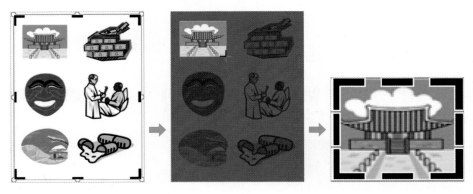

🎓 기적의 Tip

ㅡ 모양은 세로 방향으로만,
Ⅰ 모양은 가로 방향으로만,
⌐ 모양은 가로와 세로 방향
모두 드래그하여 그림을 자를
수 있다.

🎓 기적의 Tip

Alt 를 누른 채 자르기 조절점
을 드래그하면 세밀하게 조절
할 수 있다.

🎓 기적의 Tip

자르기 실행 상태를 해제하려
면 [자르기](🖼)를 클릭하거나
슬라이드의 임의의 부분을 클
릭한다.

⑤ 그림의 크기와 위치를 조절한다.

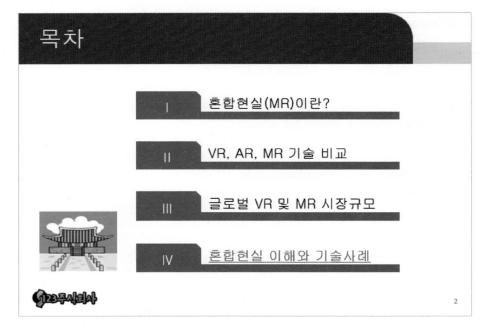

🎓 기적의 Tip

만약 그림의 일부분이 슬라이
드의 도형이나 글씨를 가린다
면 마우스 오른쪽 클릭하여
[맨 뒤로 보내기]를 선택한다.

유형을 확인하는 기출문제

문제유형 ❶   정답파일 ▶ 유형을 확인하는 기출문제\chapter 3-01.pptx

세부조건

글꼴(굴림, 24pt), 도형(선 없음)

① 텍스트에 하이퍼링크 적용
　　→ 슬라이드 5

② 그림 삽입
- 「내 PC\문서\ITQ\Picture\그림4.jpg」
- 자르기 기능 이용

문제유형 ❷   정답파일 ▶ 유형을 확인하는 기출문제\chapter 3-02.pptx

세부조건

글꼴(굴림, 24pt), 도형(선 없음)

① 텍스트에 하이퍼링크 적용
　　→ 슬라이드 4

② 그림 삽입
- 「내 PC\문서\ITQ\Picture\그림4.jpg」
- 자르기 기능 이용

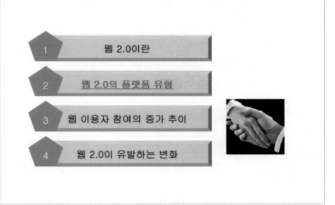

문제유형 ❸   정답파일 ▶ 유형을 확인하는 기출문제\chapter 3-03.pptx

세부조건

글꼴(궁서, 24pt), 도형(선 없음)

① 텍스트에 하이퍼링크 적용
　　→ 슬라이드 5

② 그림 삽입
- 「내 PC\문서\ITQ\Picture\그림4.jpg」
- 자르기 기능 이용

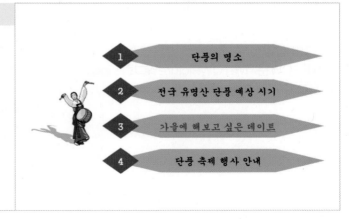

문제유형 ❹   **정답파일** ▶ 유형을 확인하는 기출문제\chapter 3-04.pptx

세부조건

글꼴(돋움, 24pt, 굵게), 도형(선 없음)

① 텍스트에 하이퍼링크 적용
   → 슬라이드 3

② 그림 삽입
- 「내 PC\문서\ITQ\Picture\그림4.jpg」
- 자르기 기능 이용 출력형태

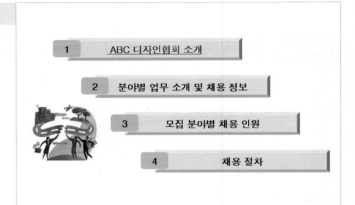

문제유형 ❺   **정답파일** ▶ 유형을 확인하는 기출문제\chapter 3-05.pptx

세부조건

글꼴(굴림, 24pt), 도형(선 없음)

① 텍스트에 하이퍼링크 적용
   → 슬라이드 5

② 그림 삽입
- 「내 PC\문서\ITQ\Picture\그림5.jpg」
- 자르기 기능 이용 출력형태

문제유형 ❻   **정답파일** ▶ 유형을 확인하는 기출문제\chapter 3-06.pptx

세부조건

글꼴(굴림, 24pt, 굵게), 도형(선 없음)

① 텍스트에 하이퍼링크 적용
   → 슬라이드 5

② 그림 삽입
- 「내 PC\문서\ITQ\Picture\그림5.jpg」
- 자르기 기능 이용 출력형태

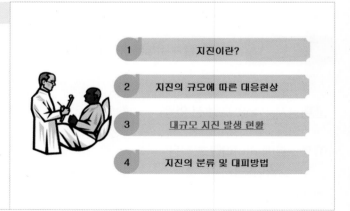

텍스트/동영상 슬라이드

▶ 합격 강의

정답파일 Part 1 시험 유형 따라하기₩시험 유형 따라하기.pptx

문제보기

(1) 텍스트 작성 : 글머리 기호 사용(❖, ■)
　❖문단(굴림, 24pt, 굵게, 줄간격 : 1.5줄), ■문단(굴림, 20pt, 줄간격 : 1.5줄)

세부조건

① 동영상 삽입 :
– 「내 PC₩문서₩ITQ₩Picture₩
　동영상.wmv」
– 자동실행, 반복재생 설정

Ⅰ.혼합현실(MR)이란?

❖ **Mixed Reality(MR)**
　■ A reality created by mixing various methods
　■ A word that refers to all the ways that exist between reality,
　　virtual reality(VR) and augmented reality(AR)

❖ **혼합현실**
　■ 다양한 방식을 혼합해 만들어낸 현실로 현실과 가상
　　현실, 증강현실 사이에 존재할 수 있는 모든 방식을
　　통틀어 일컫는 말

①

3

핵심기능

기능	도구 상자, 바로 가기 키	메뉴
글머리 기호	⊞	[홈] 탭 – [단락] 그룹 – [글머리 기호]
줄 간격	⊞	[홈] 탭 – [단락] 그룹 – [줄 간격]
내어쓰기/들여쓰기	⊞ Shift + Tab	내어쓰기 : [홈] 탭 – [단락] 그룹 – [목록 수준 줄임]
	⊞ Tab	들여쓰기 : [홈] 탭 – [단락] 그룹 – [목록 수준 늘림]
동영상 삽입	⊞	[삽입] 탭 – [미디어] 그룹 – [비디오]

① 슬라이드 3을 선택하고 슬라이드 제목「Ⅰ.혼합현실(MR)이란?」을 입력한다.

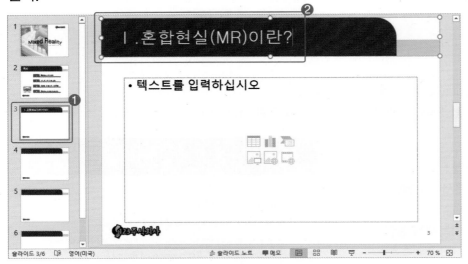

② 텍스트 상자에서 마우스 오른쪽 버튼을 클릭하여 [도형 서식] 탭을 연다.
→ [텍스트 옵션] – [텍스트 상자] – [자동 맞춤 안 함]에 체크하고 닫는다.

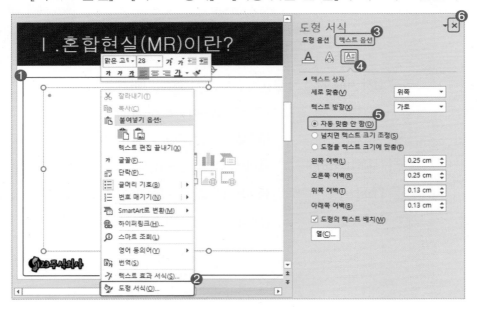

🎓 기적의 Tip

텍스트 상자 크기에 따라 글씨 크기가 바뀌면 주어진 조건을 맞추기 어려울 수 있으므로 [자동 맞춤 안 함] 옵션을 이용하여 텍스트 크기를 고정시키는 것이 좋다.

③ 텍스트 상자에 첫 번째 문단의 내용을 입력하고 [Enter]를 누른 후 [Tab]을 눌러 그 다음 문단의 내용을 입력한다.

기적의 Tip

목록 수준 늘림 : [Tab]
목록 수준 줄임 : [Shift]+[Tab]

기적의 Tip

글머리 기호 없이 줄 바꿈을 하려면 [Shift]+[Enter]를 누른다.

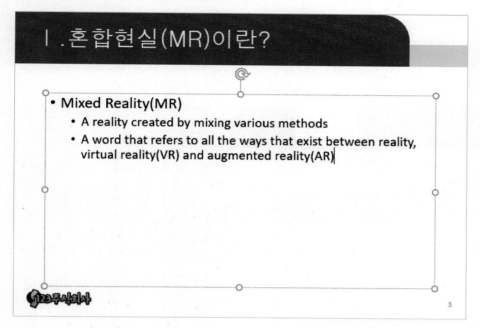

④ '❖'이 들어갈 문단을 마우스 드래그하여 블록 설정한다. → [홈] 탭 – [단락] 그룹에서 [글머리 기호](☰) – [별표 글머리 기호]를 선택한다.

기적의 Tip

둘 이상의 문단을 동시에 선택할 때는, [Ctrl]을 누른 채 각각 드래그하여 블록 설정한다.

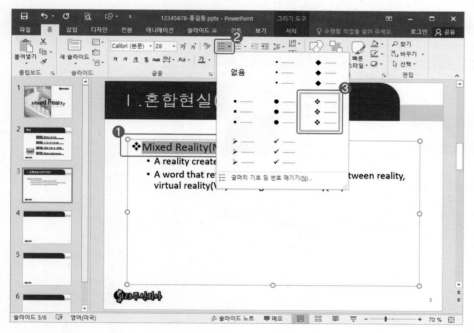

⑤ ❖ 문단이 블록 설정된 상태에서 [홈] 탭 – [글꼴] 그룹의 글꼴 '굴림', '24pt', '굵게'를 설정한다. → [단락] 그룹에서 [줄 간격](≡) – [1.5]를 선택한다.

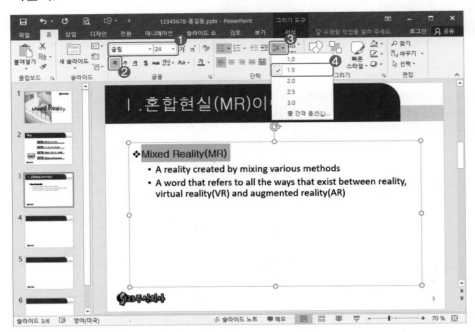

⑥ 나머지 문단을 블록 설정하고 [홈] 탭 – [단락] 그룹에서 [글머리 기호](≡) – [속이 찬 정사각형 글머리 기호]를 설정한다.

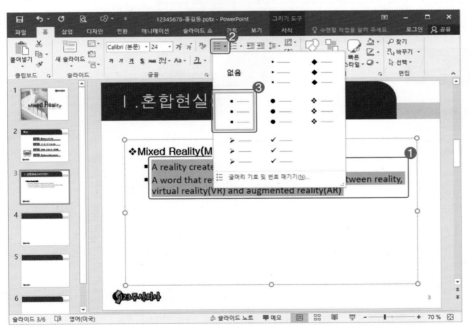

⑦ ■ 문단이 블록 설정된 상태에서 [홈] 탭 – [글꼴] 그룹의 글꼴 '굴림', '20pt'을 설정
한다. → [단락] 그룹에서 [줄 간격](📑) – [1.5]를 선택한 다음 텍스트 상자의 크기를
조절한다.

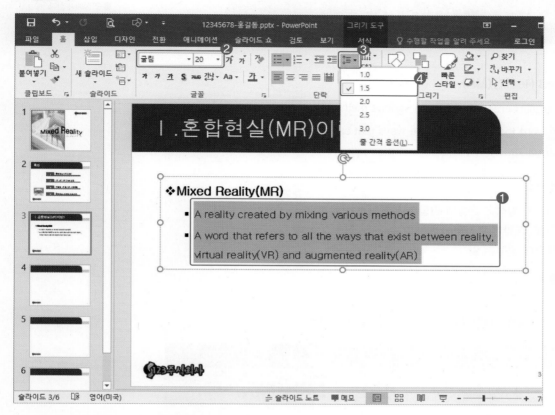

⑧ 텍스트 상자를 Ctrl + Shift 를 누른 채 아래로 드래그하여 복사한다.

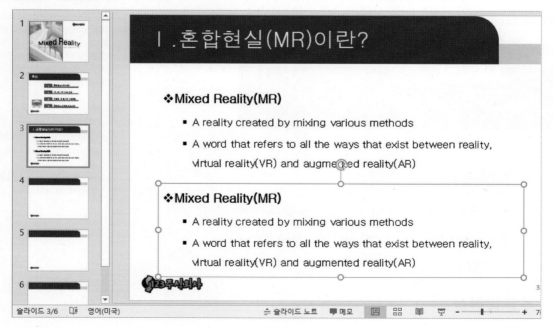

⑨ 복사된 텍스트 상자의 내용을 수정하고 출력형태와 같이 크기와 위치를 맞춘다.

🎓 기적의 Tip

입력된 내용의 양쪽 끝 위치가 출력형태와 동일한지 확인하며 텍스트 상자의 위치와 너비를 조절해야 한다.

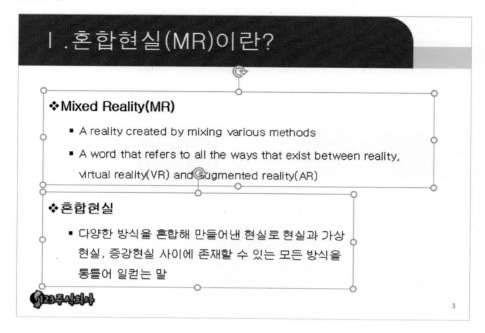

⑩ [보기] 탭 – [표시] 그룹에서 [눈금자]를 체크한다.

⑪ '❖' 문단에 해당하는 내용을 블록 설정하고, 왼쪽 들여쓰기 표식의 뾰족한 위쪽 부분을 드래그하여 텍스트의 시작 위치를 맞춘다.

🎓 기적의 Tip

문단의 들여쓰기 조절 시 텍스트에 글머리 기호 항목이나 번호 매기기 항목이 두 수준 이상 포함되어 있으면 각 수준에 대한 들여쓰기 표식이 눈금자에 표시된다.

① 글머리 기호 또는 번호의 들여쓰기 위치를 보여주는 표식
② 텍스트의 들여쓰기 위치를 보여주는 표식

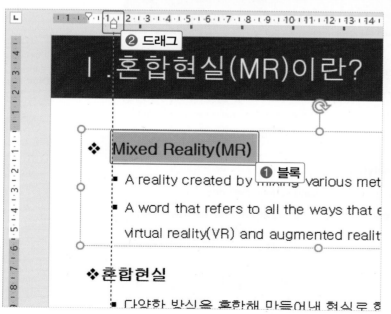

⑫ '■' 문단도 동일한 방법으로 시작 위치를 맞춘다.

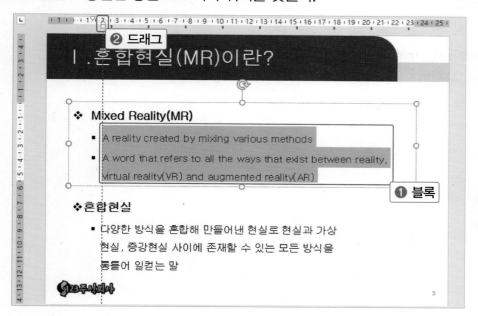

⑬ 두 번째 텍스트 상자의 문단들도 같은 방법으로 시작 위치를 맞춘다. → 작업을 마치면 [보기] 탭 – [표시] 그룹에서 [눈금자] 체크를 해제한다.

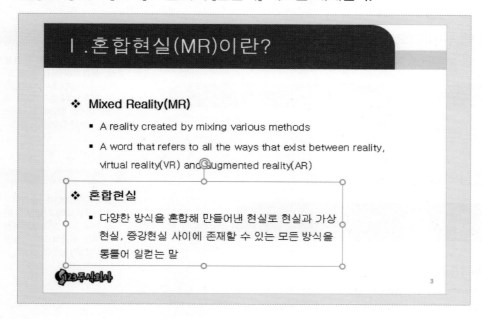

① [삽입] 탭 – [미디어] 그룹에서 [비디오](🎞) – [내 PC의 비디오]를 클릭한
다. → [비디오 삽입] 대화상자가 나타나면 '내 PC\문서\ITQ\Picture'
폴더에서 '동영상.WMV'를 선택하고 [삽입]을 클릭한다.

② [비디오 도구] – [재생] 탭 – [비디오 옵션] 그룹에서 [시작](🎞)을 [자동
실행]으로 선택하고, [반복 재생]에 체크한다.

③ 슬라이드에 삽입된 동영상의 크기와 위치를 조절한다.

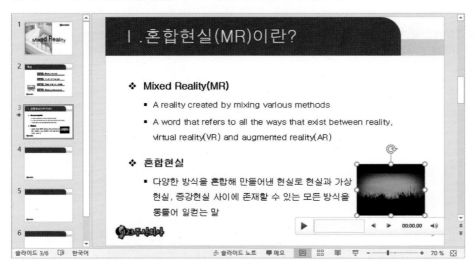

🎓 **기적의 Tip**

슬라이드에 삽입된 동영상
을 실행하려면 [비디오 도
구] – [서식] 탭에서 [재생](▶)
을 클릭하거나 슬라이드에 삽
입된 동영상 하단에 표시되는
재생 버튼을 클릭한다.

🎓 **기적의 Tip**

실제 시험장에서는 슬라이드
가 완성될 때마다 [답안 전송]
을 하는 것이 좋다. 감독위원
PC에는 최종적으로 전송된
답안 파일만 남는다.

유형을 확인하는 기출문제

문제유형 ① 정답파일 ▶ 유형을 확인하는 기출문제\chapter 4-01.pptx

세부조건

텍스트 작성 : 글머리 기호 사용(➢ , ■)
➢ 문단(굴림, 24pt, 굵게, 줄간격 : 1.5줄)
■ 문단(굴림, 20pt 줄간격 : 1.2줄)

① 동영상 삽입 :
● 「내 PC\문서\ITQ\Picture\동영상.wmv」
● 자동실행, 반복재생 설정

➢ **Futures contract**
  ■ In finance, a futures contract is a standardized contract, traded on a futures exchange, to buy or sell a standardized quantity of a specified commodity of standardized quality

➢ **옵션(Option)**
  ■ 미리 결정된 기간 내 특정 상품을 정해진 가격에 사고팔 수 있는 권리

문제유형 ② 정답파일 ▶ 유형을 확인하는 기출문제\chapter 4-02.pptx

세부조건

텍스트 작성 : 글머리 기호 사용(❖ , ✓)
❖ 문단(궁서, 24pt, 굵게, 줄간격 : 1.5줄)
✓ 문단(굴림, 20pt 줄간격 : 1.3줄)

① 동영상 삽입 :
● 「내 PC\문서\ITQ\Picture\동영상.wmv」
● 자동실행, 반복재생 설정

❖ **Tax Museum**
  ✓ Collecting and managing various literature and research papers connected to taxes

❖ **운영현황**
  ✓ 개관일자 : 2013년 10월 05일
  ✓ 위치 : 서울특별시 종로구 수송동 104 국세청 별관 1층
  ✓ 시설 : 전시실 135평, 수장고 31평, 자료실 96평
  ✓ 소장유물 : 조세관련 고문서 전적류 및 국세청 자료 10,500여점

문제유형 ③ 정답파일 ▶ 유형을 확인하는 기출문제\chapter 4-03.pptx

세부조건

텍스트 작성 : 글머리 기호 사용(➢ , ✓)
➢ 문단(돋움, 24pt, 굵게, 줄간격 : 1.5줄)
✓ 문단(굴림, 20pt 줄간격 : 1.3줄)

① 동영상 삽입 :
● 「내 PC\문서\ITQ\Picture\동영상.wmv」
● 자동실행, 반복재생 설정

➢ **Hacking is?**
  ✓ Hacking can be used either to refer to manipulation of computers outside of normal sue

➢ **해킹이란?**
  ✓ 컴퓨터 네트워크의 보안 취약점을 찾아내어 그 문제를 해결하고 이를 악의적으로 이용하는 것을 방지하는 행위

세부조건

텍스트 작성 : 글머리 기호 사용(◆, ➢)
◆ 문단(궁서, 24pt, 굵게, 줄간격 : 1.5줄)
➢ 문단(돋움, 20pt 줄간격 : 1.5줄)

① 동영상 삽입 :
● 「내 PC₩문서₩ITQ₩Picture₩동영상.wmv」
● 자동실행, 반복재생 설정

◆ **자외선 차단 지수?**
　➢ 흔히 '선 블록' 혹은 '선 크림'이라고
　　부르는 자외선 차단제에는 자외선 차
　　단 지수가 표기

◆ **Definition of Sun protection factor**
　➢ SPF is a number on a scale for ration sunscreens
　➢ SPF numbers on a package can range from as low as 2 to as high
　　as 60

세부조건

텍스트 작성 : 글머리 기호 사용(◆, ✓)
◆ 문단(굴림, 24pt, 굵게, 줄간격 : 1.5줄)
✓ 문단(돋움, 20pt 줄간격 : 1.3줄)

① 동영상 삽입 :
● 「내 PC₩문서₩ITQ₩Picture₩동영상.wmv」
● 자동실행, 반복재생 설정

◆ **엠블렘 탄생 배경**
　✓ 인천을 파도의 이미지로 대표
　　화시키고 태양의 이미지에 접
　　목시켜서 안정감 있게 배치

◆ **Asian Games**
　✓ Incheon, an international
　　oceanic city, is represented in
　　the image of waves
　✓ The official mark of Asian
　　Games is integrated into the
　　image of the sun
　✓ The emblem was produced
　　with the dynamic image of
　　waves in the stable harmony

세부조건

텍스트 작성 : 글머리 기호 사용(➢, ■)
➢ 문단(궁서, 24pt, 굵게, 줄간격 : 1.5줄)
■ 문단(궁서, 20pt 줄간격 : 1.5줄)

① 동영상 삽입 :
● 「내 PC₩문서₩ITQ₩Picture₩동영상.wmv」
● 자동실행, 반복재생 설정

➢ **사이버 범죄의 분류**
　■ 일반 사이버 범죄 : 사이버 명예 훼손과 전자상거래 사기, 개인 정보
　　침해, 불법 사이트 개설, 디지털 저작권 침해
　■ 사이버 테러형 범죄 : 해킹, 컴퓨터 바이러스와 같은 유형의 범죄

➢ **Cyber Crime Type**
　■ Ambiguity in categorizing
　　cyber crime exists. Even so,
　　since its launching of the
　　Cyber Terror Response Center
　　(CTRC) in 2000

난이도 상 중 하 | **정답파일** Part 1 시험 유형 따라하기\시험 유형 따라하기.pptx

기적의 3회독
☐ 1회 ☐ 2회 ☐ 3회

문제보기

(1) 도형과 표 작성 기능을 이용하여 슬라이드를 작성한다(글꼴 : 돋움, 18pt).

세부조건

① 상단 도형 : 2개 도형의 조합으로 작성

② 좌측 도형 : 그라데이션 효과 (선형 아래쪽)

③ 표 스타일 : 테마 스타일 1 – 강조 1

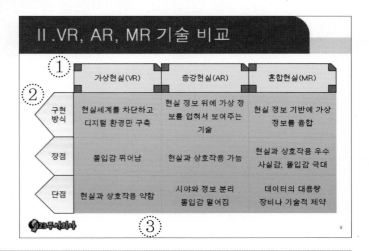

핵심기능

기능	도구 상자, 바로 가기 키	메뉴
표 삽입	▦	[삽입] 탭 – [표]
표 스타일 지정		[표 도구] – [디자인] 탭 – [표 스타일] 그룹
도형 삽입	◇	[삽입] 탭 – [일러스트레이션] 그룹 – [도형]
도형 채우기	🪣▾	[그리기 도구] – [서식] 탭 – [도형 스타일] 그룹 – [도형 채우기]

① 슬라이드 4를 선택하고 슬라이드 제목 「II.VR, AR, MR 기술 비교」를 입력한다.

② 텍스트 상자에서 [표 삽입](▦)을 선택한 후 [표 삽입] 대화상자가 나타나면 '열 개수 : 3'과 '행 개수 : 3'을 입력하고, [확인] 버튼을 클릭한다.

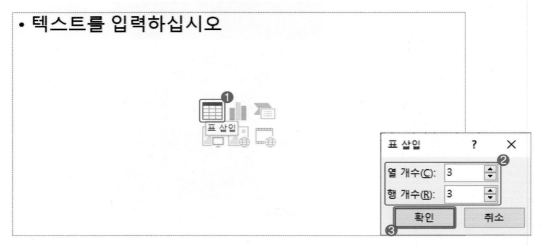

③ 표를 선택하고 [표 도구] – [디자인] 탭 – [표 스타일 옵션] 그룹에서 [머리글 행]과 [줄 무늬 행]을 선택 해제한다.

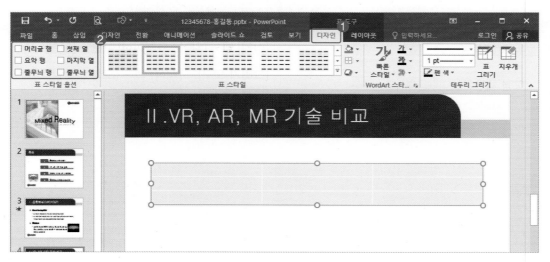

④ [표 도구] – [디자인] 탭 – [표 스타일] 그룹에서 [자세히](⏷) – [테마 스타일 1 – 강조 1]을 선택한다.

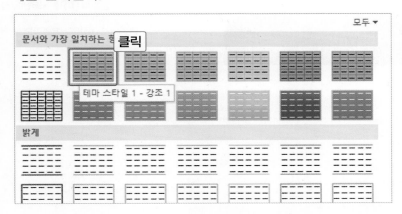

⑤ 마우스 드래그하여 표 전체 블록 선택된 상태에서 [홈] 탭 – [글꼴] 그룹의 글꼴 '돋움', '18pt'을 설정한 후, [단락] 그룹에서 [가운데 맞춤](▤), [줄 간격](▥) – [1.5]를 선택한다.

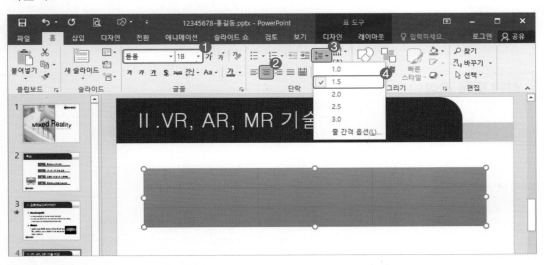

⑥ [표 도구] – [레이아웃] 탭 – [맞춤] 그룹 – [세로 가운데 맞춤](▤)을 선택한다.

⑦ 출력형태를 참고하여 내용을 입력하고 마우스로 표의 크기와 위치를 조절한다.

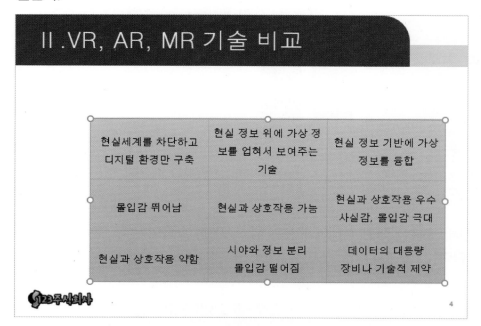

SECTION 02 상단 도형 작성

① [삽입] 탭 – [일러스트레이션] 그룹에서 [도형](⬦) – [사각형] – [한쪽 모서리가 잘린 사각형](⬜)을 선택한다.

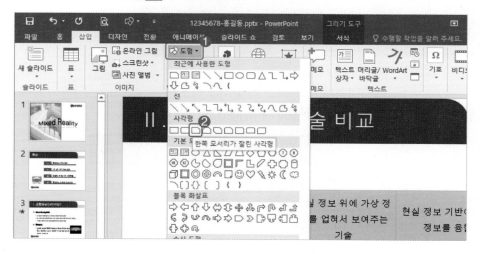

② 표 위쪽에 마우스를 드래그하여 도형을 그린다.

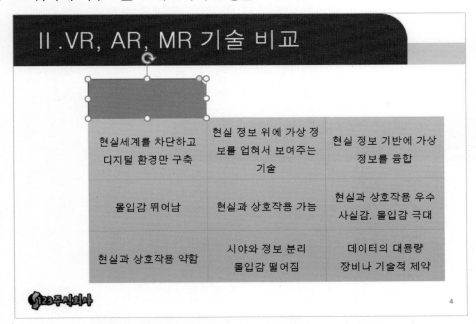

③ 도형이 선택된 상태에서 [그리기 도구] – [서식] 탭 – [도형 스타일] 그룹의 [도형 채우기]()와 [도형 윤곽선]()을 임의로 설정한다.

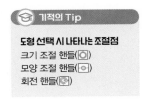 기적의 Tip

시험에서는 도형과 윤곽선의 색에 대한 명확한 지시가 없기 때문에 임의로 서로 구별되는 색을 지정한다.

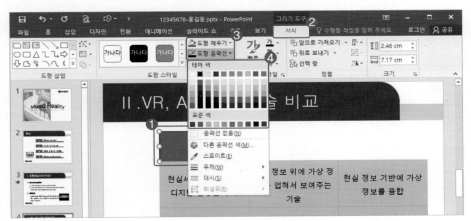

④ [삽입] 탭 – [일러스트레이션] 그룹에서 [도형](▢) – [기본 도형] – [십자형](✛)을 선택한다.

⑤ 첫 번째 도형 위에 마우스를 드래그하여 겹쳐 보이게 삽입한다. → [서식] 탭 – [도형 스타일] 그룹에서 [도형 채우기]와 [도형 윤곽선]을 임의로 설정한다.

🎓 기적의 Tip

도형 선택 시 나타나는 조절점
크기 조절 핸들(◻)
모양 조절 핸들(◻)
회전 핸들(🔄)

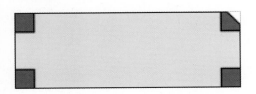

⑥ 도형을 선택한 상태에서 [홈] 탭 – [글꼴] 그룹의 글꼴 '돋움', '18pt'을 설정하고 「가상현실(VR)」을 입력한다.

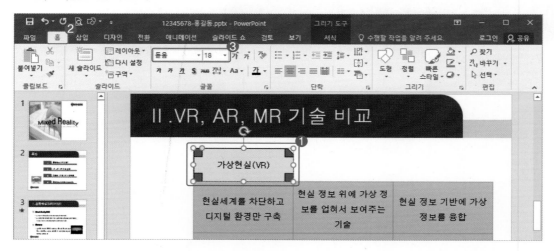

⑦ 2개의 도형을 모두 선택하고 [서식] 탭 – [정렬] 그룹에서 [그룹](📑)을 선택한다.

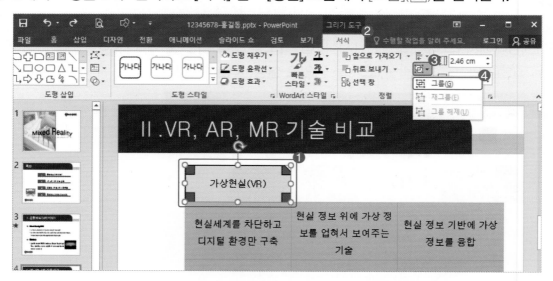

⑧ 그룹화된 도형을 Ctrl + Shift 를 누른 채 오른쪽으로 복사하고 텍스트 내
용을 수정한다.

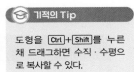
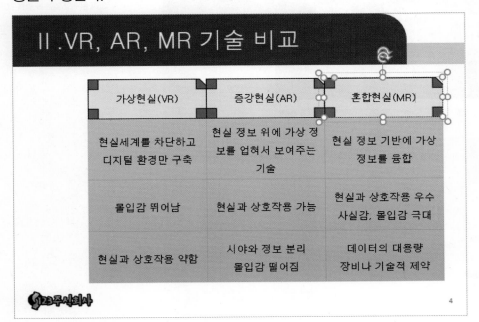

SECTION 03   좌측 도형 작성

① [삽입] 탭 – [일러스트레이션] 그룹에서 [도형]( ) – [블록 화살표] – [오
각형]( )을 선택한다.

② 왼쪽 공간에 마우스를 드래그하여 도형을 그린다.

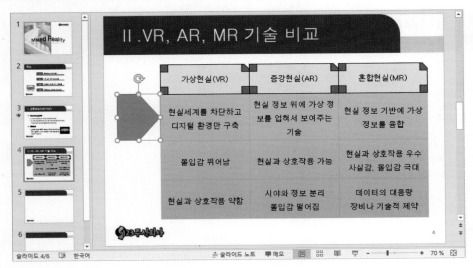

③ [그리기 도구] – [서식] 탭 – [정렬] 그룹에서 [좌우 대칭](▟◣)을 클릭한다.

🎓 기적의 Tip

좌우 대칭, 상하 대칭을 생각하여 문제와 맞는 도형을 찾도록 한다.

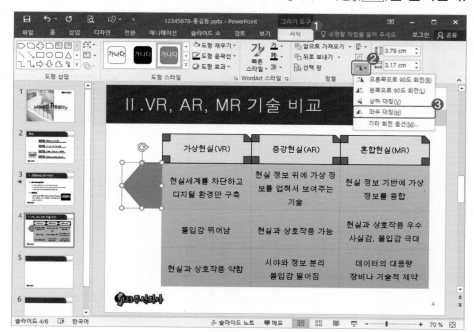

④ [그리기 도구] – [서식] 탭 – [도형 스타일] 그룹에서 [도형 채우기]와 [도형 윤곽선]을 임의로 설정한다.

⑤ 다시 [도형 스타일] 그룹 – [도형 채우기]를 클릭하고 [그라데이션](▨) – [선형 아래쪽]을 선택한다.

🎓 기적의 Tip

그라데이션 세부 설정
[도형 채우기] – [그라데이션] – [기타 그라데이션]을 클릭하면 나오는 도형 서식 탭을 통해 세부사항들을 조절할 수 있다.

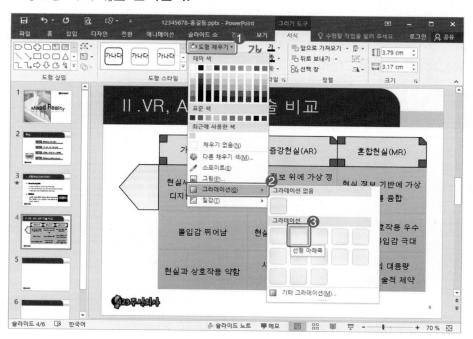

⑥ 도형을 선택한 상태에서 [홈] 탭 – [글꼴] 그룹의 글꼴 '돋움', '18pt', 글꼴 색 '검정, 텍스트 1'을 설정하고 「구현방식」을 입력한다.

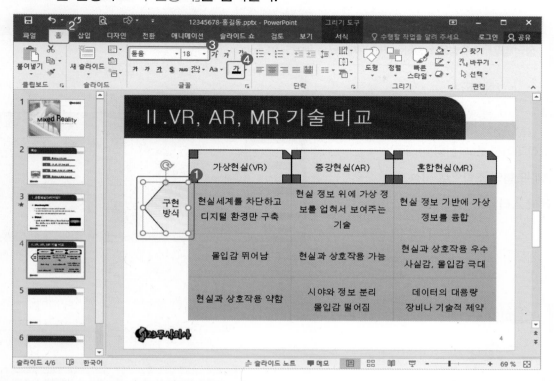

⑦ 도형을 선택한 후 Ctrl+Shift를 누른 채 아래쪽으로 복사하고, 도형의 크기와 텍스트 내용을 수정한다.

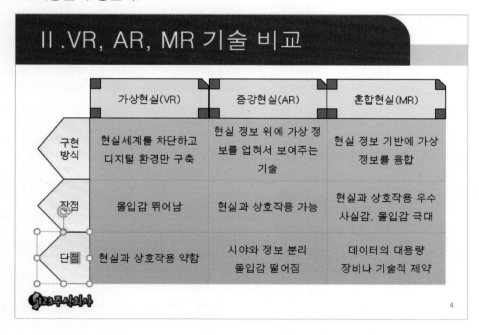

유형을 확인하는 기출문제

문제유형 ① 정답파일 ▶ 유형을 확인하는 기출문제\chapter 5-01.pptx

세부조건

글꼴 : 굴림, 18pt

① 상단 도형 : 그라데이션 효과(선형 아래쪽)

② 좌측 도형 : 2개 도형의 조합으로 작성

③ 표 스타일 : 테마 스타일 1 - 강조 3

	주요 기업	서비스	특징
정보 / 지식형	구글	검색	- 미국 검색광고 시장 78% 점유 - 시가총액 1조 달러로 미국시장 3위
커뮤니티형	페이스북	인맥 커뮤니티	- 월 이용자 수 10억 명 - 10억 달러에 인스타그램을 인수
오락형	유튜브	동영상 공유	- 약 50억개의 영상이 매일 조회 - 구글이 16억 5천만 달러에 인수
상거래형	이베이	전자 상거래	- 미국 시장 점유율 44.8% 차지 - 애플에 이어 두번째 시가총액 1조 달러

문제유형 ② 정답파일 ▶ 유형을 확인하는 기출문제\chapter 5-02.pptx

세부조건

글꼴 : 굴림, 18pt

① 상단 도형 : 2개 도형의 조합으로 작성, 글꼴(굵게)

② 좌측 도형 : 그라데이션 효과(선형 오른쪽),
글꼴(굵게)

③ 표 스타일 : 테마 스타일 1 - 강조 1

	식품 및 지방함량(1g이상)		식품 및 지방함량(1g미만)	
불포화 지방 (식물성 식품 생선의 지방)	쇼트닝, 마가린	14.4	프라이드 치킨	0.9
	전자레인지용 팝콘	11.2	빵류	0.6
	도넛	4.7	햄버거, 피자	0.4
	튀김용 냉동감자	3.5	튀김, 인스턴트 수프	0.2
마가린이 버터보다 안좋음	초콜릿 가공품	3.2	팝콘	0.1
	감자 튀김, 비스킷류	2.9	마요네즈	불검출
	스낵, 식용유지	1	커피 크림	

문제유형 ③ 정답파일 ▶ 유형을 확인하는 기출문제\chapter 5-03.pptx

세부조건

글꼴 : 돋움, 18pt

① 상단 도형 : 2개 도형의 조합으로 작성

② 좌측 도형 : 그라데이션 효과(선형 아래쪽)

③ 표 스타일 : 테마 스타일 1 - 강조 2

	구분	내용
개요	목적	납세 협력 비용을 절감하고 사업자 간 거래의 투명성 제고
	의무	모든 법인 사업자는 선택이 아닌 필수로 반드시 전자세금 계산서를 발급해야 함
특징	불이익	종이세금계산서 발급 시 가산세 부담
	장점	종이와 전자의 구분에 따른 오류를 줄이고 회계 관리 편리
	혜택	국세청 전송분에 대한 보관 의무 면제

세부조건

글꼴 : 굴림, 18pt

① 상단 도형 : 2개 도형의 조합으로 작성

② 좌측 도형 : 그라데이션 효과(선형 대각선)

③ 표 스타일 : 테마 스타일 1 − 강조 2

	구 분	배아 줄기세포	성체 줄기세포	제대혈 줄기세포
난치성 질환 치료	공급원	수정란, 난자	체세포	탯줄 혈액
	대량생산 가능성	어려움	어려움	가능
즉각적 이식	분화능력	매우 뛰어남	노쇄자 세포 분화력 떨어짐	뛰어남
	이식거부 반응 해결	어려움	어려움	가능
	환자적용 유무	없음	많음	있음

세부조건

글꼴 : 바탕, 20pt

① 상단 도형 : 2개 도형의 조합으로 작성

② 좌측 도형 : 그라데이션 효과(선형 아래쪽)

③ 표 스타일 : 테마 스타일 1 − 강조 4

	동굴 종류	대표적 동굴
형성 요인에 따른 구분	석회동굴(종유굴)	고수굴, 고씨굴, 노동굴
	용암동굴(화산굴)	만장굴, 협재굴, 쌍룡굴
	해식동굴(파식굴)	오동도굴, 금산굴, 정방굴
형태에 따른 구분	수평동굴	성류굴, 환선굴, 온달굴
	경사동굴	초당굴, 옥계굴, 영천곰굴
	수직동굴	용담굴, 동복굴, 화순굴

세부조건

글꼴 : 궁서, 18pt

① 상단 도형 : 2개 도형의 조합으로 작성

② 우측 도형 : 그라데이션 효과(선형 아래쪽)

③ 표 스타일 : 테마 스타일 1 − 강조 1

070 기본요금		인터넷 – 일반 전화간		인터넷 전화간 통화		
사업자	1회선 당	시내/시외 (3분당)	이동전화 (10초당)	음성 (3분당)	영상	부가세 별도
K사	3,000원	43원	14원	43원	–	
O사	2,000원	45원	11.9원	39원	–	
L사	2,000원	38원	11.7원	38원	–	사업자간 비교
S사	3,000원	39원	11.9원	39원	30원/1분	
D사	2,600원	39원	11원	–	80원/3분	

차트 슬라이드

▶ 합격 강의

정답파일 Part 1 시험 유형 따라하기\시험 유형 따라하기.pptx

문제보기

(1) 차트 작성 기능을 이용하여 슬라이드를 작성한다.
(2) 차트 : 종류(묶은 세로 막대형), 글꼴(돋움, 16pt), 외곽선

세부조건

※ 차트설명
● 차트제목 : 궁서, 24pt, 굵게, 채우기(흰색), 테두리, 그림자(오프셋 오른쪽)
● 차트영역 : 채우기(노랑)
● 그림영역 : 채우기(흰색)
● 데이터 서식 : MR 계열을 표식이 있는 꺾은선형으로 변경 후 보조축으로 지정
● 값 표시 : 2018년의 MR 계열만

① 도형 삽입
– 스타일 : 미세효과 – 파랑, 강조 1
– 글꼴 : 굴림, 18pt

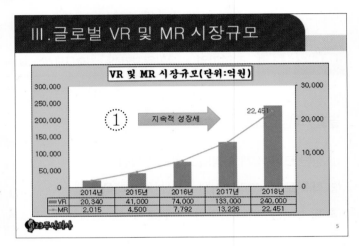

핵심기능

기능	도구 상자, 바로 가기 키	메뉴
차트 삽입	📊	[삽입] 탭 – [일러스트레이션] 그룹 – [차트]
데이터 레이블	📈	[디자인] 탭 – [차트 레이아웃] 그룹 – [차트 요소 추가] – [데이터 레이블]
데이터 표	📊	[디자인] 탭 – [차트 레이아웃] 그룹 – [차트 요소 추가] – [데이터 표]

① 슬라이드 5를 선택하고 슬라이드 제목「Ⅲ.글로벌 VR 및 MR 시장규모」를 입력한다.

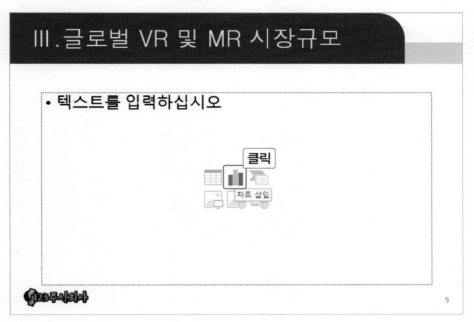

② 텍스트 상자에서 [차트 삽입](📊)을 클릭하고 대화상자가 나타나면 [세로 막대형] – [묶은 세로 막대형]을 선택한 후 [확인]을 클릭한다.

🎓 **기적의 Tip**

차트 제목, 그림 영역, 데이터 계열 서식, 값 표시, 데이터 테이블 표시 등 차트를 구성하는 용어를 정확하게 알고 있으면 작업이 더 수월하다.

🎓 **기적의 Tip**

지시사항과 출력형태를 확인하고 비교하여 동일하게 만들어야 한다.

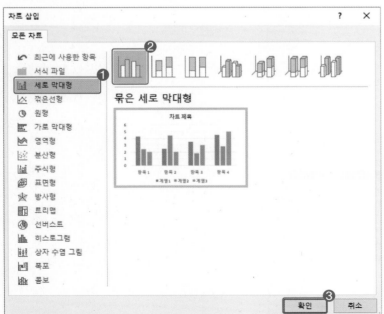

③ 데이터 시트 창이 열리면 내용을 입력한 후 데이터 범위를 지정한다.

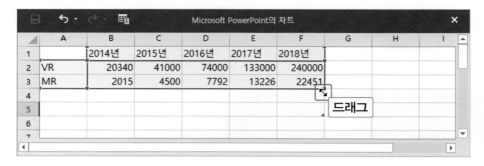

④ 숫자 데이터가 입력된 [B2:F3] 영역을 블록 설정한 후 마우스 오른쪽 버튼을 클릭하여 [셀 서식]을 선택한다.

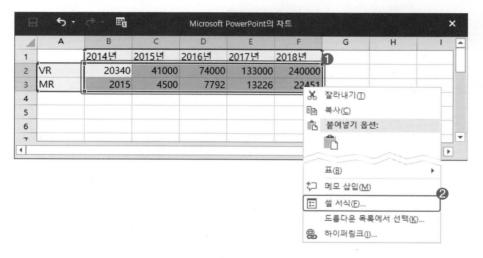

⑤ [셀 서식] 대화상자의 [표시 형식] 탭에서 '숫자'를 선택한 후 [1000 단위 구분 기호(,) 사용]에 체크하고 [확인]을 누른다.

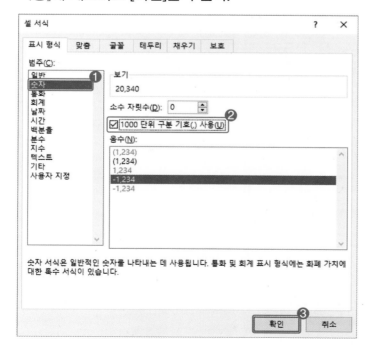

⑥ 데이터 작성이 완료되면 데이터 시트를 닫고, [홈] 탭 – [글꼴] 그룹에서
   글꼴 '돋움', '16pt', 글꼴 색 '검정'을 설정한다.

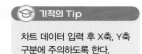
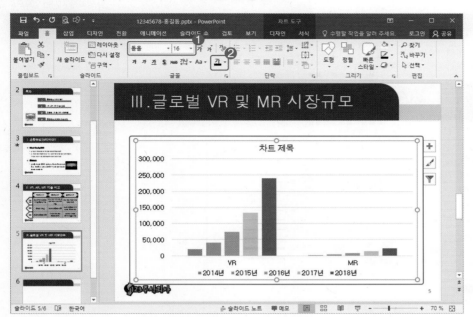

⑦ [차트 도구] – [디자인] 탭 – [데이터] 그룹에서 [데이터 선택]을 클릭한다.
   → [데이터 원본 선택] 대화상자가 나타나면 [행/열 전환](▦)을 클릭하고
   [확인]을 누른다. → 데이터 시트도 닫는다.

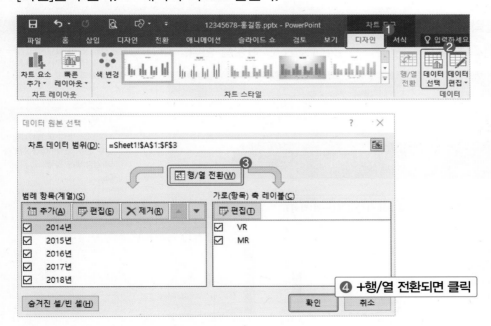

⑧ [차트 도구] – [서식] 탭 – [도형 스타일] 그룹에서 [도형 윤곽선](⬜▾)을 클릭한 후 [색] – [검정], [두께] – [3/4pt]를 선택하여 외곽선을 지정해준다.

🎓 기적의 Tip

도형 윤곽선의 색과 두께에 대한 명확한 지시는 없으므로 출력형태를 보고 판단하여 선택한다.

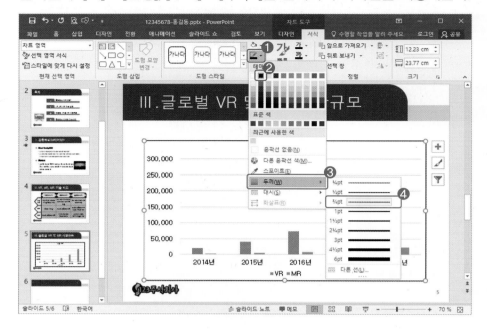

SECTION 02　차트 제목

① '차트 제목' 상자를 클릭하고 「VR 및 MR 시장규모(단위:억원)」을 입력한다. → [홈] 탭 – [글꼴] 그룹에서 글꼴 '궁서', '24pt', '굵게' 설정을 한다.

🎓 기적의 Tip

[차트 도구] – [디자인] 탭 – [차트 요소 추가]에서 다양한 요소들의 위치를 정할 수 있다.

🎓 기적의 Tip

글꼴색은 별도의 지시사항이 없는 경우 출력형태를 참조하여 검정 또는 흰색으로 작성한다.

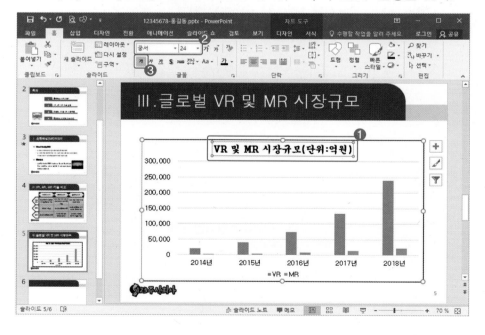

② '차트 제목' 상자가 선택된 상태에서 [서식] 탭 – [도형 스타일] 그룹의 [도형 윤곽선]
(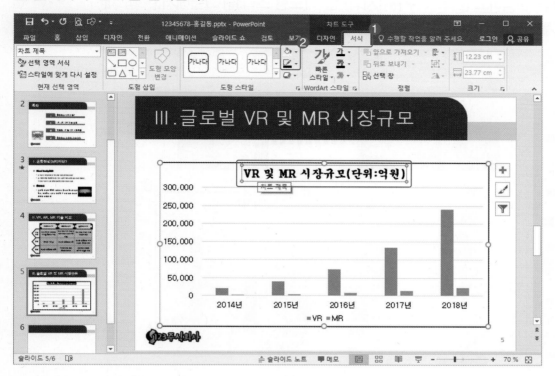)을 클릭한 후 [색] – [검정], [두께] – [3/4pt]를 선택한다. → [도형 채우기]()
를 클릭하여 '흰색'을 선택한다.

③ [도형 스타일] 그룹 – [도형 효과](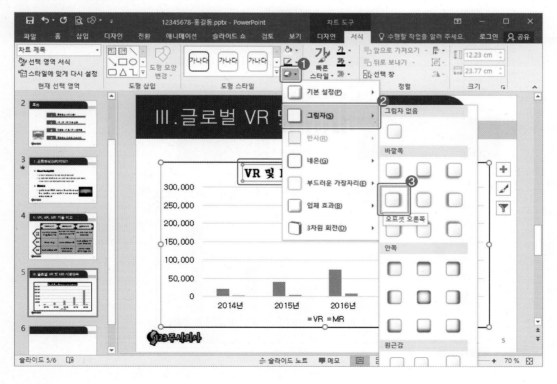)를 클릭하고 [그림자] – [바깥쪽] – [오프셋 오
른쪽]으로 설정한다.

① '차트 영역'을 선택하고 [차트 도구] – [서식] 탭 – [도형 스타일] 그룹에서 [도형 채우기](🎨▾)를 클릭한 후 [색] – [노랑]을 선택한다.

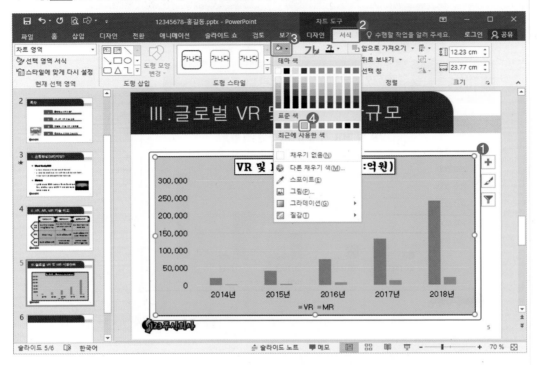

② 차트의 '그림 영역'을 선택하고 [차트 도구] – [서식] 탭 – [도형 스타일] 그룹에서 [도형 채우기](🎨▾)를 클릭한 후 [색] – [흰색]을 선택한다.

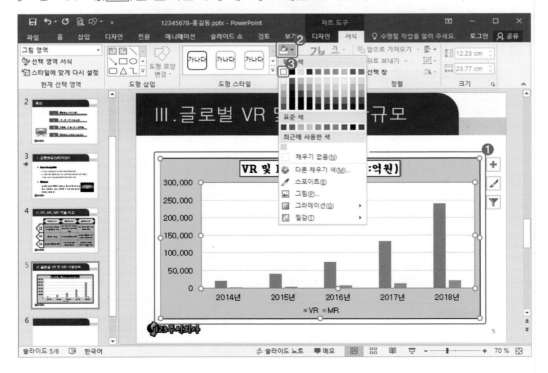

③ '차트 영역'을 선택하고 [차트 도구] – [디자인] 탭 – [차트 레이아웃] 그룹의 [차트 요소 추가](📊)를 클릭하여 [데이터 표] – [범례 표지 포함]을 선택한다.

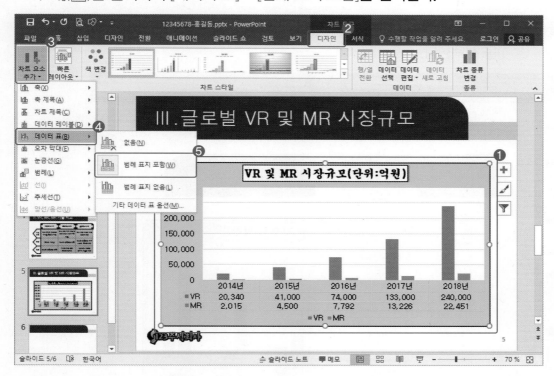

④ '차트 영역'을 선택한 상태에서 오른쪽 상단의 [차트 요소 추가](➕) 아이콘을 클릭하여 [눈금선]과 [범례]를 체크 해제한다.

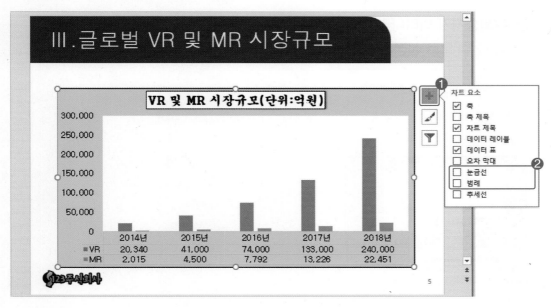

① MR 계열을 꺾은선형으로 변경하기 위해 '차트 영역'에 마우스 오른쪽 버튼을 클릭하여 [차트 종류 변경]을 선택한다.

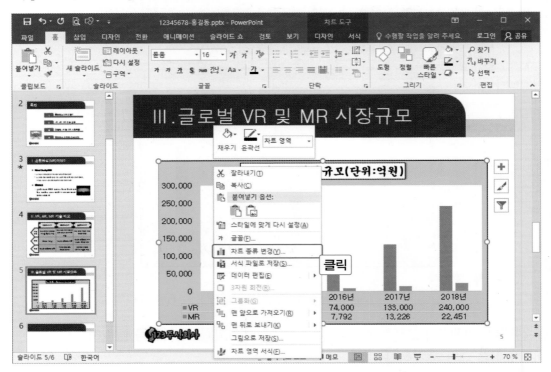

② [차트 종류 변경] 대화상자가 나타나면 [콤보]를 선택한다. → MR 계열에서 차트 종류를 '표식이 있는 꺾은선형'으로 설정하고 [보조 축]에 체크한 후 [확인]을 클릭한다.

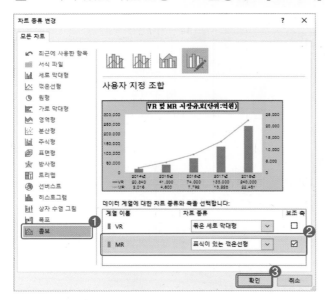

③ '차트 영역'에서 마우스 오른쪽 버튼을 클릭하여 [차트 영역 서식]을 선택한다.

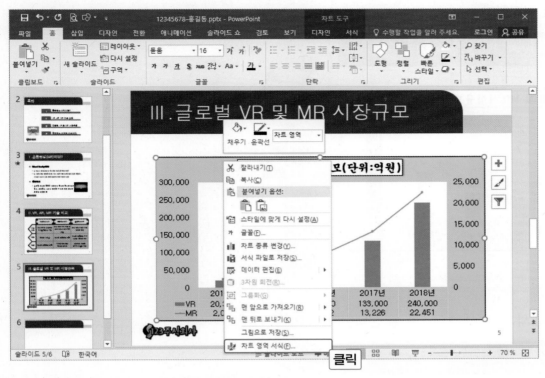

④ [차트 옵션]을 누르고 '계열 "MR"'을 선택한다.

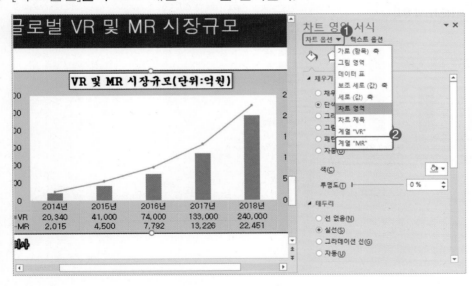

⑤ [데이터 계열 서식] 탭에서 [표식]을 선택하고 [표식 옵션]의 기본 제공을 클릭 후 [형식] '네모'로 설정한다.

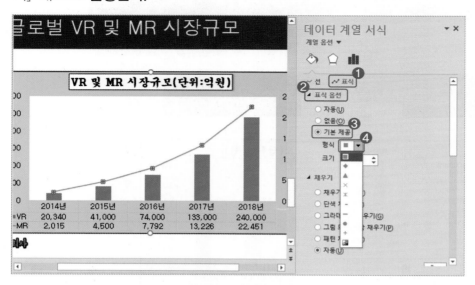

⑥ [계열 옵션]에서 '보조 세로 (값) 축'을 선택한다.

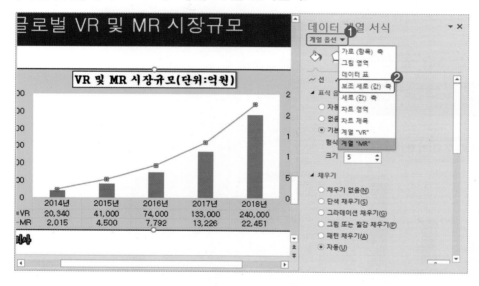

⑦ [축 옵션](▥)을 클릭 후 [경계] – [최대]를 「30000」, [단위] – [주]를 「10000」으로 입력한다. → [눈금]에서 [주 눈금]을 '바깥쪽' [보조 눈금]을 '없음'으로 설정한 후 [축 서식] 탭을 닫는다.

해결 Tip

눈금이 안 보여요!
[주 눈금]이 바로 표시가 안 되는 경우는 설정을 '없음'이나 '안쪽' 같은 다른 설정으로 한 번 바꿔본 후 다시 적용해본다.

기적의 Tip

세로 (값) 축에서 'O' 대신 '–' 만드는 법
[축 서식] – [축 옵션]에서 [표시 형식] – [범주]를 '회계'로 지정하고 [기호]를 '없음'으로 설정한다.

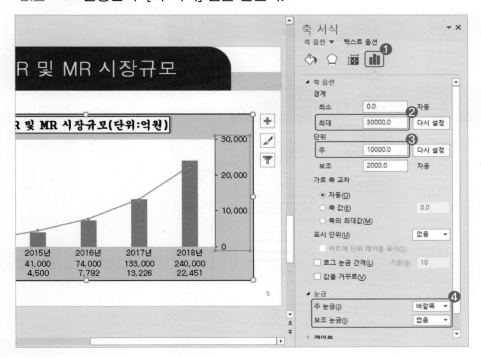

⑧ 마우스로 '세로 (값) 축'을 선택한다. → [서식] 탭 – [도형 스타일] 그룹의 [도형 윤곽선](▨)을 클릭한 후 [색] – [검정], [두께] – [3/4pt]를 설정한다.

기적의 Tip

마우스로 각 영역을 직접선택해도 되고 [차트 도구] – [서식] 탭의 [현재 선택 영역] 그룹에서 선택해도 된다.

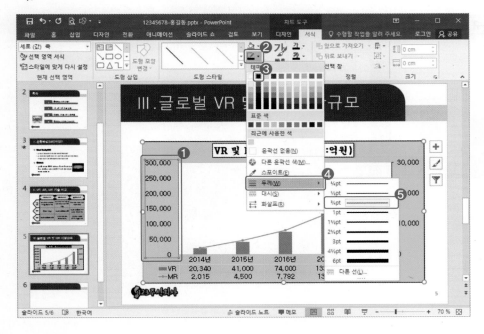

⑨ 마우스로 '데이터 표'를 선택한다. → [서식] 탭 – [도형 스타일] 그룹의
[도형 윤곽선](📝 ▾)을 클릭한 후 [색] – [검정], [두께] – [3/4pt]를 설정한
다.

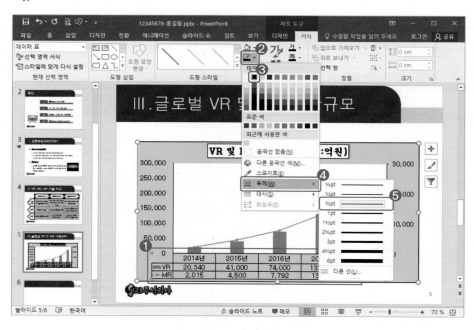

⑩ VR 계열 차트에 마우스 오른쪽 버튼을 클릭하여 [데이터 계열 서식]을
선택한다. → [계열 옵션]에서 간격 너비를 '150%'로 수정하고 닫는다.

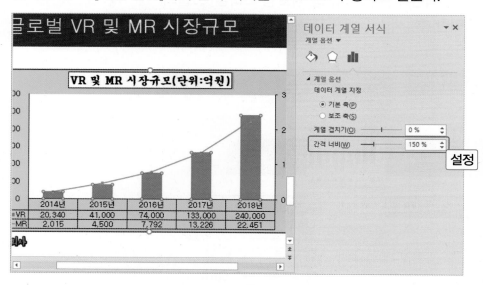

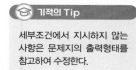

세부조건에서 지시하지 않는
사항은 문제지의 출력형태를
참고하여 수정한다.

⑪ 값을 표시하기 위해 꺾은선형 차트인 MR 계열에서 '2018년 표식'만 마우스로 선택한다. → [차트 도구] – [디자인] 탭의 [차트 요소 추가](📊) – [데이터 레이블] – [왼쪽]을 클릭한다.

🎓 기적의 Tip

차트에서 하나의 요소만 선택하기
마우스로 계열 차트를 한 번 클릭한 후 원하는 요소만 한 번 더 클릭한다.

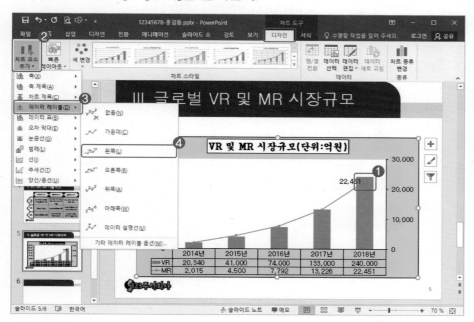

SECTION 05 | 도형 삽입

① [삽입] 탭 – [일러스트레이션] 그룹에서 [도형](⬡) – [블록 화살표] – [오른쪽 화살표](▷)를 선택하여 적당한 크기로 그린다. → [도형 스타일] 그룹에서 [자세히]를 클릭한다.

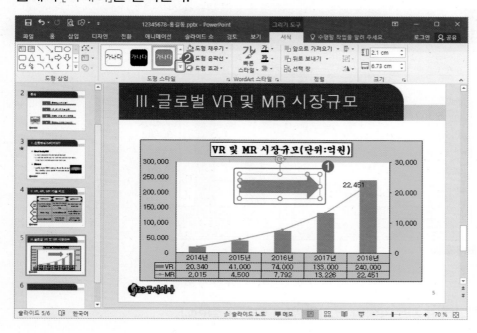

② [테마 스타일]에서 '미세 효과 – 파랑, 강조 1'을 선택한다.

③ 「지속적 성장세」를 입력한다. → [홈] 탭 – [글꼴] 그룹에서 글꼴 '굴림', '18pt' 설정 후 [단락] 그룹에서 [가운데 맞춤](☰)을 설정한다.

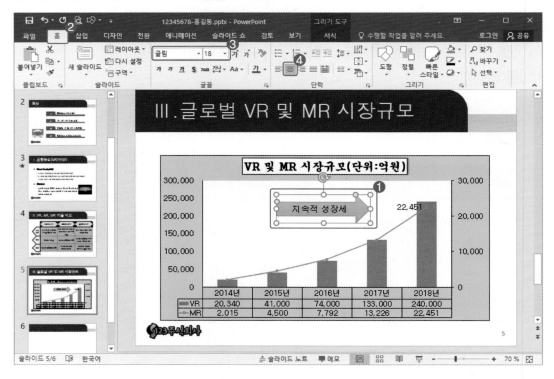

④ 문제지의 출력형태를 참고하며 차트영역의 크기와 위치 등을 조절한다.

유형을 확인하는 기출문제

문제유형 ❶　　**정답파일** ▶ 유형을 확인하는 기출문제₩chapter 6-01.pptx

세부조건

종류(묶은 세로 막대형), 글꼴(돋움, 16pt), 외곽선

※ 차트설명
- 차트제목 : 궁서, 24pt, 굵게, 채우기(흰색), 테두리, 그림자(오프셋 오른쪽)
- 차트영역 : 채우기(노랑)
- 그림영역 : 채우기(흰색)
- 데이터 서식 : 2027 계열을 표식이 있는 꺾은선형으로 변경 후 보조축으로 지정
- 값 표시 : 전체의 2020 계열만

① 도형 삽입
　- 스타일 : 미세효과-파랑, 강조1
　- 글꼴 : 굴림, 18pt

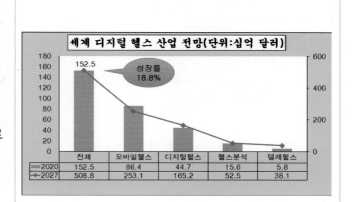

문제유형 ❷　　**정답파일** ▶ 유형을 확인하는 기출문제₩chapter 6-02.pptx

세부조건

종류(묶은 세로 막대형), 글꼴(돋움, 16pt), 외곽선

※ 차트설명
- 차트제목 : 굴림, 20pt, 굵게, 채우기(흰색), 테두리, 그림자(오프셋 오른쪽)
- 차트영역 : 채우기(노랑)
- 그림영역 : 채우기(흰색)
- 데이터 서식 : 화학요법 계열을 표식이 있는 꺾은선형으로 변경 후 보조축으로 지정
- 값 표시 : 2022년의 방사선요법 계열만

① 도형 삽입
　- 스타일 : 미세효과-파랑, 강조1
　- 글꼴 : 굴림, 18pt

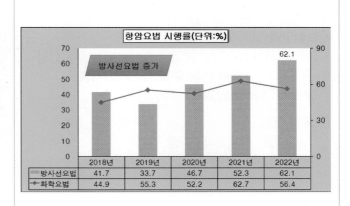

세부조건

종류(묶은 세로 막대형), 글꼴(돋움, 16pt), 외곽선

※ 차트설명
- 차트제목 : 돋움, 24pt, 굵게, 채우기(흰색), 테두리, 그림자(오프셋 왼쪽)
- 차트영역 : 채우기(노랑)
- 그림영역 : 채우기(흰색)
- 데이터 서식 : 인상률 계열을 표식이 있는 꺾은선형으로 변경 후 보조축으로 지정
- 값 표시 : 2022년의 최저임금 계열만

① 도형 삽입
- 스타일 : 미세효과 – 파랑, 강조1
- 글꼴 : 굴림, 18pt

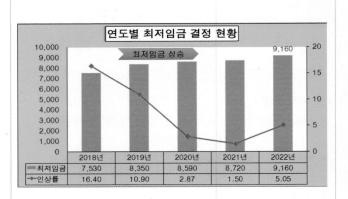

	2018년	2019년	2020년	2021년	2022년
최저임금	7,530	8,350	8,590	8,720	9,160
인상률	16.40	10.90	2.87	1.50	5.05

세부조건

종류(묶은 세로 막대형), 글꼴(돋움, 16pt), 외곽선

※ 차트설명
- 차트제목 : 궁서, 24pt, 굵게, 채우기(흰색), 테두리, 그림자(오프셋 왼쪽)
- 차트영역 : 채우기(노랑)
- 그림영역 : 채우기(흰색)
- 데이터 서식 : 2024년 계열을 표식이 있는 꺾은선형으로 변경 후 보조축으로 지정
- 값 표시 : 아시아의 2024년 계열만

① 도형 삽입
- 스타일 : 미세효과 – 파랑, 강조1
- 글꼴 : 굴림, 18pt

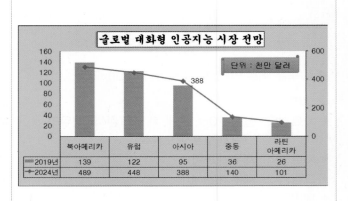

	북아메리카	유럽	아시아	중동	라틴아메리카
2019년	139	122	95	36	26
2024년	489	448	388	140	101

도형 슬라이드

▶ 합격 강의

난이도 상 중 하

정답파일 Part 1 시험 유형 따라하기₩시험 유형 따라하기.pptx

기적의 3회독
☐ 1회 ☐ 2회 ☐ 3회

문제보기

(1) 슬라이드와 같이 도형 및 스마트아트를 배치한다(글꼴 : 굴림, 18pt).
(2) 애니메이션 순서 : ① ⇒ ②

세부조건

① 도형 및 스마트아트 편집
- 스마트아트 디자인 :
  3차원 광택 처리, 3차원 만화
- 그룹화 후 애니메이션 효과 :
  닦아내기(위에서)
② 도형 편집
- 그룹화 후 애니메이션 효과 :
  바운드

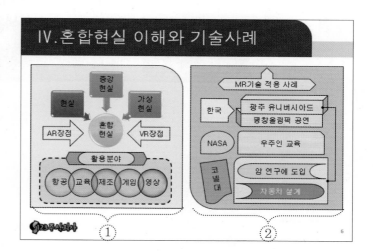

핵심기능

기능	도구 상자, 바로 가기 키	메뉴
도형 삽입		[삽입] 탭 – [일러스트레이션] 그룹 – [도형]
좌우 대칭		[서식] 탭 – [정렬] 그룹 – [좌우 대칭]
그룹		[서식] 탭 – [정렬] 그룹 – [그룹]
SmartArt		[삽입] 탭 – [일러스트레이션] 그룹 – [SmartArt]
애니메이션		[애니메이션] 탭 – [애니메이션] 그룹 – [자세히]

① 슬라이드 6을 선택하고 슬라이드 제목에 「Ⅳ.혼합현실 이해와 기술사례」
를 입력한 후 '텍스트를 입력하십시오' 상자를 [Delete]를 눌러 삭제한다.

> **기적의 Tip**
>
> 가장 뒤에 있는 도형부터 그리
> 는 것이 작업을 수월하게 한다.

Ⅳ.혼합현실 이해와 기술사례

② [삽입] 탭 – [일러스트레이션] 그룹에서 [도형](⬙) – [사각형] – [한쪽 모
서리가 둥근 사각형](▢)을 선택하여 도형을 그린다. → [서식] 탭 – [도
형 스타일] 그룹에서 [도형 채우기](🎨▾)로 임의의 색을 지정한다.

> **기적의 Tip**
>
> 슬라이드 6에서는 도형의 색
> 에 대한 조건이 주어지지 않으
> 므로 제시된 출력형태를 보고
> 판단하여 구별되는 임의의 색
> 을 지정한다.

③ [삽입] 탭 – [일러스트레이션] 그룹 – [SmartArt](📊)를 클릭한다. →
[SmartArt 그래픽 선택] 대화상자가 나타나면 [관계형] – [수렴 방사형]을
선택하고 [확인]을 누른다.

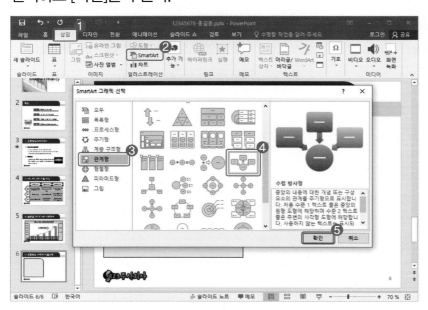

④ 크기와 위치를 조절하고 [SmartArt 도구] – [디자인] 탭의 [SmartArt 스타
  일] 그룹에서 [자세히](▽)를 클릭하여 [3차원] – [광택 처리]를 선택한다.

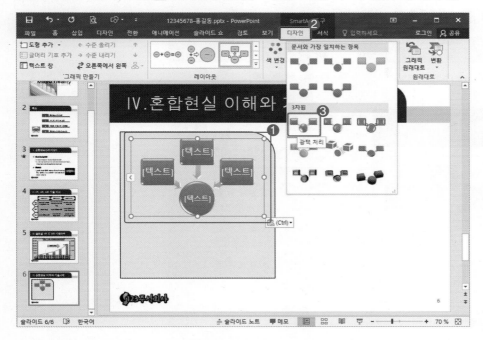

⑤ SmartArt가 선택된 상태에서 [홈] 탭 – [글꼴] 그룹의 글꼴 '굴림', '18pt'
  를 설정하고 왼쪽 모서리의 ◁ 아이콘을 클릭하여 내용을 입력한다. →
  줄바꿈은 Shift + Enter 를 이용하고 도형 간 이동은 방향키를 사용한다.

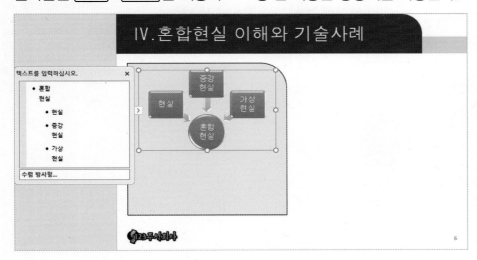

🎓 기적의 Tip

직접 마우스로 도형 하나씩 클
릭하여 입력하는 방법도 있으
므로 스스로 편한 방법을 사용
하면 된다.

⑥ [SmartArt 도구] – [디자인] 탭의 [SmartArt 스타일] 그룹에서 [색 변경]을 클릭하여 [색상형] 중 도형들이 서로 구분되는 것을 선택해 적용한다. → [홈] 탭에서 [글꼴 색]을 '검정'으로 바꾼다.

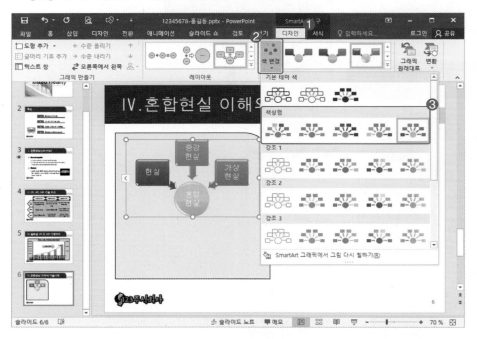

⑦ [삽입] 탭 – [일러스트레이션] 그룹에서 [도형]( )– [블록 화살표] – [오른쪽 화살표]( )와 [왼쪽 화살표]( )를 그리고 내용을 입력한다. → [서식] 탭 – [도형 스타일] 그룹에서 [도형 채우기]( )와 [도형 윤곽선]( )은 임의의 색을 지정한다. → 글꼴은 '굴림', '18pt', '검정'으로 한다.

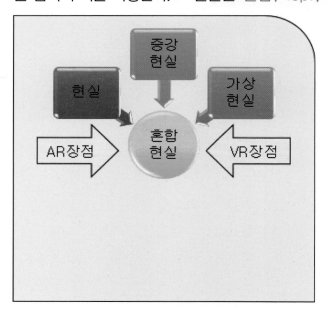

🎓 기적의 Tip

기본 도형 설정하기
도형에서 마우스 오른쪽 버튼을 클릭하여 [기본 도형으로 설정]을 선택하면 앞으로 삽입되는 다른 도형들의 기본값이 방금 기본 도형으로 설정한 도형의 기본값(색, 글꼴 등)과 같아진다.

⑧ [삽입] 탭 – [일러스트레이션] 그룹에서 [도형](◇) – [사각형] – [모서리가 둥근 직사
각형](☐)을 선택해 도형을 그리고 마우스 오른쪽 버튼을 클릭하여 임의의 색을 채
운다.

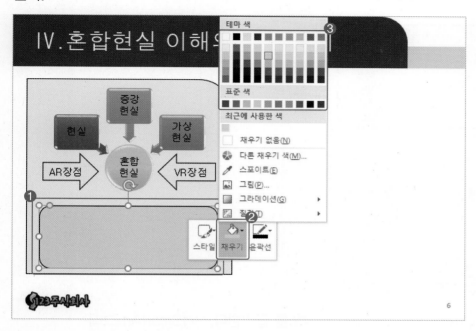

⑨ 도형에서 마우스 오른쪽 버튼을 클릭하여 [도형 서식] 탭을 열고 [선] – [대시 종류]를
[파선]으로 설정한다. → 너비도 '2pt'로 조절하여 더 굵게 만든다.

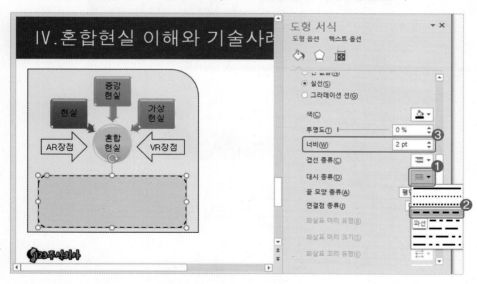

⑩ [삽입] 탭 – [일러스트레이션] 그룹에서 [도형](⬡) – [기본 도형] – [육각형](⬡)을 선택하여 도형을 그린다. → 그 위에 [순서도] – [수행의 시작/종료](▭)를 그리고 글꼴 '굴림', '18pt' 설정 후 「활용분야」를 입력한다.

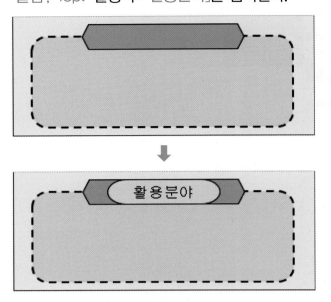

⑪ [삽입] 탭 – [일러스트레이션] 그룹 – [SmartArt](📊)를 클릭한다. → [SmartArt 그래픽 선택] 대화상자가 나타나면 [관계형] – [선형 벤형]을 선택하고 [확인]을 누른다.

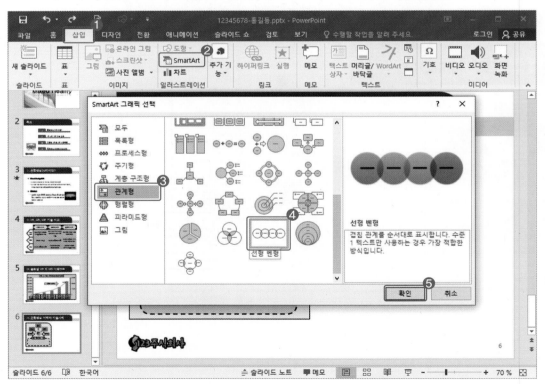

⑫ SmartArt가 선택된 상태에서 [홈] 탭 – [글꼴] 그룹의 글꼴 '굴림', '18pt'를 설정하고
왼쪽 모서리의 ◁ 아이콘을 클릭하여 내용을 입력한다. → Enter 를 누르면 도형이
하나 더 추가되며, 도형 간 이동은 방향키를 사용한다.

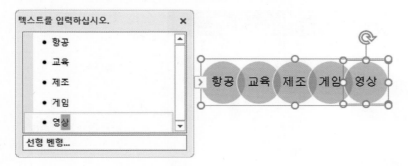

⑬ [SmartArt 도구] – [디자인] 탭에서 [SmartArt 스타일] 그룹 – [색 변경](⊞)을 클릭하
여 [색상형] 중 도형들이 서로 구분되는 색을 선택하여 적용한다.

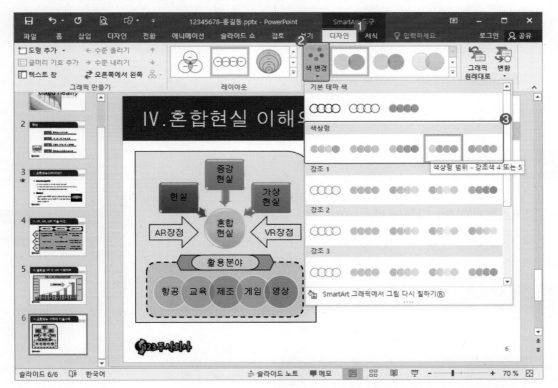

⑭ SmartArt에 세부조건에서 지시하는 '3차원 만화'를 적용하기 위해 [디자인 탭] – [SmartArt 스타일] 그룹에서 [자세히](⊟)를 눌러 [3차원] – [만화]를 선택해 적용한다.

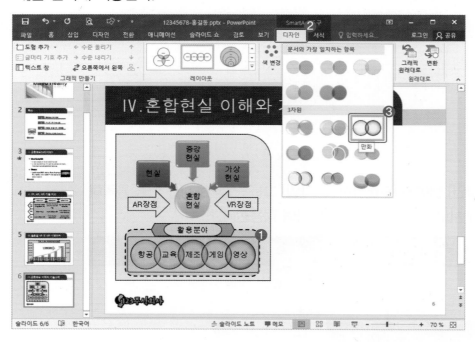

오른쪽 도형 작성

① [삽입] 탭 – [일러스트레이션] 그룹에서 [도형](⬚) – [사각형] – [한쪽 모서리가 둥근 사각형](▢)을 선택하여 도형을 그린다. → [서식] 탭 – [정렬] 그룹에서 [상하 대칭](◀)과 [좌우 대칭](◢▣)을 한번씩 실행해준다.

🎓 기적의 Tip

도형의 색이 지시되지 않으면 임의로 지정하면 된다.

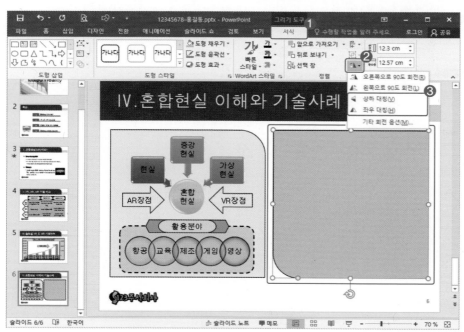

② [삽입] 탭 – [일러스트레이션] 그룹에서 [도형](⬚) – [블록 화살표] – [왼쪽/오른쪽/
위쪽 화살표](⬔)를 선택하여 도형을 그린다. → '모양 조절 핸들'을 드래그하여 출력
형태처럼 모양을 변경한 다음, [홈] 탭 – [글꼴] 그룹의 글꼴 '굴림', '18pt'를 설정하고
「MR기술 적용 사례」를 입력한다.

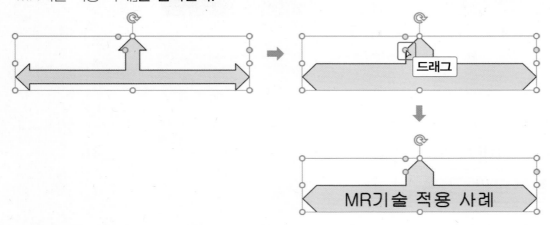

③ '한국' 도형을 만들기 위해 [도형](⬚) – [블록 화살표] – [오른쪽 화살표 설명선](⬚)
을 선택하여 그린 다음, '모양 조절 핸들'을 이용해 출력형태처럼 변경한다. 텍스트는
글꼴 '굴림', '18pt'로 입력한다.

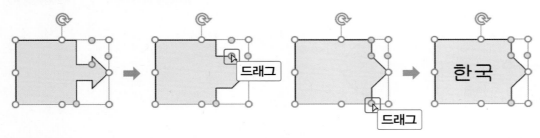

④ [도형](⬚) – [기본 도형] – [정육면체](⬚)를 선택하여 알맞게 그리고, 글꼴 '굴림',
'18pt'로 「광주 유니버시아드」를 입력한다.

⑤ 도형을 Ctrl 을 누른 채로 아래로 마우스 드래그하여 복사한 다음, 텍스트를 「평창올
림픽 공연」으로 수정한다.

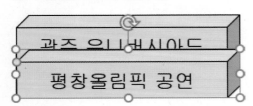

⑥ '평창올림픽 공연' 도형을 [그리기 도구] – [서식] 탭의 [정렬] 그룹에서
   [뒤로 보내기]를 클릭하여 도형의 순서를 맞추고, [좌우 대칭](◢◣)을 클
   릭하여 출력형태와 모양을 맞춘다.

⑦ 'NASA' 도형을 만들기 위해 [삽입] 탭 – [일러스트레이션] 그룹에서 [도
   형](◱) – [기본 도형] – [눈물 방울](◯)을 선택하여 그린다. → [서식]
   탭 – [정렬] 그룹에서 [상하 대칭](◢)과 [좌우 대칭](◢◣)을 한번씩 실행
   해준다.

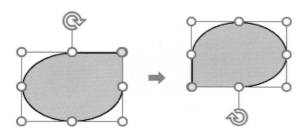

⑧ [삽입] 탭 – [텍스트] 그룹에서 [텍스트 상자](᠁)를 선택해 마우스 드래
   그하여 배치한다. → 「NASA」를 글꼴 '굴림', '18pt'로 입력하고 도형 위에
   배치한다.

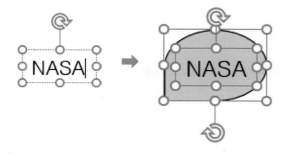

⑨ '우주인 교육' 도형을 만들기 위해 [도형](□) – [사각형] – [한쪽 모서리는 잘리고 다른 쪽 모서리는 둥근 사각형](□)을 선택하여 그린 다음, 텍스트를 글꼴 '굴림', '18pt'로 입력한다.

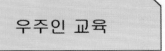

⑩ '코넬대' 도형을 만들기 위해 [도형](□) – [순서도: 문서](□)를 선택하여 그린 다음, 텍스트를 글꼴 '굴림', '18pt'로 입력한다. → '회전 핸들'을 마우스로 드래그하여 출력 형태처럼 왼쪽으로 회전시킨다.

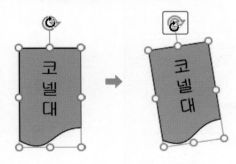

⑪ 다음 도형을 만들기 위해 [도형](□) – [사각형] – [한쪽 모서리가 둥근 사각형]을 선택하여 그린 다음, [서식] 탭 – [정렬] 그룹에서 [좌우 대칭](□)을 실행해준다

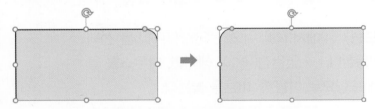

⑫ [도형](□) – [순서도: 저장 데이터](□)를 선택하여 앞 도형 위에 그린 다음, 「암 연구에 도입」을 글꼴 '굴림', '18pt'로 입력한다.

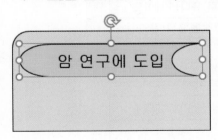

⑬ 도형을 Ctrl + Shift 를 누른 채 아래로 마우스 드래그하여 복사한 다음, [서식] 탭 – [정렬] 그룹에서 [좌우 대칭](![좌우대칭])을 실행해준다. → 텍스트를 「자동차 설계」로 변경하고 [도형 채우기](![채우기])로 임의의 색을 지정한다.

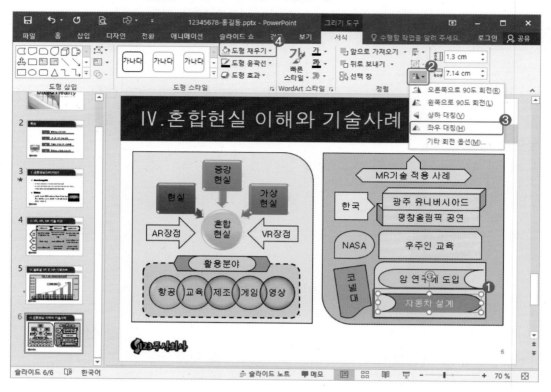

⑭ [삽입] 탭 – [일러스트레이션] 그룹 – [도형](![도형])에서 [선] – [꺾인 연결선](![연결선])을 선택하여 연결하려는 도형으로 마우스를 이동한다. → 연결점(![연결점])이 생기면, 마우스를 클릭한 후 드래그하여 연결하려는 두 번째 도형으로 이동 후 버튼을 놓는다.

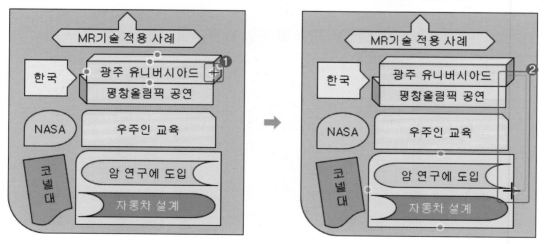

⑮ [서식] 탭 – [도형 스타일] 그룹에서 [도형 윤곽선]()을 클릭한다. →
색과 두께는 출력형태와 가장 유사하게 설정하고 [화살표] – [화살표 스
타일 11]을 선택한다.

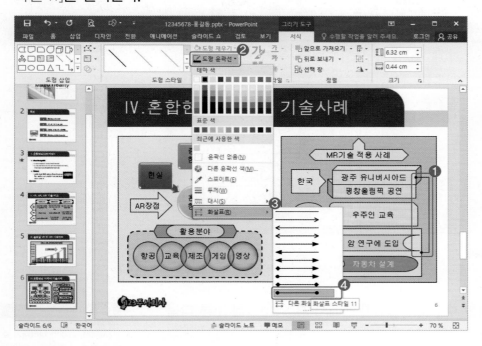

① 마우스를 드래그하여 왼쪽 도형을 모두 선택한 후 [서식] 탭 – [정렬] 그
룹에서 [그룹]()을 선택한다.

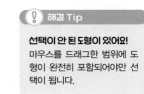

선택이 안 된 도형이 있어요!
마우스를 드래그한 범위에 도
형이 완전히 포함되어야만 선
택이 됩니다.

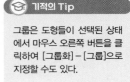

그룹은 도형들이 선택된 상태
에서 마우스 오른쪽 버튼을 클
릭하여 [그룹화] – [그룹]으로
지정할 수도 있다.

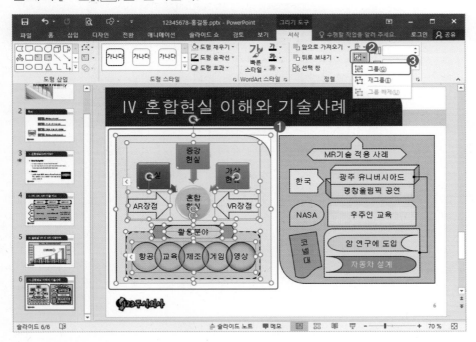

② 오른쪽의 도형들도 같은 방법으로 그룹을 지정한다.

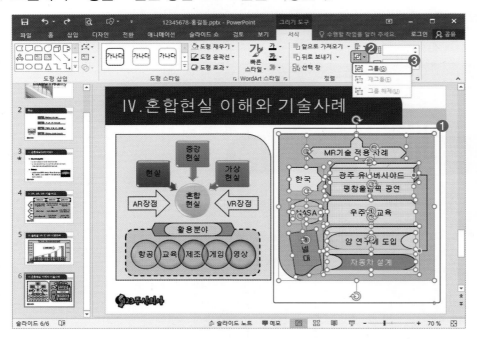

③ 왼쪽 도형 그룹을 선택한 후 [애니메이션] 탭에서 자세히(▽)를 누른 다음 [닦아내기]를 클릭한다.

🎓 기적의 Tip

[자세히] - [추가 나타내기 효과]에서 더 많은 애니메이션 효과를 확인할 수 있다.

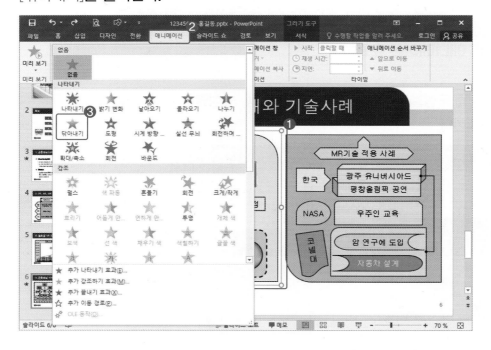

④ [애니메이션] 그룹의 오른쪽 하단에 [추가 효과 옵션 표시]( )가 활성화 되면 클릭한다.

⑤ [닦아내기] 대화상자가 나타나면 [효과] 탭에서 [방향]을 '위에서'로 선택한 후 [확인]을 클릭한다.

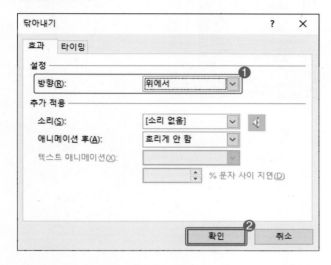

⑥ 이번에는 오른쪽 도형 그룹을 선택하고 [애니메이션] 탭에서 [자세히]( )를 클릭 후 [바운드]를 선택한다.

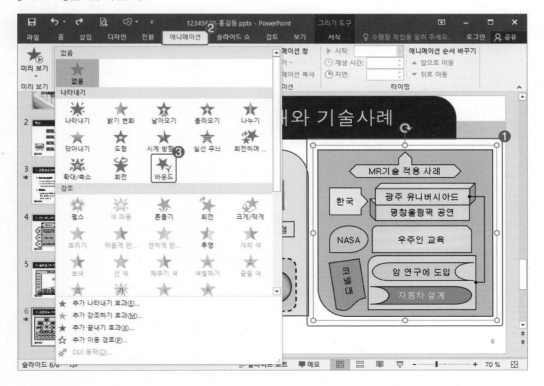

⑦ [미리 보기]를 클릭하여 적용한 애니메이션 효과를 확인해 본다.

🎓 기적의 Tip

그룹화가 된 상태에서 애니메이션 효과를 적용했는지 확인하도록 한다.

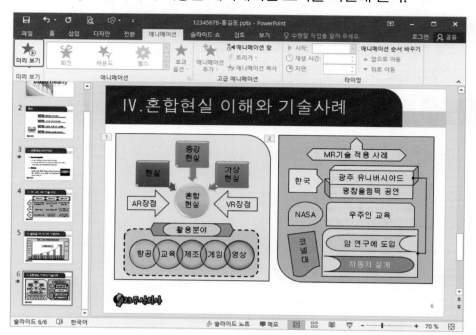

유형을 확인하는 기출문제

문제유형 ①　**정답파일** ▶ 유형을 확인하는 기출문제₩chapter 7-01.pptx

세부조건

도형 및 스마트아트(글꼴 : 굴림, 18pt)
애니메이션 순서 : ① ⇒ ②

① 도형 및 스마트아트 편집
- 스마트아트 디자인 : 미세효과
- 그룹화 후 애니메이션 효과 : 날아오기(왼쪽에서)

② 도형 및 스마트아트 편집
- 스마트아트 디자인 : 3차원 광택 처리
- 그룹화 후 애니메이션 효과 : 블라인드(세로)

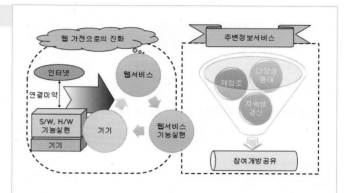

문제유형 ②　**정답파일** ▶ 유형을 확인하는 기출문제₩chapter 7-02.pptx

세부조건

도형 및 스마트아트(글꼴 : 돋움, 18pt)
애니메이션 순서 : ① ⇒ ②

① 도형 및 스마트아트 편집
- 스마트아트 디자인 : 3차원 파우더, 3차원 광택 처리
- 그룹화 후 애니메이션 효과 : 밝기 변화

② 도형 편집
- 그룹화 후 애니메이션 효과 : 날아오기(아래에서)

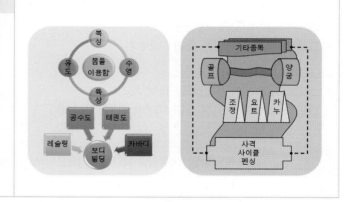

문제유형 ③　**정답파일** ▶ 유형을 확인하는 기출문제₩chapter 7-03.pptx

세부조건

도형 및 스마트아트(글꼴 : 돋움, 18pt)
애니메이션 순서 : ① ⇒ ②

① 도형 및 스마트아트 편집
- 스마트아트 디자인 : 미세 효과, 3차원 만화
- 그룹화 후 애니메이션 효과 : 올라오기
　　　　　　　　　　(떠오르며 내려가기)

② 도형 편집
- 그룹화 후 애니메이션 효과 : 올라오기
　　　　　　　　　　(떠오르며 올라오기)

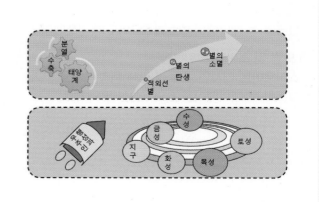

문제유형 ④ | **정답파일** ▶ 유형을 확인하는 기출문제₩chapter 7-04.pptx

세부조건

도형 및 스마트아트(글꼴 : 굴림, 18pt)
애니메이션 순서 : ① ⇒ ②

① 도형 및 스마트아트 편집
● 스마트아트 디자인 : 3차원 벽돌, 3차원 경사
● 그룹화 후 애니메이션 효과 : 회전

② 도형 편집
● 그룹화 후 애니메이션 효과 : 흩어 뿌리기

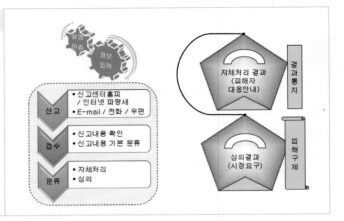

문제유형 ⑤ | **정답파일** ▶ 유형을 확인하는 기출문제₩chapter 7-05.pptx

세부조건

도형 및 스마트아트(글꼴 : 돋움, 18pt)
애니메이션 순서 : ① ⇒ ②

① 도형 및 스마트아트 편집
● 스마트아트 디자인 : 3차원 만화
● 그룹화 후 애니메이션 효과 : 나누기

② 도형 및 스마트아트 편집
● 스마트아트 디자인 : 3차원 광택 처리
● 그룹화 후 애니메이션 효과 : 닦아내기(아래에서)

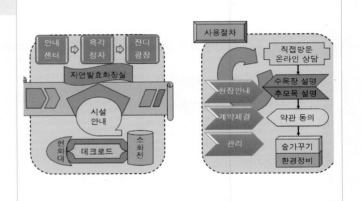

문제유형 ⑥ | **정답파일** ▶ 유형을 확인하는 기출문제₩chapter 7-06.pptx

세부조건

도형 및 스마트아트(글꼴 : 굴림, 18pt)
애니메이션 순서 : ① ⇒ ②

① 도형 편집
● 그룹화 후 애니메이션 효과 : 날아오기(왼쪽에서)

② 도형 및 스마트아트 편집
● 스마트아트 디자인 : 3차원 광택 처리, 3차원 만화
● 그룹화 후 애니메이션 효과 : 실선 무늬(세로)

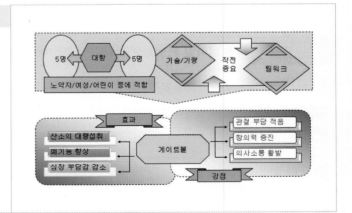

PART 02

기출문제 따라하기

과목	코드	문제유형	시험시간	수험번호	성명
한글파워포인트	1142	A	60분		

수험자 유의사항

- 수험자는 문제지를 받는 즉시 문제지와 **수험표상의 시험과목(프로그램)이 동일한지 반드시 확인**하여야 합니다.
- 파일명은 본인의 "수험번호-성명"으로 입력하여 답안폴더(내 PC₩문서₩ITQ)에 하나의 파일로 저장해야 하며, 답안문서 파일명이 "수험번호-성명"과 일치하지 않거나, 답안파일을 전송하지 않아 미제출로 처리될 경우 실격 처리합니다(예:12345678-홍길동.pptx).
- 답안 작성을 마치면 파일을 저장하고, '답안 전송' 버튼을 선택하여 감독위원 PC로 답안을 전송하십시오. 수험생 정보와 저장한 파일명이 다를 경우 전송되지 않으므로 주의하시기 바랍니다.
- 답안 작성 중에도 **주기적으로 저장하고, '답안 전송'**하여야 문제 발생을 줄일 수 있습니다. 작업한 내용을 저장하지 않고 전송할 경우 이전에 저장된 내용이 전송되니 이점 유의하시기 바랍니다.
- 답안문서는 지정된 경로 외의 다른 보조기억장치에 저장하는 경우, 지정된 시험 시간 외에 작성된 파일을 활용할 경우, 기타 통신수단(이메일, 메신저, 네트워크 등)을 이용하여 타인에게 전달 또는 외부 반출하는 경우는 부정 처리합니다.
- 시험 중 부주의 또는 고의로 시스템을 파손한 경우는 수험자가 변상해야 하며, 〈수험자 유의사항〉에 기재된 방법대로 이행하지 않아 생기는 불이익은 수험생 당사자의 책임임을 알려 드립니다.
- 문제의 조건은 MS오피스 2016 버전으로 설정되어 있으니 유의하시기 바랍니다.
- 시험을 완료한 수험자는 답안파일이 전송되었는지 확인한 후 감독위원의 지시에 따라 문제지를 제출하고 퇴실합니다.

답안 작성요령

- 온라인 답안 작성 절차
  수험자 등록 ⇒ 시험 시작 ⇒ 답안파일 저장 ⇒ 답안 전송 ⇒ 시험 종료
- 슬라이드의 크기는 A4 Paper로 설정하여 작성합니다.
- 슬라이드의 총 개수는 6개로 구성되어 있으며 슬라이드 1부터 순서대로 작업하고 반드시 문제와 세부 조건대로 합니다.
- 별도의 지시사항이 없는 경우 출력형태를 참조하여 글꼴색은 검정 또는 흰색으로 작성하고, 기타사항은 전체적인 균형을 고려하여 작성합니다.
- 슬라이드 도형 및 개체에 출력형태와 다른 스타일(그림자, 외곽선 등)을 적용했을 경우 감점처리 됩니다.
- 슬라이드 번호를 작성합니다(슬라이드 1에는 생략).
- 2~6번 슬라이드 제목 도형과 하단 로고는 슬라이드 마스터를 이용하여 출력형태와 동일하게 작성합니다(슬라이드 1에는 생략).
- 문제와 세부조건, 세부조건 번호 ○(점선원)는 입력하지 않습니다.
- 각 개체의 위치는 오른쪽의 슬라이드와 동일하게 구성합니다.
- 그림 삽입 문제의 경우 반드시 「내 PC₩문서₩ITQ₩Picture」 폴더에서 정확한 파일을 선택하여 삽입하십시오.
- 각 슬라이드를 각각의 파일로 작업해서 저장할 경우 실격 처리됩니다.

60점

(1) 슬라이드 크기 및 순서 : 크기를 A4 용지로 설정하고 슬라이드 순서에 맞게 작성한다.
(2) 슬라이드 마스터 : 2~6슬라이드의 제목, 하단 로고, 슬라이드 번호는 슬라이드 마스터를 이용하여 작성한다.
  – 제목 글꼴(돋움, 40pt, 흰색), 가운데 맞춤, 도형(선 없음)
  – 하단 로고(「내 PC₩문서₩ITQ₩Picture₩로고3.jpg」, 배경(연보라) 투명색으로 설정)

슬라이드 ❶ 표지 디자인 **40**점

(1) 표지 디자인 : 도형, 워드아트 및 그림을 이용하여 작성한다.

세부조건
① 도형 편집 – 도형에 그림 채우기 : 「내 PC₩문서₩ITQ₩Picture₩그림3.jpg」, 투명도 50% – 도형 효과 : (부드러운 가장자리 5포인트) ② 워드아트 삽입 – 변환 : 휘어 올라오기 – 글꼴 : 돋움, 굵게 – 텍스트 반사 : 근접 반사, 터치 ③ 그림 삽입 – 「내 PC₩문서₩ITQ₩Picture₩로고3.jpg」 – 배경(연보라) 투명색으로 설정

슬라이드 ❷ 목차 슬라이드 **60**점

(1) 출력형태와 같이 도형을 이용하여 목차를 작성한다(글꼴 : 굴림, 24pt).
(2) 도형 : 선 없음

세부조건
① 텍스트에 하이퍼링크 적용   → '슬라이드 5' ② 그림 삽입 – 「내 PC₩문서₩ITQ₩Picture₩그림4.jpg」 – 자르기 기능 이용

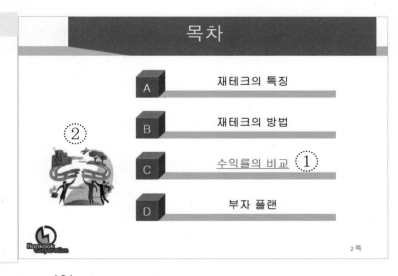

슬라이드 ❸ 텍스트/동영상 슬라이드 **60**점

(1) 텍스트 작성 : 글머리 기호 사용(◆, ➤)

◆ 문단(돋움, 24pt, 굵게, 줄간격 : 1.5줄)

➤ 문단(돋움, 20pt 줄간격 : 1.5줄)

세부조건	
① 동영상 삽입 : – 「내 PC₩문서₩ITQ₩Picture₩동영상.wmv」 – 자동실행, 반복재생 설정	

재테크의 특징

◆ Investment strategies
  ➤ A value investor buys assets that they believe to be undervalued (and sells overvalued ones).
  ➤ Warren Buffett and Benjamin Graham are notable examples of value investors.

◆ 수익률과 위험
  ➤ 위험은 기대수익률보다 매우 작은 수익이 생기거나 손실이 발생할 가능성을 말한다.

3쪽

슬라이드 ❹ 표 슬라이드 **80**점

(1) 도형과 표 작성 기능을 이용하여 슬라이드를 작성한다(글꼴 : 굴림, 18pt)

세부조건	

① 상단 도형 :
  2개 도형의 조합으로 작성
 	
② 좌측 도형 :
  그라데이션 효과(선형 오른쪽)
 	
③ 표 스타일 :
  테마 스타일 1 – 강조 6
	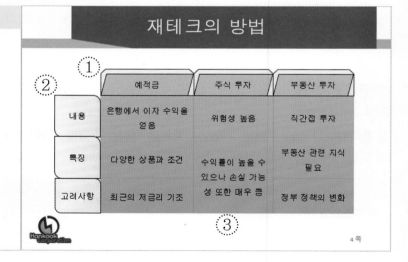

재테크의 방법

	예적금	주식 투자	부동산 투자
내용	은행에서 이자 수익을 얻음	위험성 높음	직간접 투자
특징	다양한 상품과 조건	수익률이 높을 수 있으나 손실 가능성 또한 매우 큼	부동산 관련 지식 필요
고려사항	최근의 저금리 기조		정부 정책의 변화

4쪽

슬라이드 ❺	차트 슬라이드	100점

(1) 차트 작성 기능을 이용하여 슬라이드를 작성한다.
(2) 차트 : 종류(묶은 세로 막대형), 글꼴(돋움, 16pt), 외곽선

세부조건

※ 차트설명
● 차트제목 : 궁서, 24pt, 굵게, 채우기(흰색),
  테두리, 그림자(오프셋 아래쪽)
● 차트영역 : 채우기(노랑)
● 그림영역 : 채우기(흰색)
● 데이터 서식 : KOSPI 계열을 표식이 있는
  꺾은선형으로 변경 후 보조축으로 지정
● 값 표시 : 2020년 1월의 KOSPI 계열만

① 도형 삽입
 – 스타일 : 미세효과 – 파랑, 강조 1
 – 글꼴 : 굴림, 18pt

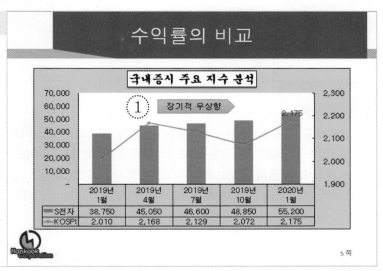

슬라이드 ❻	도형 슬라이드	100점

(1) 슬라이드와 같이 도형 및 스마트아트를 배치한다(글꼴 : 굴림, 18pt)
(2) 애니메이션 순서 : ① ⇒ ②

세부조건

① 도형 및 스마트아트 편집
 – 스마트아트 디자인 :
   3차원 광택 처리
 – 그룹화 후 애니메이션 효과 :
   시계 방향 회전

② 도형 및 스마트아트 편집
 – 스마트아트 디자인 :
   3차원 만화
 – 그룹화 후 애니메이션 효과 :
   실선 무늬(세로)

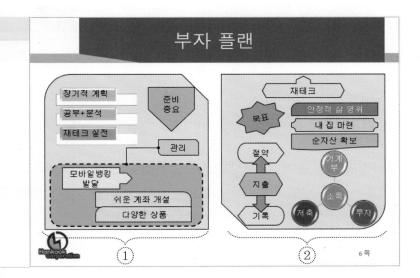

풀이 따라하기

▶ 합격 강의

정답파일 Part 2 기출문제 따라하기₩기출문제 따라하기1.pptx

전체구성   **60**점

(1) 슬라이드 크기 및 순서 : 크기를 A4 용지로 설정하고 슬라이드 순서에 맞게 작성한다.
(2) 슬라이드 마스터 : 2~6슬라이드의 제목, 하단 로고, 슬라이드 번호는 슬라이드 마스터를 이용하여 작성한다.
　　– 제목 글꼴(돋움, 40pt, 흰색), 가운데 맞춤, 도형(선 없음)
　　– 하단 로고(「내 PC₩문서₩ITQ₩Picture₩로고3.jpg」, 배경(연보라) 투명색으로 설정)

SECTION 01 **파워포인트 실행 및 페이지 설정**

① PowerPoint 2016을 실행하고 새 프레젠테이션을 클릭한다.

② '제목 슬라이드' 유형이 표시되면 [디자인] 탭 – [슬라이드 크기] – [사용자 지정 슬라이드 크기]를 클릭한다.

③ [슬라이드 크기] 대화상자에서 슬라이드 크기를 'A4 용지(210X297mm)'로 선택한 후 슬라이드 시작 번호 '1', 슬라이드 방향 '가로'를 기본값으로 두고, [확인]을 클릭한다.

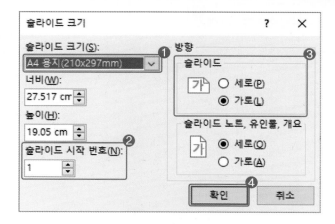

④ 슬라이드 크기 변경 안내 창이 나오면 '맞춤 확인'을 클릭한다.

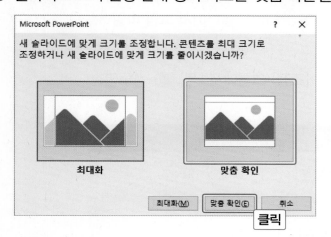

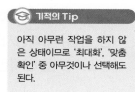
기적의 Tip

아직 아무런 작업을 하지 않은 상태이므로 '최대화', '맞춤 확인' 중 아무것이나 선택해도 된다.

SECTION 02 마스터에서 로고 및 슬라이드 번호 삽입하기

① 슬라이드 마스터를 작성하기 위해 [보기] 탭 – [마스터 보기] 그룹 – [슬라이드 마스터]( )를 클릭한다.

② [슬라이드 마스터] 탭이 열리면 왼쪽 [슬라이드 및 개요] 창에서 [제목 및 내용 레이아웃]을 클릭한다.

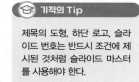
기적의 Tip

제목의 도형, 하단 로고, 슬라이드 번호는 반드시 조건에 제시된 것처럼 슬라이드 마스터를 사용해야 한다.

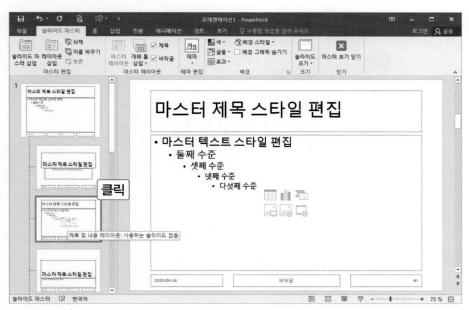

③ 하단 로고를 삽입하기 위해 [삽입] 탭 – [이미지] 그룹 – [그림](🖼)을 클릭한다. → [그림 삽입] 대화상자가 나타나면 '내 PC₩문서₩ITQ₩Picture' 폴더에서 그림 파일 '로고3.JPG'를 선택한 후 [삽입]을 클릭한다.

④ 그림 파일이 삽입되면 [그림 도구] – [서식] 탭 – [조정] 그룹에서 [색](🖼) – [투명한 색 설정](🖼)을 선택한다.

⑤ 마우스 포인터가 ⬉으로 변경되면 연보라색 부분을 클릭하여 투명하게 만든다.

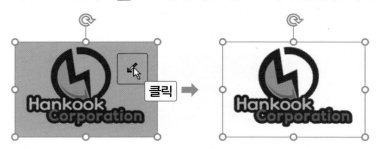

클릭

⑥ 그림의 조절점을 드래그하여 크기를 조절한 후 문제에서 제시된 위치로 이동시킨다.

⑦ [제목 및 내용 레이아웃] 슬라이드에서 [슬라이드 번호] 영역을 선택하여 글꼴 '맑은 고딕', '14pt'를 설정하고 〈#〉 뒤에 「쪽」을 입력한다.

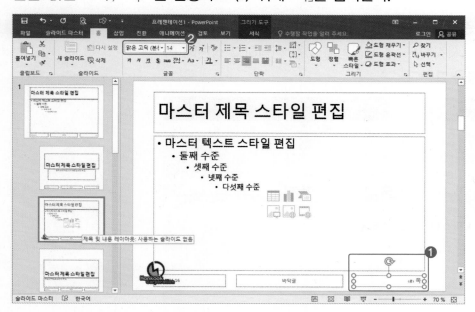

기적의 Tip

문제에서 슬라이드 번호 영역에 대한 명확한 지시사항이 없기 때문에 〈출력형태〉와 가장 유사하게 임의로 설정한다.

⑧ [삽입] 탭 – [텍스트] 그룹 – [머리글/바닥글](📄)을 클릭한다.

⑨ [머리글/바닥글] 대화상자가 나타나면 [슬라이드] 탭에서 '슬라이드 번호'와 '제목 슬라이드에는 표시 안 함'에 체크한 후 [모두 적용]을 클릭한다.

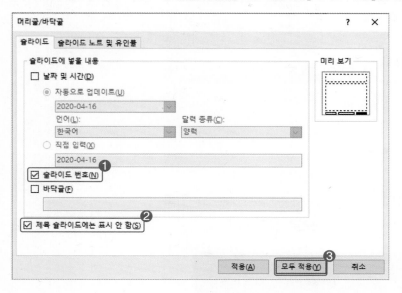

① [제목 및 내용 레이아웃] 슬라이드 위치에서 [삽입] 탭 – [일러스트레이션] 그룹의 [도형](⬚) – [사각형] – [직사각형](□)을 선택하고 상단에 마우스를 드래그하여 도형을 그린다.

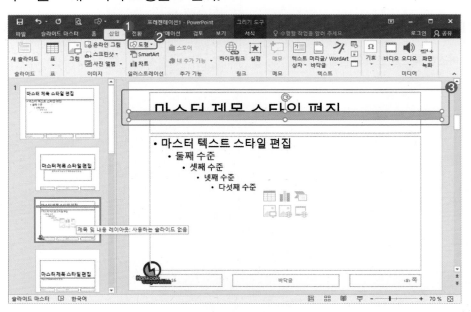

② [그리기 도구] – [서식] 탭 – [도형 스타일] 그룹에서 [도형 윤곽선]을 [윤곽선 없음] 설정해 준다.

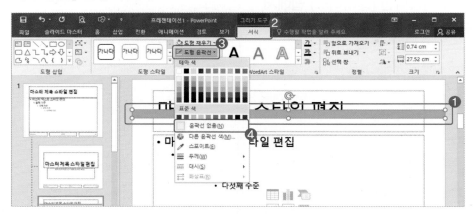

③ [삽입] 탭 – [일러스트레이션] 그룹의 [도형](⬚) – [순서도: 카드](□)를 선택해 그린다. → [도형 윤곽선]은 [윤곽선 없음]으로 설정한다.

④ [서식] 탭 – [정렬] 그룹에서 [상하 대칭](⬛)을 클릭하여 출력형태와 모양을 맞춘다.

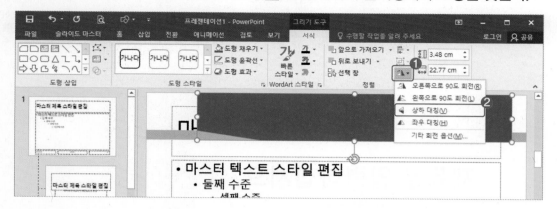

⑤ '제목 텍스트 상자'를 선택한 후 [홈] 탭 – [정렬] – [맨 앞으로 가져오기](⬛)를 클릭한다. → 위치와 크기를 조절한 다음 글꼴 '돋움', '40pt', 글꼴 색 '흰색'을 설정한다.

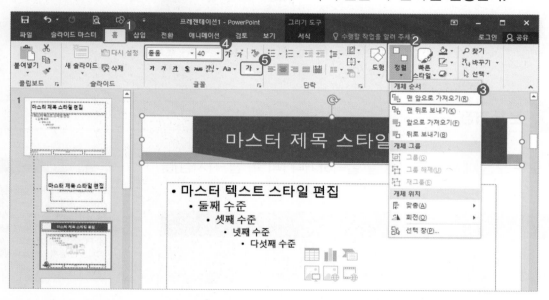

⑥ [슬라이드 마스터] 탭 – [마스터 보기 닫기](❌)를 클릭한다.

⑦ 슬라이드를 삽입하기 위해 [홈] 탭 – [슬라이드] 그룹에서 [새 슬라이드](⬛) – [제목 및 내용]을 선택한다.

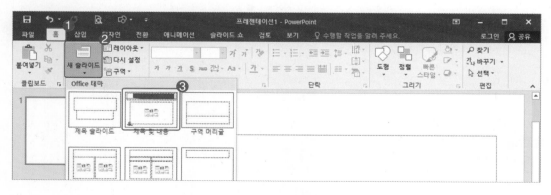

⑧ 동일한 방법으로 총 6개의 슬라이드가 되도록 삽입 또는 복제한다.

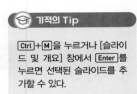

기적의 Tip

Ctrl+M을 누르거나 [슬라이드 및 개요] 창에서 Enter를 누르면 선택된 슬라이드를 추가할 수 있다.

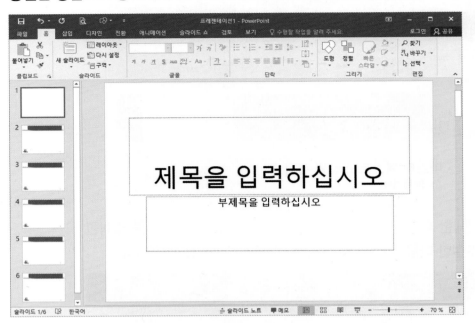

SECTION 04 문서 저장

① [빠른 실행 도구 모음]에서 [저장](🖫)을 클릭하거나 [파일] 탭 – [저장]을 선택한다.

기적의 Tip

[저장]의 단축 키는 Ctrl+S 이므로 자주 활용하도록 한다. 시험 중에 주기적으로 '답안 전송'을 이용하여 감독위원 PC로 답안을 전송하면 예상치 못한 문제 발생에 대비할 수 있다.

② [다른 이름으로 저장] – [찾아보기]를 선택하면 나오는 대화상자에서 '내 PC₩문서₩ITQ'로 이동한다. → 파일 이름을 입력하고 저장을 클릭한다.

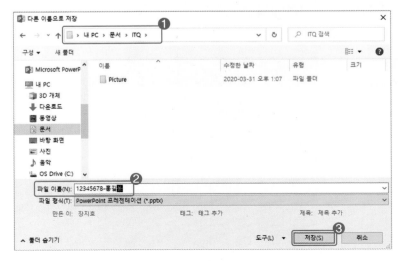

(1) 표지 디자인 : 도형, 워드아트 및 그림을 이용하여 작성한다.

세부조건	
① 도형 편집 – 도형에 그림 채우기 : 「내 PC₩문서₩ITQ₩Picture₩그림3.jpg」 – 도형 효과 : (부드러운 가장자리 5포인트) ② 워드아트 삽입 – 변환 : 휘어 올라오기 – 글꼴 : 돋움, 굵게 – 텍스트 반사 : 근접 반사, 터치 ③ 그림 삽입 – 「내 PC₩문서₩ITQ₩Picture₩로고3.jpg」 – 배경(연보라) 투명색으로 설정	

SECTION 01　표지 디자인 도형 작성

① 슬라이드 1에서 '제목 텍스트 상자'와 '부제목 텍스트 상자'를 Delete 를 눌러 삭제한다. → [삽입] 탭 – [일러스트레이션] 그룹에서 [도형](⬚) – [순서도: 수동 입력](⬚)을 선택한다.

> 🎓 기적의 Tip
>
> 표지 슬라이드는 워드아트와 도형을 이용하기 때문에 사용하지 않는 '제목 텍스트 상자'와 '부제목 텍스트 상자'를 삭제한다.

② 마우스 포인터 모양이 ⊞로 바뀌면, 출력형태를 참고하여 슬라이드 왼쪽 하단에서 적당한 크기로 마우스를 드래그하여 도형을 삽입한다.

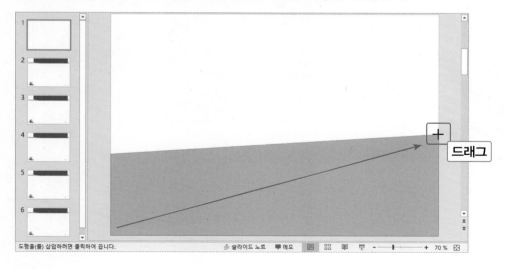

③ 도형을 선택한 후 마우스 오른쪽 버튼을 눌러 [도형 서식]을 클릭하고 도형 옵션의 [채우기 및 선](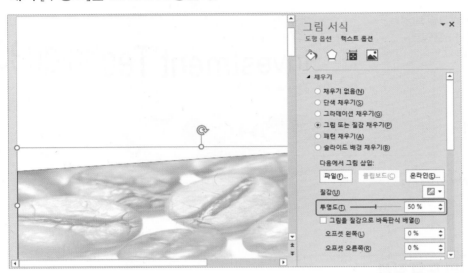) – [채우기] 항목 중 [그림 또는 질감 채우기]를 선택한다.

④ [다음에서 그림 삽입] – [파일]을 클릭한다. → [그림 삽입] 대화상자가 나타나면 '내 PC₩문서₩ITQ₩Picture' 폴더에서 '그림3.JPG'를 선택해 삽입한다. → [그림 서식]에서 [투명도]를 50%로 조정한다.

⑤ [효과](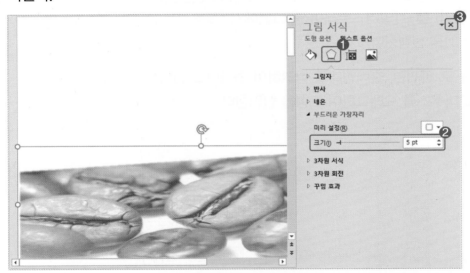) – [부드러운 가장자리] 항목에서 [크기]를 '5pt'로 설정하고 닫기(☒)를 클릭한다.

① [삽입] 탭 – [텍스트] 그룹에서 [WordArt](➚) – [그라데이션 채우기 – 파랑, 강조 1, 반사]를 선택한 다음, 「Investment Techniques」를 입력한다.

🎓 기적의 Tip

WordArt 선택
시험에서는 WordArt 스타일에 대한 지시사항이 없으므로 문제지에 제시된 모양과 가장 유사한 것을 일단 선택한 다음 조건에 맞게 변경해야 한다. 채점은 최종적으로 만들어진 모양을 기준으로 한다.

② 워드아트를 선택한 상태에서 [홈] 탭 – [글꼴] 그룹의 글꼴 '돋움', '굵게', 글꼴 색 '검정, 텍스트 1'을 선택한다.

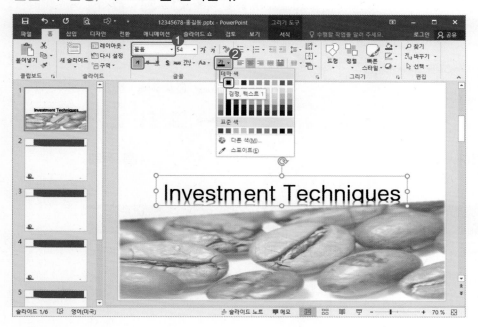

③ [그리기 도구] – [서식] 탭 – [WordArt 스타일] 그룹에서 [텍스트 효과]() – [변환] – [휘어 올라오기]를 선택한다.

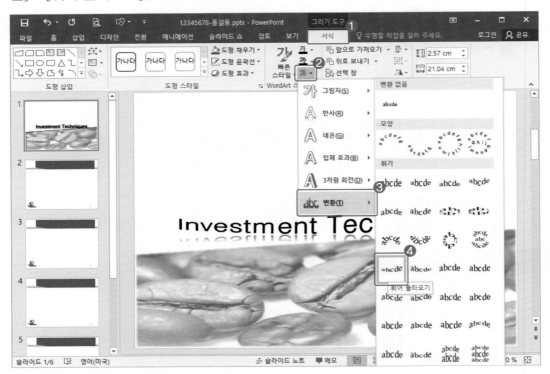

④ [WordArt 스타일] 그룹에서 [텍스트 효과]() – [반사] – [근접 반사, 터치]를 선택한다.

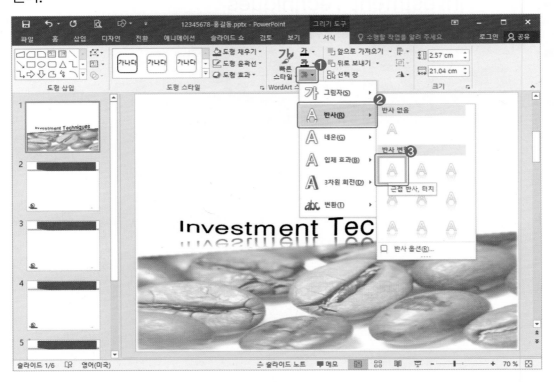

⑤ 모양 조절점과 크기 조절점을 이용하여 출력형태와 비슷하게 조절한다.

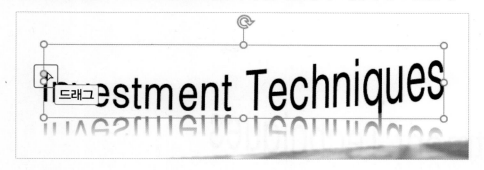

| SECTION 03 | 상단 그림 삽입 |

① 로고를 삽입하기 위해 [삽입] 탭 – [이미지] 그룹 – [그림](🖼)을 클릭한다. → [그림
삽입] 대화상자가 나타나면 '내 PC₩문서₩ITQ₩Picture' 폴더에서 그림 파일 '로고
3.JPG'를 선택한 후 [삽입]을 클릭한다.

② 그림 파일이 삽입되면 [그림 도구] – [서식] 탭 – [조정] 그룹에서 [색](🖼) – [투명한
색 설정](🖌)을 선택한다. → 마우스 포인터가 🖌로 변경되면 연보라색 부분을 클릭하
여 투명하게 만든다.

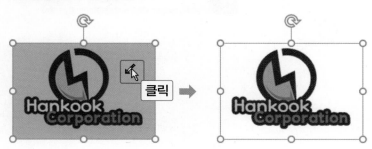

③ 그림의 조절점을 드래그하여 크기를 조절한 후 문제에서 제시된 위치로 이동시킨다.

슬라이드 ❷ 목차 슬라이드 60점

(1) 출력형태와 같이 도형을 이용하여 목차를 작성한다(글꼴 : 굴림, 24pt).
(2) 도형 : 선 없음

세부조건	
① 텍스트에 하이퍼링크 적용 → '슬라이드 5' ② 그림 삽입 –「내 PC\문서\ITQ\Picture\그림4.jpg」 – 자르기 기능 이용	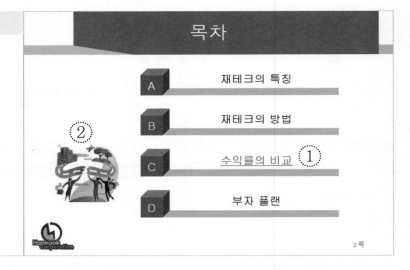

① 슬라이드 2를 선택한다. → 슬라이드 제목 「목차」를 입력하고 아래에 '텍스트를 입력
하십시오' 상자를 삭제한다.

② [삽입] 탭 – [일러스트레이션] 그룹의 [도형](▨)에서 [사각형] – [직사각형](▢)을 먼
저 그리고 [기본 도형] – [정육면체](▱)를 선택하여 그린다. → 두 도형 모두 [그리기
도구] – [서식] 탭 – [도형 스타일] 그룹에서 [도형 채우기]는 임의로 선택하고 [도형
윤곽선]은 [윤곽선 없음]을 설정해 준다.

③ 목차 번호가 들어가는 정육면체 도형을 선택하고 [홈] 탭 – [글꼴] 그룹에서 글꼴 '굴
림', '24pt', 글꼴 색 '흰색'을 설정한다.

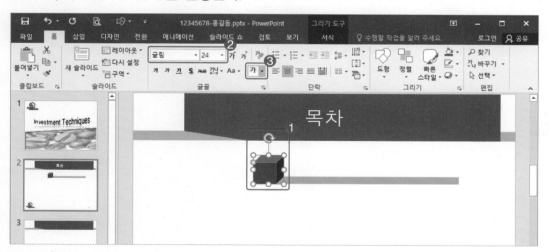

④ [삽입] 탭 – [텍스트] 그룹 – [텍스트 상자](▤) – [가로 텍스트 상자]를 선택하고 출력
형태를 참고해 마우스 드래그하여 배치한다. → [홈] 탭 – [글꼴] 그룹에서 글꼴 '굴림',
'24pt', 글꼴 색 '검정, 텍스트 1'을 설정한다.

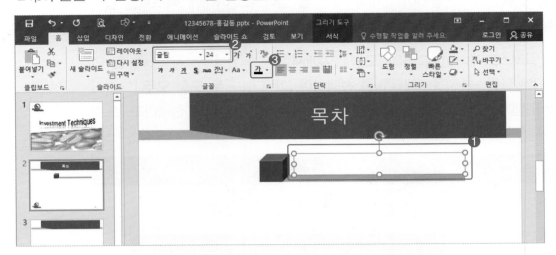

⑤ 마우스 드래그하여 도형들과 텍스트 상자를 같이 선택하고 Ctrl + Shift 를 누른 채
아래로 드래그하여 복사한다.

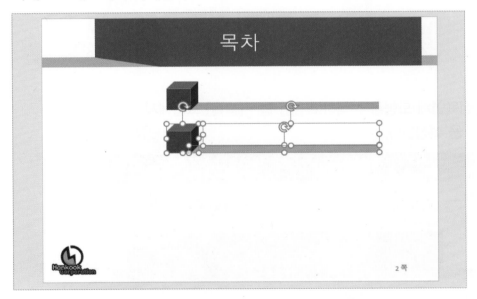

⑥ 동일한 방법으로 도형과 텍스트 상자를 복사하여 다음과 같이 배치한다.

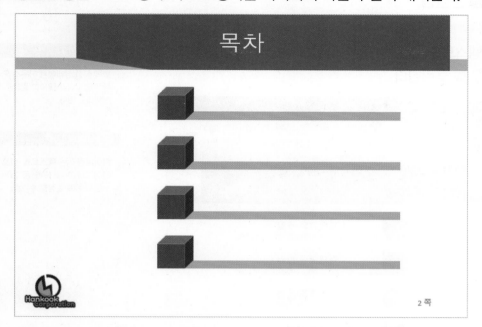

⑦ 출력형태를 참고하여 텍스트를 입력하고 [가운데 맞춤](≡)을 해준다.

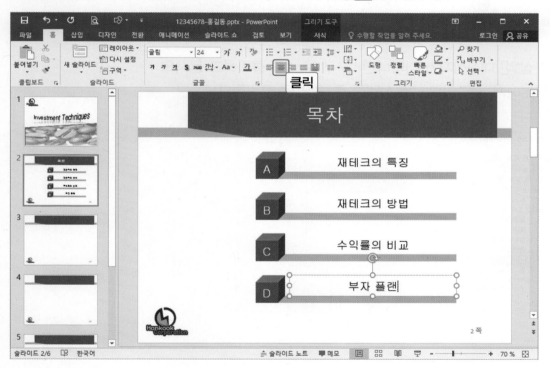

① 하이퍼링크를 지정할 텍스트의 범위를 블록 설정하고, [삽입] 탭 – [링크]
그룹 – [하이퍼링크]()를 클릭한다.

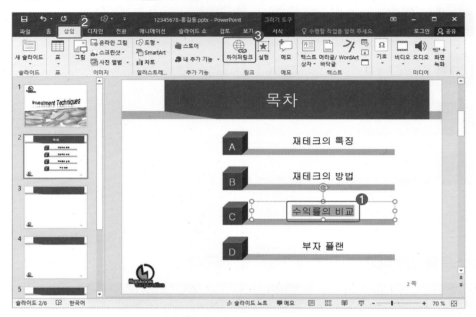

기적의 Tip

블록 지정 상태에서 마우스 오른쪽 클릭하여 [하이퍼링크]를 선택해도 된다.

기적의 Tip

하이퍼링크는 텍스트를 비롯하여 그림이나 도형 등 거의 모든 개체에 설정할 수 있다.

② [하이퍼링크 삽입] 대화상자가 나타나면 [현재 문서]를 클릭하고 문서의
위치 선택 부분에서 '슬라이드 5'를 선택한 후 [확인]을 클릭한다.

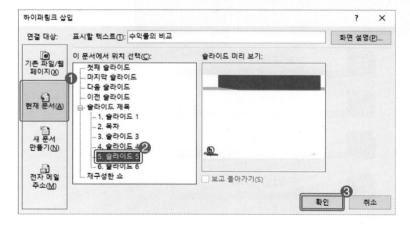

③ 하이퍼링크가 설정되면 블록 설정했던 텍스트 밑에 밑줄이 표시되고, 색상도 변함을 확인할 수 있다. 올바르게 작동하는지 보려면 [슬라이드 쇼] 탭에서 [현재 슬라이드부터]를 클릭하여 확인한다.

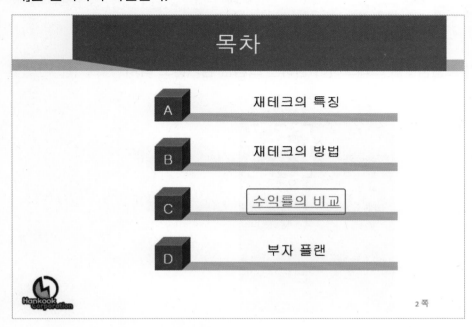

SECTION 03   그림 삽입 및 자르기

① [삽입] 탭 – [이미지] 그룹에서 [그림](🖼)을 클릭한다.

② [그림 삽입] 대화상자가 나타나면 '내 PC₩문서₩ITQ₩Picture' 폴더에서 '그림 4.JPG'를 선택하고 [삽입]을 클릭한다.

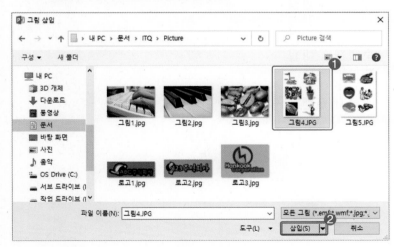

③ 그림이 삽입되면 [그림 도구] – [서식] 탭 – [크기] 그룹에서 [자르기](🖼)를 클릭한다.

④ 그림의 모서리의 자르기 조절점들을 드래그하여 원하는 그림만 남겨놓고 다시 [자르기]를 클릭하여 그림을 자른다.

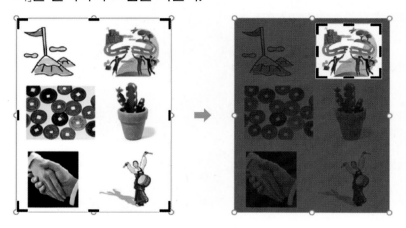

⑤ 그림의 크기를 조절한 후 출력형태의 위치로 드래그하여 이동한다.

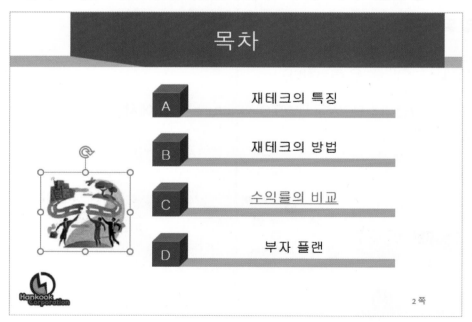

(1) 텍스트 작성 : 글머리 기호 사용(◆, ➢)

　　◆ 문단(돋움, 24pt, 굵게, 줄간격 : 1.5줄)

　　➢ 문단(돋움, 20pt, 줄간격 : 1.5줄)

세부조건
① 동영상 삽입 : 　－「내 PC₩문서₩ITQ₩Picture₩동영상.wmv」 　－ 자동실행, 반복재생 설정

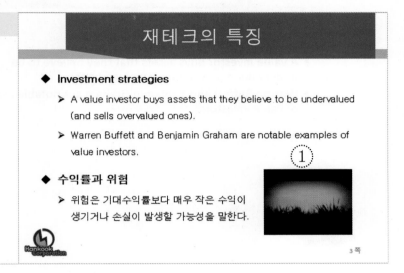

SECTION 01　텍스트 입력 및 글머리 기호 지정

① 슬라이드 3을 선택하고 슬라이드 제목 「재테크의 특징」을 입력한다.

② 텍스트 상자에서 마우스 오른쪽 버튼을 클릭하여 [도형 서식] 탭을 연다. → [텍스트 옵션] – [텍스트 상자] – [자동 맞춤 안 함]에 체크하고 닫는다.

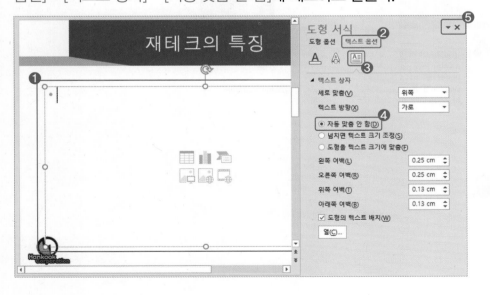

③ 텍스트 상자에 첫번째 문단의 내용을 입력하고 [Enter]를 누른 후 [Tab]을 눌러 그 다음 문단의 내용을 입력한다.

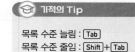

기적의 Tip

목록 수준 늘림 : [Tab]
목록 수준 줄임 : [Shift]+[Tab]

기적의 Tip

글머리 기호 없이 줄 바꿈을 하려면 [Shift]+[Enter]를 누르면 된다. 하지만 하나의 문단을 임의로 줄을 바꾸지 않도록 한다.

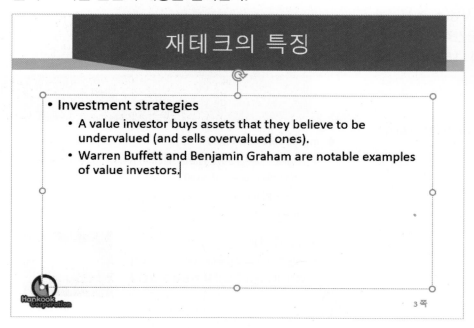

④ '◆'이 들어갈 문단을 마우스 드래그하여 블록 설정한다. → [홈] 탭 – [단락] 그룹에서 [글머리 기호](≡) – [속이 찬 다이아몬드형 글머리 기호]를 선택한다.

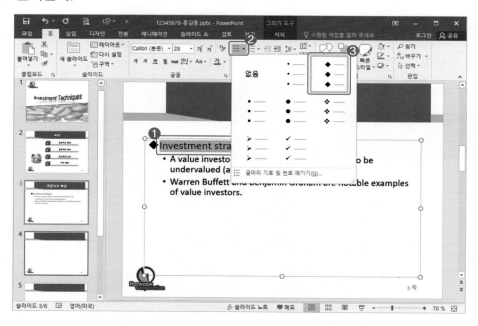

⑤ ◆ 문단이 블록 설정된 상태에서 [홈] 탭 − [글꼴] 그룹의 글꼴 '돋움', '24pt', '굵게'를
  설정하고 [단락] 그룹에서 [줄 간격](📊) − [1.5]를 선택한다.

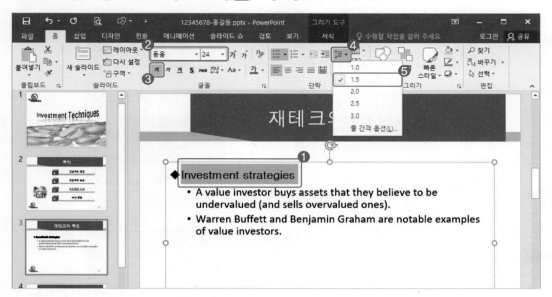

⑥ 나머지 문단을 블록 설정한다. → [홈] 탭 − [단락] 그룹에서 [글머리 기호](📋) − [화살
  표 글머리 기호]를 설정한다.

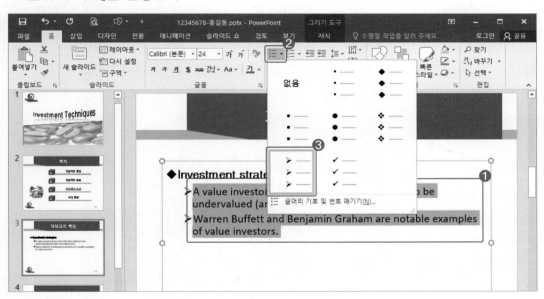

⑦ ➢ 문단이 블록 설정된 상태에서 [홈] 탭 – [글꼴] 그룹의 글꼴 '돋움', '20pt'을 설정하고 [단락] 그룹에서 [줄 간격](≣) – [1.5]를 선택한다. → 텍스트 상자의 크기와 위치를 조절한다.

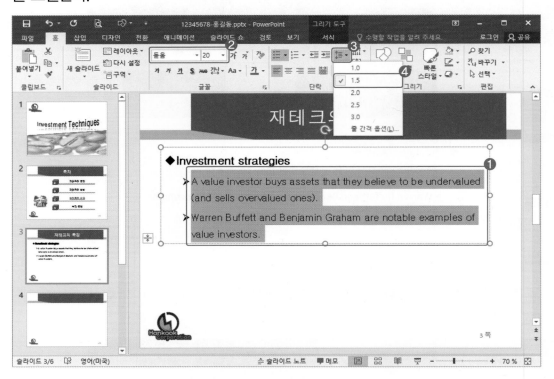

⑧ 텍스트 상자를 Ctrl + Shift 를 누른 채 아래로 드래그하여 복사하고 내용을 수정한다. → 출력형태를 참고하여 크기와 위치를 맞춘다.

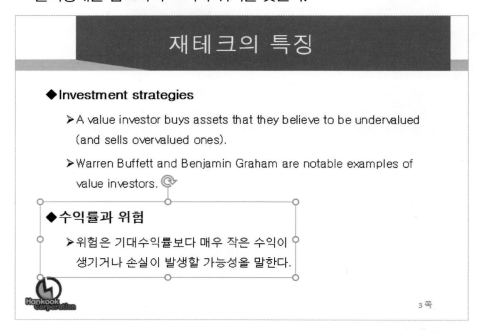

⑨ [보기] 탭 – [표시] 그룹에서 [눈금자]를 체크한다. → ◆ 문단에 해당하는 내용을 블록 설정하고, 왼쪽 들여쓰기 표식의 뾰족한 위쪽 부분을 드래그하여 텍스트의 시작 위치를 맞춘다.

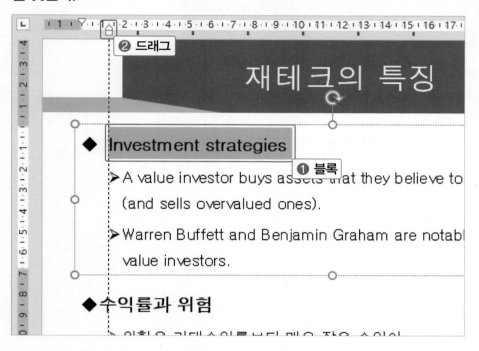

⑩ ➤ 문단도 동일한 방법으로 시작 위치를 맞춘다.

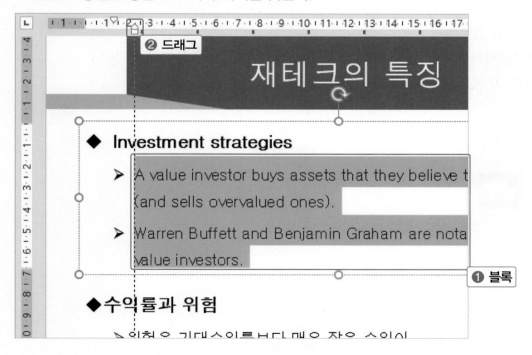

⑪ 두번째 텍스트 상자의 문단들도 같은 방법으로 시작 위치를 맞춘다. → 작업을 마치면 [보기] 탭 – [표시] 그룹에서 [눈금자] 체크를 해제한다.

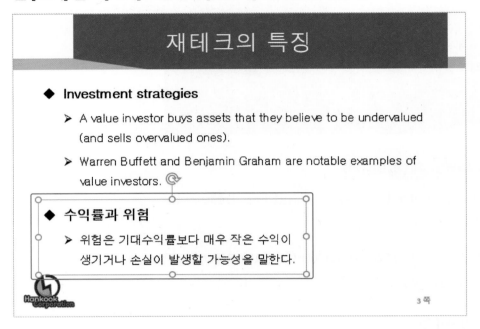

① [삽입] 탭 – [미디어] 그룹에서 [비디오](🎬) – [내 PC의 비디오]를 클릭한다. → [비디오 삽입] 대화상자가 나타나면 '내 PC₩문서₩ITQ₩Picture' 폴더에서 '동영상.WMV'를 선택하고 [삽입]을 클릭한다.

② [비디오 도구] – [재생] 탭 – [비디오 옵션] 그룹에서 [시작](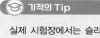)을 [자동 실행]으로 선택하고, [반복 재생]에 체크한다.

③ 슬라이드에 삽입된 동영상의 크기와 위치를 조절한다.

🎓 기적의 Tip

실제 시험장에서는 슬라이드
가 완성될 때마다 [답안 전송]
을 하는 것이 좋다. 감독위원
PC에는 최종적으로 전송한
답안 파일만 남는다.

슬라이드 ④ 표 슬라이드   80점

(1) 도형과 표 작성 기능을 이용하여 슬라이드를 작성한다(글꼴 : 굴림, 18pt).

세부조건

① 상단 도형 :
   2개 도형의 조합으로 작성

② 좌측 도형 :
   그라데이션 효과(선형 오른쪽)

③ 표 스타일 :
   테마 스타일 1 – 강조 6

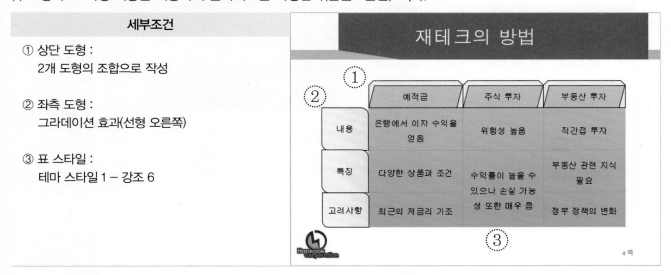

① 슬라이드 4를 선택하고 슬라이드 제목 「재테크의 방법」을 입력한다.

② 텍스트 상자에서 [표 삽입](▥)을 선택한다. → [표 삽입] 대화상자가 나타나면 '열 개수 : 3'과 '행 개수 : 3'을 입력하고, [확인] 버튼을 클릭한다.

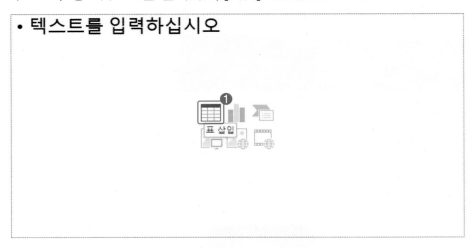

③ 표를 선택하고 [표 도구] – [디자인] 탭 – [표 스타일 옵션] 그룹에서 [머리글 행]과 [줄무늬 행]을 선택 해제한다.

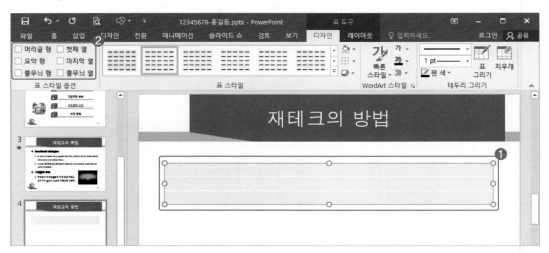

④ [표 도구] – [디자인] 탭 – [표 스타일] 그룹에서 [자세히](▽) – [테마 스타일 1 – 강조 6]을 선택한다.

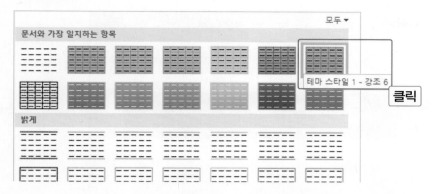

⑤ 마우스 드래그하여 표 전체를 블록 선택한다. → [홈] 탭 – [글꼴] 그룹의 글꼴 '굴림', '18pt'을 설정한 후, [단락] 그룹에서 [가운데 맞춤](≡), [줄 간격](‡≡) – [1.5]를 선택한다.

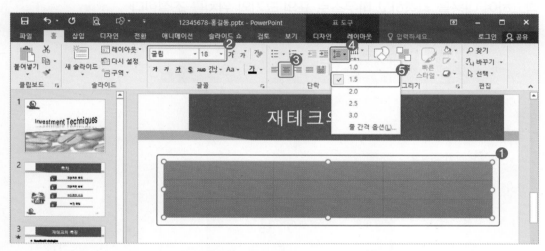

⑥ [표 도구] – [레이아웃] 탭 – [맞춤] 그룹 – [세로 가운데 맞춤](目)을 선택한다.

⑦ 2열의 2행과 3행을 블록 설정한 후 [레이아웃] 탭 – [병합] 그룹에서 [셀 병합](⊞)을 클릭한다.

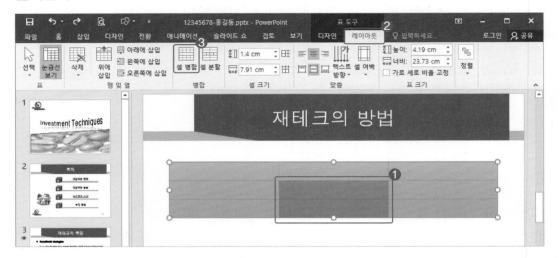

⑧ 출력형태를 참고하여 내용을 입력하고 마우스로 표의 크기와 위치를 조절한다.

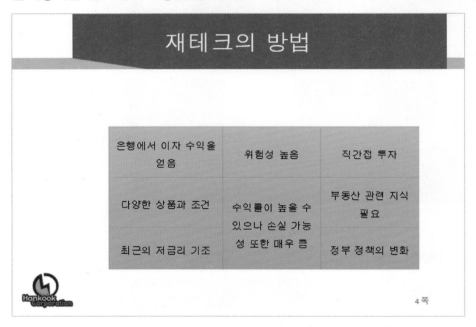

① [삽입] 탭 – [일러스트레이션] 그룹에서 [도형](▨) – [사각형] – [양쪽 모서리가 잘린 사각형](▱)을 선택하여 표 위쪽에 그린다.

② [그리기 도구] – [서식] 탭 – [도형 스타일] 그룹에서 [도형 채우기]와 [도형 윤곽선]을 임의로 지정한다.

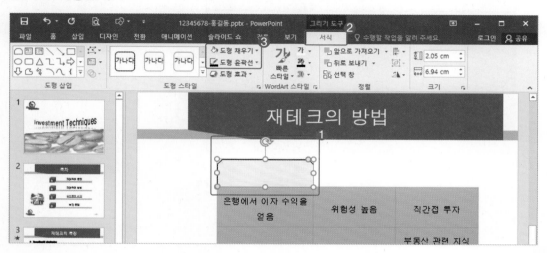

③ [삽입] 탭 – [일러스트레이션] 그룹에서 [도형](▨) – [기본 도형] – [평행 사변형](▱) 을 선택하고 앞 도형 위에 그린다.

④ 마찬가지로 [도형 채우기]와 [도형 윤곽선]을 임의로 지정하고 [홈] 탭 – [글꼴] 그룹에 서 글꼴 '굴림', '18pt'을 설정하여 텍스트를 입력한다.

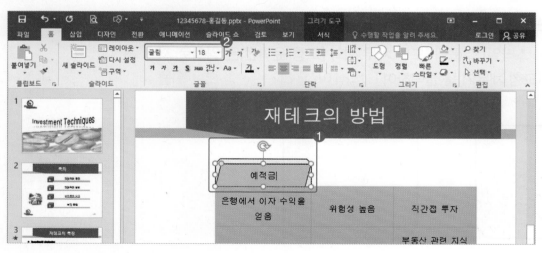

⑤ 도형 두개를 모두 선택하여 [Ctrl]+[Shift]를 누른 채 오른쪽으로 복사한 후 크기와 위치를 조절하고 텍스트를 수정한다.

기적의 Tip

[Shift]를 누른 채 도형을 하나씩 클릭하면 여러 개를 선택할 수 있다. 그룹으로 지정하고 작업할 수도 있다.

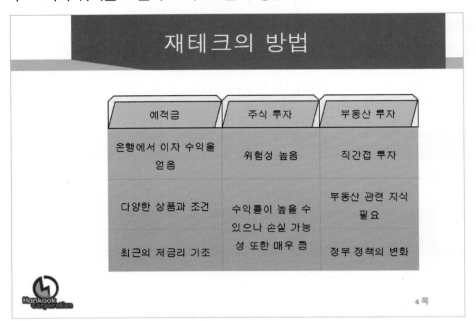

SECTION 03   좌측 도형 작성

① [삽입] 탭 – [일러스트레이션] 그룹에서 [도형](⬡) – [사각형] – [대각선 방향의 모서리가 둥근 사각형](▢)을 선택한다. → 왼쪽 공간에 마우스를 드래그하여 그린다.

② [그리기 도구] – [서식] 탭 – [정렬] 그룹에서 [좌우 대칭](◨)을 클릭한다. → [도형 스타일] 그룹의 [도형 채우기]와 [도형 윤곽선]은 임의로 지정한다. → [도형 채우기]를 클릭하여 [그라데이션](▨) – [선형 오른쪽]을 선택한다.

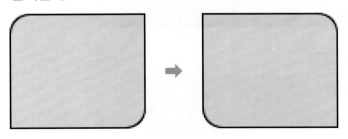

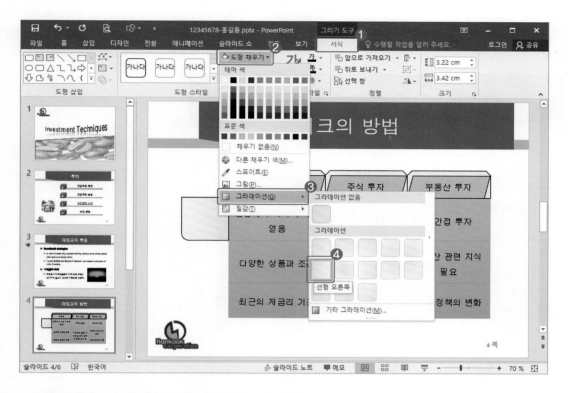

③ 도형을 선택한 상태에서 [홈] 탭 – [글꼴] 그룹의 글꼴 '굴림', '18pt', 글꼴 색 '검정, 텍스트 1'을 설정하고 「내용」을 입력한다.

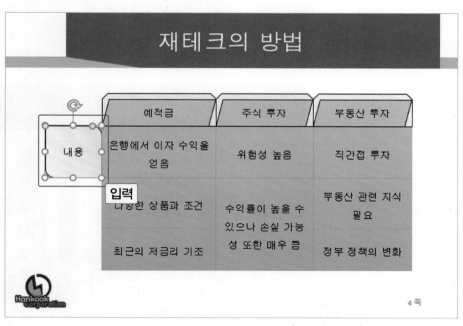

④ 도형을 [Ctrl]+[Shift]를 누른 채 아래쪽으로 복사한 후 크기와 위치를 조절하고 텍스트를 수정한다.

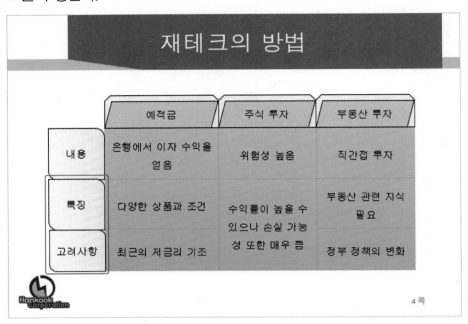

(1) 차트 작성 기능을 이용하여 슬라이드를 작성한다.
(2) 차트 : 종류(묶은 세로 막대형), 글꼴(돋움, 16pt), 외곽선

세부조건

※ 차트설명
● 차트제목 : 궁서, 24pt, 굵게, 채우기(흰색), 테두리, 그림자(오프셋 아래쪽)
● 차트영역 : 채우기(노랑)
● 그림영역 : 채우기(흰색)
● 데이터 서식 : KOSPI 계열을 표식이 있는 꺾은선형으로 변경 후 보조축으로 지정
● 값 표시 : 2020년 1월의 KOSPI 계열만

① 도형 삽입
– 스타일 : 미세효과   – 파랑, 강조 1
– 글꼴 : 굴림, 18pt

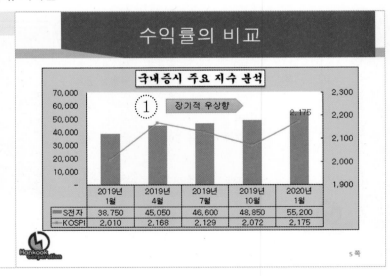

① 슬라이드 5를 선택하고 슬라이드 제목 「수익률의 비교」를 입력한다.

② 텍스트 상자에서 [차트 삽입](▦)을 클릭하고 대화상자가 나타나면 [콤보]를 클릭한다.
→ 계열2에 [표식이 있는 꺾은선형]을 선택하고 [보조 축]에 체크한 후 [확인]을 클릭
한다.

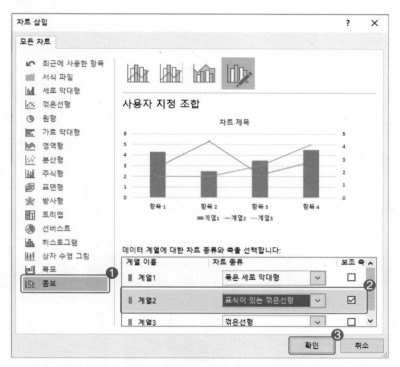

③ 데이터 시트 창이 열리면 내용을 입력한 후 데이터 범위를 지정한다.

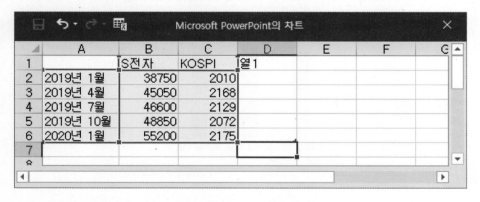

④ 숫자 데이터가 입력된 [B2:C6] 영역을 블록 설정한 후 마우스 오른쪽 버튼을 클릭하
여 [셀 서식]을 선택한다.

⑤ [셀 서식] 대화상자의 [표시 형식] 탭에서 '회계'를 선택한 후 [기호]에 '없음' 설정하고 [확인]을 누른다.

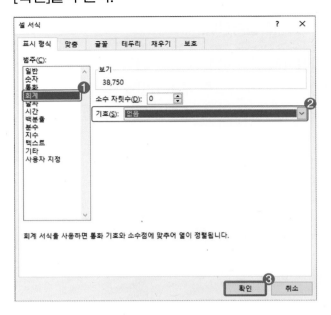

⑥ 데이터 작성이 완료되면 데이터 시트를 닫고, [홈] 탭 – [글꼴] 그룹에서 글꼴 '돋움', '16pt', 글꼴 색 '검정'을 설정한다.

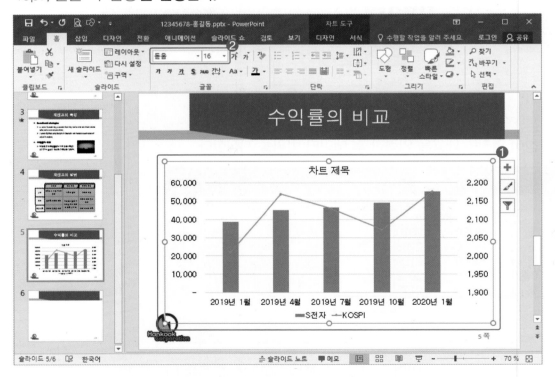

⑦ [차트 도구] – [서식] 탭 – [도형 스타일] 그룹에서 [도형 윤곽선]( )을 클릭한 후 [색] – [검정], [두께] – [3/4pt]를 선택하여 외곽선을 지정해준다.

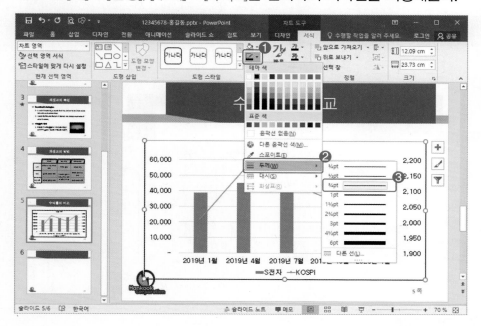

SECTION 02 차트 제목

① '차트 제목' 상자를 클릭하고 [홈] 탭 – [글꼴] 그룹에서 글꼴 '궁서', '24pt', '굵게' 설정을 한다. → 「국내증시 주요 지수 분석」을 입력한다.

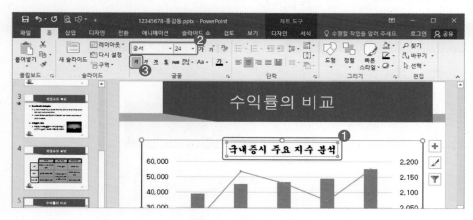

> **기적의 Tip**
>
> 글꼴색은 별도의 지시사항이 없는 경우 출력형태를 참조하여 검정 또는 흰색으로 작성한다.

② '차트 제목' 상자가 선택된 상태에서 [서식] 탭 – [도형 스타일] 그룹의 [도형 윤곽선]( )을 클릭한 후 [색] – [검정], [두께] – [3/4pt]를 선택한다. → [도형 채우기]( )를 클릭하여 '흰색'을 선택한다.

③ [도형 스타일] 그룹 – [도형 효과](🔲▾)를 클릭하고 [그림자] – [바깥쪽] – [오프셋 아래쪽]으로 설정한다.

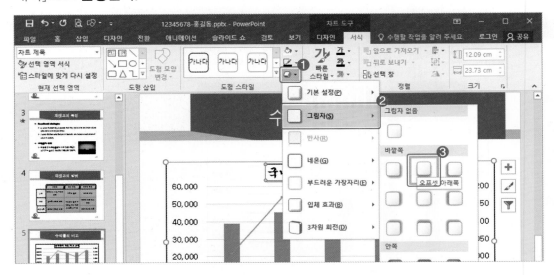

차트 영역, 그림 영역

① '차트 영역'을 선택하고 [차트 도구] – [서식] 탭 – [도형 스타일] 그룹에서 [도형 채우기](🔲▾)를 클릭한다. → [색] – [노랑]을 선택한다.

② 차트의 '그림 영역'을 선택하고 [차트 도구] – [서식] 탭 – [도형 스타일] 그룹에서 [도형 채우기](🔲▾)를 클릭한다. → [색] – [흰색]을 선택한다.

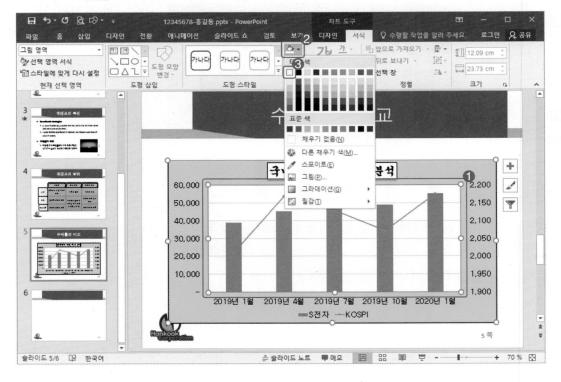

③ '차트 영역'을 선택하고 [차트 도구] – [디자인] 탭 – [차트 레이아웃] 그룹의 [차트 요소 추가](▥)를 클릭하여 [데이터 표] – [범례 표지 포함]을 선택한다.

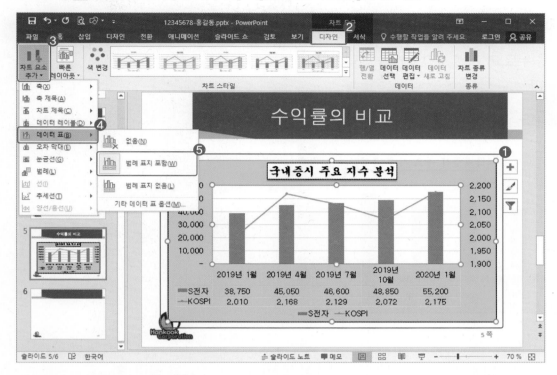

④ '차트 영역'을 선택한 상태에서 오른쪽 상단의 [차트 요소 추가](⊞) 아이콘을 클릭하여 [눈금선]과 [범례]를 체크 해제한다.

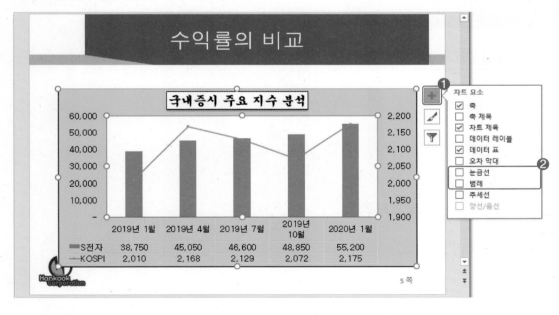

① '차트 영역'에서 마우스 오른쪽 버튼을 클릭하여 [차트 영역 서식]을 선택한다.

② [차트 옵션]을 누르고 '계열 "KOSPI"'를 선택한다.

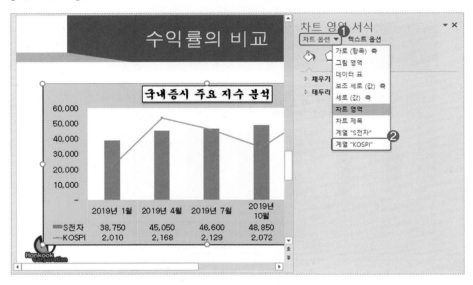

③ [데이터 계열 서식] 탭에서 [표식]을 선택하고 [표식 옵션]의 기본 제공을 클릭 후 [형식] '네모'로 설정한다.

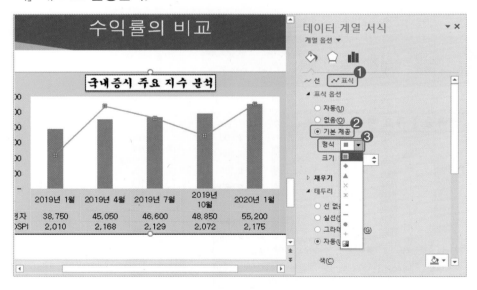

④ [계열 옵션]에서 '보조 세로 (값) 축'을 선택한다.

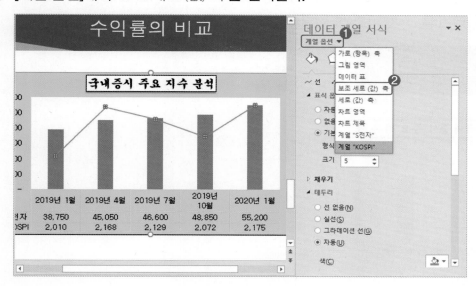

⑤ [축 옵션](📊)을 클릭 후 [경계] – [최소]를 「1900」, [최대]를 「2300」, [단위] – [주]를 「100」으로 입력한다. → [눈금]에서 [주 눈금]을 '안쪽', [보조 눈금]을 '없음'으로 설정한다.

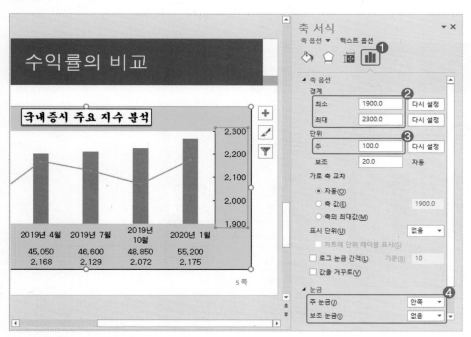

⑥ [축 서식] 탭이 열려있는 상태에서 마우스로 왼쪽 화면의 '세로 (값) 축'을 직접 클릭하고 [축 옵션] – [경계] – [최대]를 「70000」으로 입력한다.

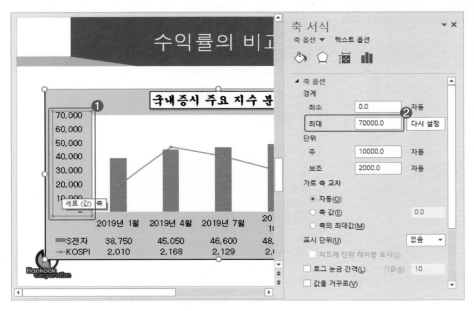

⑦ [채우기 및 선]을 클릭하고 [선] – [실선]을 선택한다. 색은 '검정', 너비는 '0.75pt'로 설정하고 닫는다.

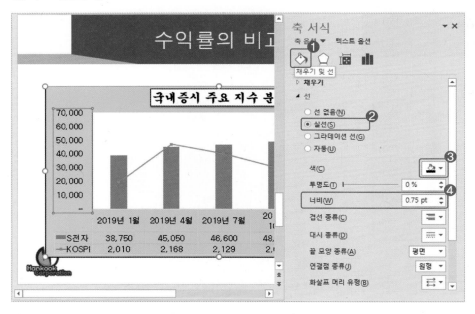

⑧ 마우스로 '데이터 표'를 선택하고 [서식] 탭 – [도형 스타일] 그룹의 [도형 윤곽선](✎▾)을 클릭한 후 [색] – [검정], [두께] – [3/4pt]를 설정한다.

⑨ S전자 계열 차트에 마우스 오른쪽 버튼을 클릭하여 [데이터 계열 서식]을
선택한다. → [계열 옵션]에서 간격 너비를 '150%'로 수정하고 닫는다.

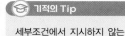

세부조건에서 지시하지 않는
사항은 문제지의 출력형태를
참고하여 수정한다.

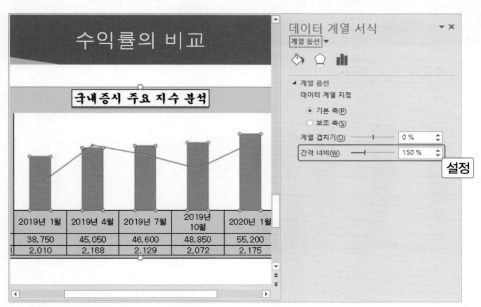

⑩ 값을 표시하기 위해 꺾은선형 차트인 KOSPI 계열에서 '2020년 1월 표식'
만 마우스로 선택한다. → [차트 도구] – [디자인] 탭의 [차트 요소 추가]
( ) – [데이터 레이블] – [위쪽]을 클릭한다.

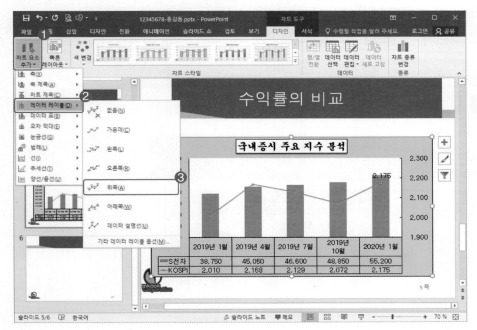

⑪ 문제지의 출력형태를 참고하며 차트영역의 크기와 위치 등을 조절한다.

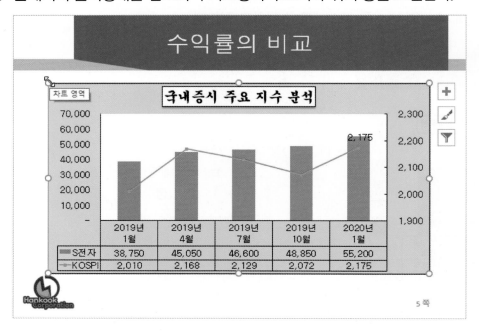

---

① [삽입] 탭 – [일러스트레이션] 그룹에서 [도형](⬚) – [블록 화살표] – [오각형](⬚)을 선택하여 적당한 크기로 그린다. → [도형 스타일] 그룹에서 [자세히](⬚)를 클릭한다.

② [테마 스타일]에서 '미세 효과 – 파랑, 강조 1'을 선택한다. → [홈] 탭 – [글꼴] 그룹에서 글꼴 '굴림', '18pt', [단락] 그룹에서 [가운데 맞춤](≡) 설정하고 「장기적 우상향」을 입력한다.

슬라이드 ❻ 도형 슬라이드 100점

(1) 슬라이드와 같이 도형 및 스마트아트를 배치한다(글꼴 : 굴림, 18pt)
(2) 애니메이션 순서 : ① ⇒ ②

세부조건

① 도형 및 스마트아트 편집
– 스마트아트 디자인 :
3차원 광택 처리
– 그룹화 후 애니메이션 효과 :
시계 방향 회전

② 도형 및 스마트아트 편집
– 스마트아트 디자인 :
3차원 만화
– 그룹화 후 애니메이션 효과 :
실선 무늬(세로)

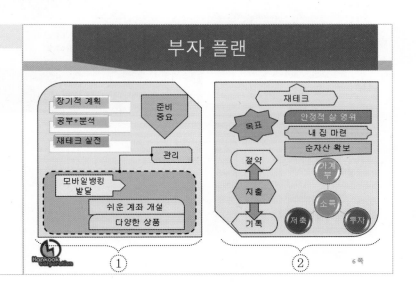

① 슬라이드 6을 선택하고 슬라이드 제목에 「부자 플랜」를 입력한 후 '텍스트를 입력하
십시오' 상자를 Delete 를 눌러 삭제한다.

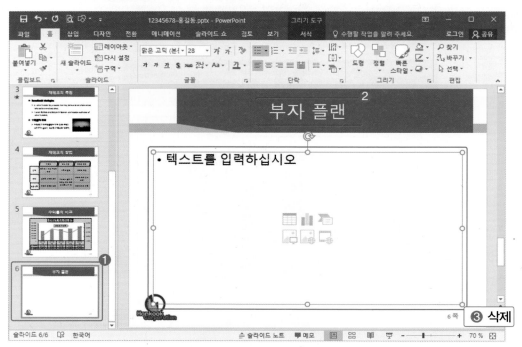

② [삽입] 탭 – [일러스트레이션] 그룹에서 [도형](▨) – [사각형] – [한쪽 모서리는 잘리
고 다른 쪽 모서리는 둥근 사각형](▢)을 선택하여 도형을 그린다. → [도형 채우기]
와 [도형 윤곽선]은 임의의 색을 지정한다.

③ [삽입] 탭 – [일러스트레이션] 그룹 – [SmartArt]( )를 클릭한다. → [SmartArt 그래픽 선택] 대화상자가 나타나면 [목록형] – [세로 상자 목록형]을 선택하고 [확인]을 누른다.

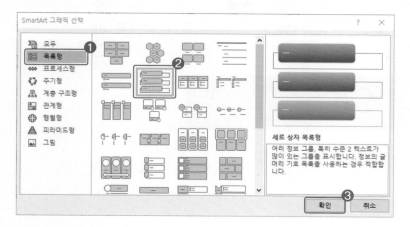

④ 크기와 위치를 조절하고 [SmartArt 도구] – [디자인] 탭의 [SmartArt 스타일] 그룹에서 [자세히]( )를 클릭하여 [3차원] – [광택 처리]를 선택한다.

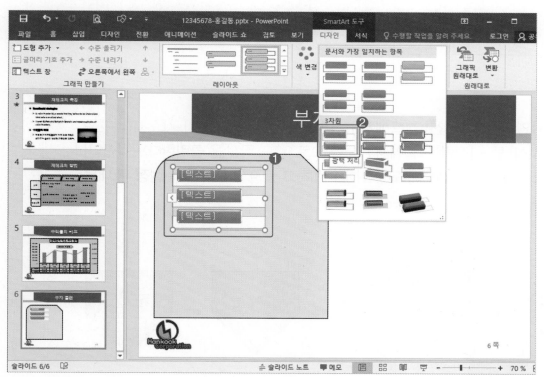

⑤ SmartArt가 선택된 상태에서 [홈] 탭 – [글꼴] 그룹의 글꼴 '굴림', '18pt'를 설정하고 가장 위의 도형부터 내용을 입력한다.

⑥ 텍스트가 입력된 각 도형의 색을 [SmartArt 도구] – [서식] 탭의 [도형 채우기]를 이용하여 서로 구분되는 색을 선택해 적용한다. → [홈] 탭에서 [글꼴 색]을 '검정'으로 바꾼다.

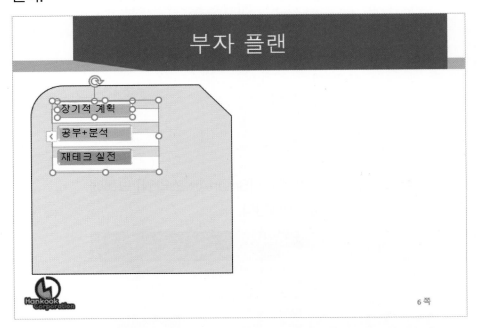

⑦ [삽입] 탭 – [일러스트레이션] 그룹에서 [도형](⬚) – [블록 화살표] – [오각형](⬚)을 그리고 [서식] 탭 – [정렬] 그룹에서 [오른쪽으로 90도 회전]을 클릭한다. → [삽입] 탭 – [텍스트 상자](⬚)를 선택해 도형 위에 배치하고 글꼴 '굴림', '18pt' 설정 후 내용을 입력한다.

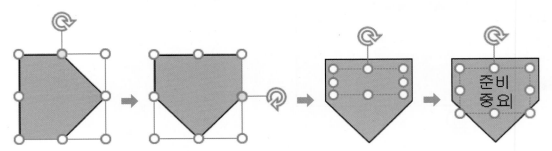

⑧ [삽입] 탭 – [일러스트레이션] 그룹에서 [도형](🔲) – [사각형] – [모서리가 둥근 직사
각형](🔲)을 선택해 도형을 그리고 마우스 오른쪽 버튼을 클릭하여 임의의 색을 채
운다.

⑨ 도형에서 마우스 오른쪽 버튼을 클릭하여 [도형 서식] 탭을 열고 [선] – [대시 종류]를
[파선]으로 설정한다. 너비도 '2pt'로 조절하여 더 굵게 만든다.

⑩ [삽입] 탭 – [일러스트레이션] 그룹에서 [도형](🔲) – [블록 화살표] – [오른쪽 화살표
설명선](🔁)을 선택하여 도형을 그린다. → 모양 조절점을 드래그하여 출력형태처럼
조절하고 글꼴 '굴림', '18pt'로 텍스트를 입력한다.

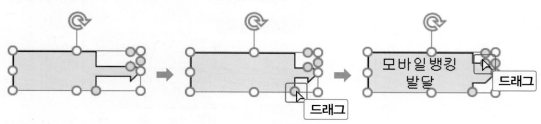

⑪ [삽입] 탭 – [일러스트레이션] 그룹에서 [도형](⬚) – [사각형] – [한쪽 모서리가 둥근
사각형](⬚)을 선택하여 도형을 그리고 모양 조절점으로 곡선을 더 크게 한다. → 글
꼴 '굴림', '18pt'로 「쉬운 계좌 개설」을 입력한다.

⑫ 도형을 Ctrl + Shift 를 누른 채로 아래로 마우스 드래그하여 복사한다. → [그리기 도
구] – [서식] 탭의 [정렬] 그룹에서 [좌우 대칭](◣)을 클릭하여 출력형태와 모양을 맞
추고 텍스트를 「다양한 상품」으로 수정한다.

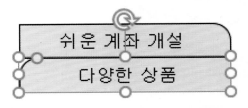

⑬ [삽입] 탭 – [일러스트레이션] 그룹에서 [도형](⬚) – [사각형] – [대각선 방향의 모서
리가 잘린 사각형](⬚)을 선택하여 그리고 글꼴 '굴림', '18pt'로 「관리」를 입력한다.

⑭ [삽입] 탭 – [일러스트레이션] 그룹 – [도형](⬚)에서 [선] – [꺾인 연결선](⬚)을 선택
하여 연결하려는 도형으로 마우스를 이동한다. → 연결점(⬤)이 생기면, 마우스를 클
릭한 후 드래그하여 연결하려는 두 번째 도형으로 이동 후 버튼을 놓는다.

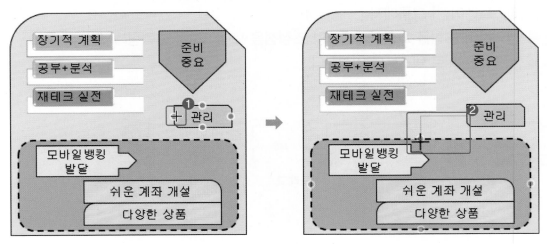

⑮ [서식] 탭 – [도형 스타일] 그룹에서 [도형 윤곽선](✏️▾)을 클릭하여 색과 두께는 출력
형태와 가장 유사하게 설정하고 [화살표] – [화살표 스타일 11]을 선택한다.

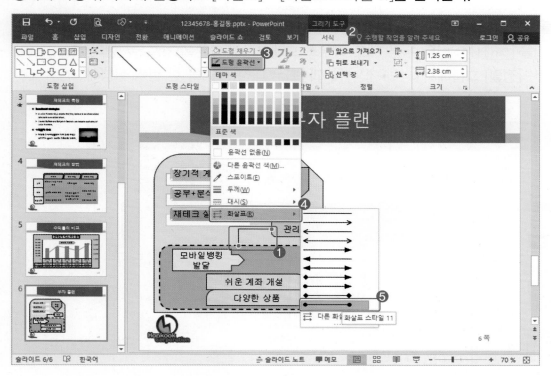

① 왼쪽 도형들 중 가장 맨 뒤에 배치되어 있는 [한쪽 모서리는 잘리고 다른 쪽 모서리는 둥근 사각형]을 Ctrl + Shift 를 누른 채로 마우스 드래그하여 오른쪽으로 복사한다. → [서식] 탭 – [정렬] 그룹에서 [상하 대칭](🖼)과 [좌우 대칭](🔺)을 한 번씩 실행해 준다.

② [삽입] 탭 – [일러스트레이션] 그룹에서 [도형](🔲) – [블록 화살표] – [왼쪽/오른쪽/위쪽 화살표](🔃)를 선택하여 도형을 그린다. → '모양 조절 핸들'과 '크기 조절 핸들'을 드래그하여 출력형태처럼 모양을 변경한다. → [홈] 탭 – [글꼴] 그룹의 글꼴 '굴림', '18pt'를 설정하고 「재테크」를 입력한다.

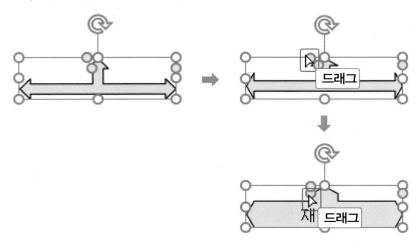

③ [삽입] 탭 – [일러스트레이션] 그룹에서 [도형](⬡) – [별 및 현수막] – [포인트가 8개
인 별](✴)을 선택하여 도형을 그린다. → 글꼴 '굴림', '18pt'를 설정하고 「목표」를 입
력한 후 회전 핸들을 마우스 드래그하여 출력형태처럼 왼쪽으로 회전시킨다.

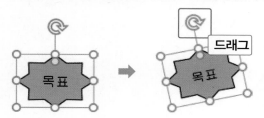

④ [삽입] 탭 – [일러스트레이션] 그룹에서 [도형](⬡) – [사각형] – [한쪽 모서리가 둥근
사각형](▢)을 선택하여 도형을 그리고 모양 조절점으로 곡선을 더 크게 한다. → [그
리기 도구] – [서식] 탭의 [정렬] 그룹에서 [좌우 대칭](◿)을 클릭하여 출력형태와 모
양을 맞추고 글꼴 '굴림', '18pt'로 「안정적 삶 영위」를 입력한다.

⑤ [삽입] 탭 – [일러스트레이션] 그룹에서 [도형](⬡) – [기본 도형] – [배지](▢)를 선택
하여 도형을 그린다. → 모양 조절점으로 곡선을 조절하고 글꼴 '굴림', '18pt'로 「내 집
마련」을 입력한다.

⑥ [삽입] 탭 – [일러스트레이션] 그룹에서 [도형](⬡) – [순서도: 문서](▢)를 선택하여
도형을 그린다. → 글꼴 '굴림', '18pt'로 「순자산 확보」를 입력한다.

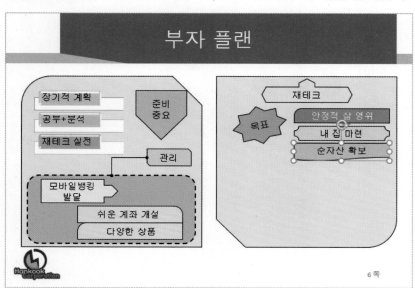

⑦ [삽입] 탭 – [일러스트레이션] 그룹에서 [도형](◻️) – [순서도: 화면 표시](◻️)를 선택하여 도형을 그리고 글꼴 '굴림', '18pt'로 「기록」을 입력한다. → 도형을 Ctrl 을 누른 채 마우스 드래그하여 복사하고 [그리기 도구] – [서식] 탭의 [정렬] 그룹에서 [좌우 대칭](◢◣)을 클릭한 다음 「절약」을 입력한다.

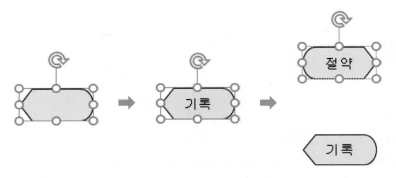

⑧ 먼저 [삽입] 탭 – [일러스트레이션] 그룹에서 [도형](◻️) – [블록 화살표] – [위쪽/아래쪽 화살표](⬍)를 선택하여 도형을 그린다. → [기본 도형] – [육각형](⬡)을 위에 그리고 글꼴 '굴림', '18pt'로 「지출」을 입력한다.

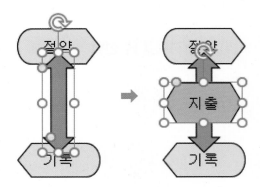

⑨ [삽입] 탭 – [일러스트레이션] 그룹 – [SmartArt](📊)를 클릭한다. → [SmartArt 그래픽 선택] 대화상자가 나타나면 [관계형] – [기본 방사형]을 선택하고 [확인]을 누른다.

⑩ 중앙에 위치하지 않은 도형 중 아무거나 하나를 선택하여 [Delete]로 지운다. →
[SmartArt 도구] – [디자인] 탭에서 [SmartArt 스타일] 그룹 – [색 변경]( )을 클릭하
여 [색상형] 중 도형들이 서로 구분되는 색을 선택하여 적용한다.

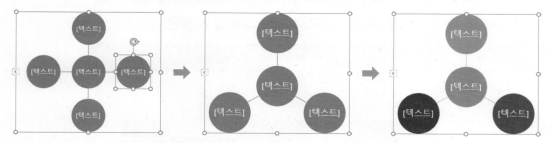

⑪ 글꼴 '굴림', '18pt'로 각 도형에 텍스트를 입력하고 크기를 조절해 배치한다. → [디자
인 탭] – [SmartArt 스타일] 그룹에서 [자세히]( )를 눌러 [3차원] – [만화]를 선택해
적용한다.

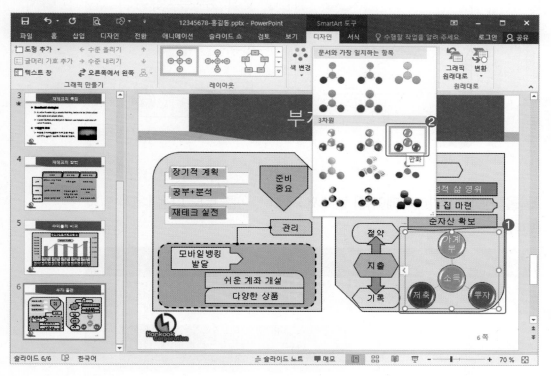

① 마우스를 드래그하여 왼쪽 도형을 모두 선택한 후 [서식] 탭 – [정렬] 그룹에서 [그룹] (▦)을 선택한다. → 오른쪽 도형들도 같은 방법으로 따로 그룹을 지정한다.

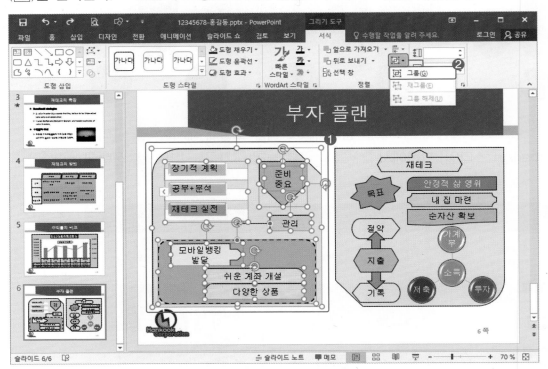

② 왼쪽 도형 그룹을 선택한 후 [애니메이션] 탭에서 자세히(▽)를 누른 다음 [시계 방향 회전]을 클릭한다.

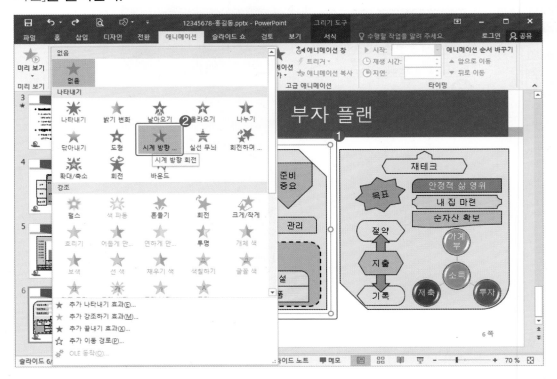

③ 오른쪽 도형 그룹을 선택한 후 [애니메이션] 탭에서 자세히(▾)를 누른 다음 [실선 무늬]를 클릭한다.

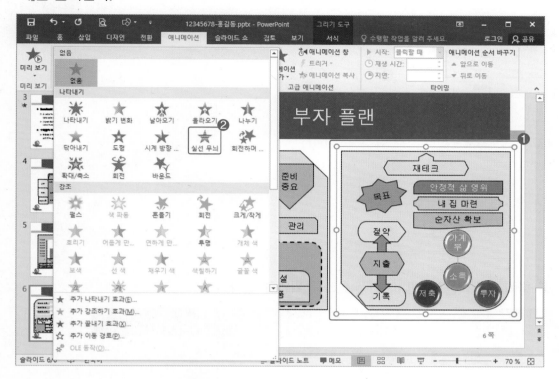

④ [애니메이션] 그룹의 오른쪽 하단에 [추가 효과 옵션 표시](▣)가 활성화 되면 클릭한다.

⑤ [실선 무늬] 대화상자가 나타나면 [효과] 탭에서 [방향]을 '세로'로 선택한 후 [확인]을
클릭한다.

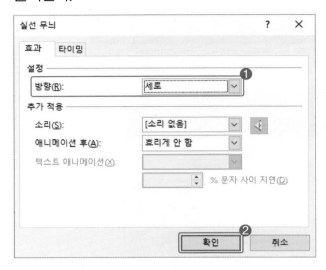

⑥ [미리 보기]를 클릭하여 적용한 애니메이션 효과를 확인해 본다.

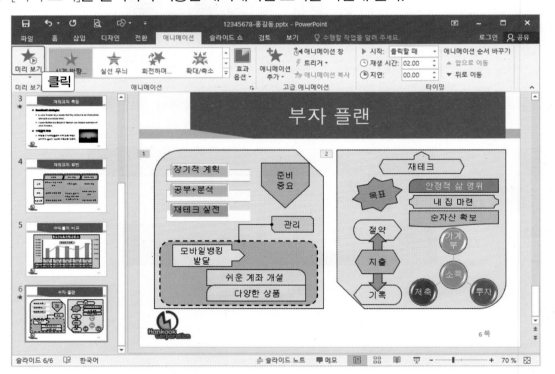

PART 03

모의고사

 차례

모의고사 1회

정답파일 Part 3 모의고사₩모의고사 1회 답안.pptx

과목	코드	문제유형	시험시간	수험번호	성명
한글파워포인트	1142	A	60분	20242001	홍길동

수험자 유의사항

- 수험자는 문제지를 받는 즉시 문제지와 **수험표상의 시험과목(프로그램)이 동일한지 반드시 확인**하여야 합니다.
- 파일명은 본인의 "수험번호-성명"으로 입력하여 답안폴더(내 PC₩문서₩ITQ)에 하나의 파일로 저장해야 하며, 답안문서 파일명이 "수험번호-성명"과 일치하지 않거나, 답안파일을 전송하지 않아 미제출로 처리될 경우 실격 처리합니다(예:12345678-홍길동.pptx).
- 답안 작성을 마치면 파일을 저장하고, '답안 전송' 버튼을 선택하여 감독위원 PC로 답안을 전송하십시오. 수험생 정보와 저장한 파일명이 다를 경우 전송되지 않으므로 주의하시기 바랍니다.
- 답안 작성 중에도 **주기적으로 저장하고, '답안 전송'**하여야 문제 발생을 줄일 수 있습니다. 작업한 내용을 저장하지 않고 전송할 경우 이전에 저장된 내용이 전송되니 이점 유의하시기 바랍니다.
- 답안문서는 지정된 경로 외의 다른 보조기억장치에 저장하는 경우, 지정된 시험 시간 외에 작성된 파일을 활용할 경우, 기타 통신수단(이메일, 메신저, 네트워크 등)을 이용하여 타인에게 전달 또는 외부 반출하는 경우는 부정 처리합니다.
- 시험 중 부주의 또는 고의로 시스템을 파손한 경우는 수험자가 변상해야 하며, 〈수험자 유의사항〉에 기재된 방법대로 이행하지 않아 생기는 불이익은 수험생 당사자의 책임임을 알려 드립니다.
- 문제의 조건은 MS오피스 2016 버전으로 설정되어 있으니 유의하시기 바랍니다.
- 시험을 완료한 수험자는 답안파일이 전송되었는지 확인한 후 감독위원의 지시에 따라 문제지를 제출하고 퇴실합니다.

답안 작성요령

- 온라인 답안 작성 절차
  수험자 등록 ⇒ 시험 시작 ⇒ 답안파일 저장 ⇒ 답안 전송 ⇒ 시험 종료
- 슬라이드의 크기는 A4 Paper로 설정하여 작성합니다.
- 슬라이드의 총 개수는 6개로 구성되어 있으며 슬라이드 1부터 순서대로 작업하고 반드시 문제와 세부 조건대로 합니다.
- 별도의 지시사항이 없는 경우 출력형태를 참조하여 글꼴색은 검정 또는 흰색으로 작성하고, 기타사항은 전체적인 균형을 고려하여 작성합니다.
- 슬라이드 도형 및 개체에 출력형태와 다른 스타일(그림자, 외곽선 등)을 적용했을 경우 감점처리 됩니다.
- 슬라이드 번호를 작성합니다(슬라이드 1에는 생략).
- 2~6번 슬라이드 제목 도형과 하단 로고는 슬라이드 마스터를 이용하여 출력형태와 동일하게 작성합니다(슬라이드 1에는 생략).
- 문제와 세부조건, 세부조건 번호 ○(점선원)는 입력하지 않습니다.
- 각 개체의 위치는 오른쪽의 슬라이드와 동일하게 구성합니다.
- 그림 삽입 문제의 경우 반드시 「내 PC₩문서₩ITQ₩Picture」 폴더에서 정확한 파일을 선택하여 삽입하십시오.
- 각 슬라이드를 각각의 파일로 작업해서 저장할 경우 실격 처리됩니다.

(1) 슬라이드 크기 및 순서 : 크기를 A4 용지로 설정하고 슬라이드 순서에 맞게 작성한다.
(2) 슬라이드 마스터 : 2~6슬라이드의 제목, 하단 로고, 슬라이드 번호는 슬라이드 마스터를 이용하여 작성한다.
　　－ 제목 글꼴(굴림, 40pt, 흰색), 가운데 맞춤, 도형(선 없음)
　　－ 하단 로고(「내 PC\문서\ITQ\Picture\로고1.jpg」, 배경(회색) 투명색으로 설정)

슬라이드 ❶　　표지 디자인 **40**점

(1) 표지 디자인 : 도형, 워드아트 및 그림을 이용하여 작성한다.

세부조건	
① 도형 편집 － 도형에 그림 채우기 : 「내 PC\문서\ITQ\Picture\그림1.jpg」, 투명도 50% － 도형 효과 : 부드러운 가장자리 5포인트 ② 워드아트 삽입 － 변환 : 역갈매기형 수장 － 글꼴 : 돋움, 굵게 － 텍스트 반사 : 근접 반사, 8pt 오프셋 ③ 그림 삽입 － 「내 PC\문서\ITQ\Picture\로고1.jpg」 － 배경(회색) 투명색으로 설정	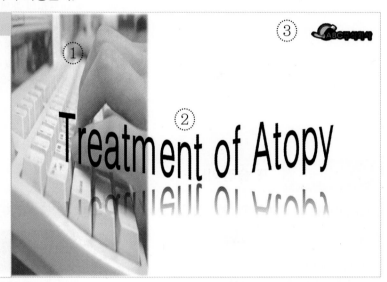

슬라이드 ❷　　목차 슬라이드 **60**점

(1) 출력형태와 같이 도형을 이용하여 목차를 작성한다(글꼴 : 돋움, 24pt).　　　　(2) 도형 : 선 없음

세부조건	
① 텍스트에 하이퍼링크 적용 → '슬라이드 4' ② 그림 삽입 － 「내 PC\문서\ITQ\Picture\그림5.jpg」 － 자르기 기능 이용	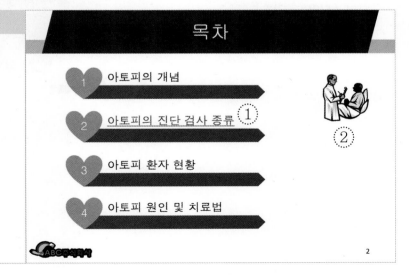

슬라이드 ❸ **텍스트/동영상 슬라이드** **60**점

(1) 텍스트 작성 : 글머리 기호 사용(❖, ■)

❖문단(굴림, 24pt, 굵게, 줄간격 : 1.5줄), ■문단(굴림, 20pt, 줄간격 : 1.5줄)

세부조건	
① 동영상 삽입 : – 「내 PC₩문서₩ITQ₩Picture₩동영상.wmv」 – 자동실행, 반복재생 설정	**1. 아토피의 개념** ❖ **Atopic dermatitis** 　■ Atopic dermatitis results in itchy, red, swollen, cracked skin and clear fluid may come from the affected areas, which often thickens over time ❖ **아토피의 개념** 　■ 아토피 또는 아토피 증후군은 알레르기 항원에 대한 직접 접촉없이 신체가 극도로 민감해지는 알레르기 반응 　■ 아토피의 증상으로는 아토피 피부염, 알레르기성 결막염, 알레르기성 비염, 천식이 있음

ABC피부과 관리실   3

슬라이드 ❹ **표 슬라이드** **80**점

(1) 도형과 표 작성 기능을 이용하여 슬라이드를 작성한다(글꼴 : 돋움, 18pt).

세부조건
① 상단 도형 : 2개 도형의 조합으로 작성
② 좌측 도형 : 그라데이션 효과(선형 아래쪽)
③ 표 스타일 : 테마 스타일 1 – 강조 5

2. 아토피의 진단 검사 종류

	혈액 검사	피부 단자 검사	알레르기 검사
검사 방법	혈청 내 총 면역글로불린 농도로 판단	피부를 바늘로 찔러 두드러기 발진 정도로 판단	하루에 먹은 음식들과 증상 발현을 일기 형식으로 기록
검사 시기	성인기	소아기	사춘기, 성인기
주요 증상	가려움증이나 자극 및 알레르기 유발 물질에 대한 반응	접히는 부위에 피부가 건조해지는 습진	피부 건조, 손발 습진, 태선화

ABC피부과 관리실   4

슬라이드 ❺   차트 슬라이드   **100**점

(1) 차트 작성 기능을 이용하여 슬라이드를 작성한다.
(2) 차트 : 종류(묶은 세로 막대형), 글꼴(돋움, 16pt), 외곽선

세부조건	
※ 차트설명 • 차트제목 : 궁서, 24pt, 굵게, 　채우기(흰색), 테두리, 　그림자(오프셋 왼쪽) • 차트영역 : 채우기(노랑) 　그림영역 : 채우기(흰색) • 데이터 서식 : 사춘기 계열을 표식이 있는 　꺾은선형으로 변경 후 보조축으로 지정 • 값 표시 : 2019년의 소아기 계열만 ① 도형 삽입 – 스타일 : 미세 효과 – 파랑, 강조 1 – 글꼴 : 굴림, 18p	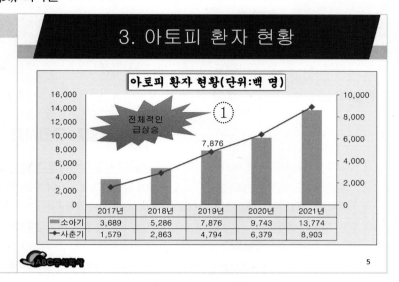

슬라이드 ❻   도형 슬라이드   **100**점

(1) 슬라이드와 같이 도형 및 스마트아트를 배치한다(글꼴 : 돋움, 18pt).
(2) 애니메이션 순서 : ① ⇒ ②

세부조건	
① 도형 및 스마트아트 편집 – 스마트아트 디자인 : 　3차원 만화, 　3차원 벽돌 – 그룹화 후 애니메이션 효과 : 　밝기 변화 ② 도형 편집 – 그룹화 후 애니메이션 효과 : 　닦아내기(오른쪽에서)	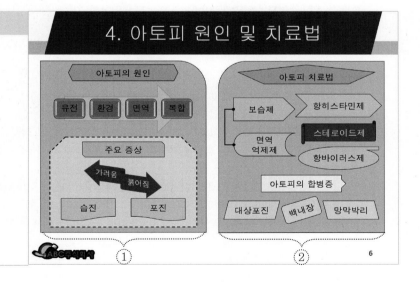

모의고사 2회

▶ 합격 강의

정답파일 Part 3 모의고사₩모의고사 2회 답안.pptx

과목	코드	문제유형	시험시간	수험번호	성명
한글파워포인트	1142	A	60분	20242002	홍길동

수험자 유의사항

• 수험자는 문제지를 받는 즉시 문제지와 **수험표상의 시험과목(프로그램)이 동일한지 반드시 확인**하여야 합니다.

• 파일명은 본인의 "수험번호–성명"으로 입력하여 답안폴더(내 PC₩문서₩ITQ)에 하나의 파일로 저장해야 하며, 답안문서 파일명이 "수험번호–성명"과 일치하지 않거나, 답안파일을 전송하지 않아 미제출로 처리될 경우 실격 처리합니다(예:12345678–홍길동.pptx).

• 답안 작성을 마치면 파일을 저장하고, '답안 전송' 버튼을 선택하여 감독위원 PC로 답안을 전송하십시오. 수험생 정보와 저장한 파일명이 다를 경우 전송되지 않으므로 주의하시기 바랍니다.

• 답안 작성 중에도 **주기적으로 저장하고, '답안 전송'**하여야 문제 발생을 줄일 수 있습니다. 작업한 내용을 저장하지 않고 전송할 경우 이전에 저장된 내용이 전송되니 이점 유의하시기 바랍니다.

• 답안문서는 지정된 경로 외의 다른 보조기억장치에 저장하는 경우, 지정된 시험 시간 외에 작성된 파일을 활용할 경우, 기타 통신수단(이메일, 메신저, 네트워크 등)을 이용하여 타인에게 전달 또는 외부 반출하는 경우는 부정 처리합니다.

• 시험 중 부주의 또는 고의로 시스템을 파손한 경우는 수험자가 변상해야 하며, 〈수험자 유의사항〉에 기재된 방법대로 이행하지 않아 생기는 불이익은 수험생 당사자의 책임임을 알려 드립니다.

• 문제의 조건은 MS오피스 2016 버전으로 설정되어 있으니 유의하시기 바랍니다.

• 시험을 완료한 수험자는 답안파일이 전송되었는지 확인한 후 감독위원의 지시에 따라 문제지를 제출하고 퇴실합니다.

답안 작성요령

• 온라인 답안 작성 절차
  수험자 등록 ⇒ 시험 시작 ⇒ 답안파일 저장 ⇒ 답안 전송 ⇒ 시험 종료

• 슬라이드의 크기는 A4 Paper로 설정하여 작성합니다.

• 슬라이드의 총 개수는 6개로 구성되어 있으며 슬라이드 1부터 순서대로 작업하고 반드시 문제와 세부 조건대로 합니다.

• 별도의 지시사항이 없는 경우 출력형태를 참조하여 글꼴색은 검정 또는 흰색으로 작성하고, 기타사항은 전체적인 균형을 고려하여 작성합니다.

• 슬라이드 도형 및 개체에 출력형태와 다른 스타일(그림자, 외곽선 등)을 적용했을 경우 감점처리 됩니다.

• 슬라이드 번호를 작성합니다(슬라이드 1에는 생략).

• 2~6번 슬라이드 제목 도형과 하단 로고는 슬라이드 마스터를 이용하여 출력형태와 동일하게 작성합니다(슬라이드 1에는 생략).

• 문제와 세부조건, 세부조건 번호 ○(점선원)는 입력하지 않습니다.

• 각 개체의 위치는 오른쪽의 슬라이드와 동일하게 구성합니다.

• 그림 삽입 문제의 경우 반드시 「내 PC₩문서₩ITQ₩Picture」 폴더에서 정확한 파일을 선택하여 삽입하십시오.

• 각 슬라이드를 각각의 파일로 작업해서 저장할 경우 실격 처리됩니다.

(1) 슬라이드 크기 및 순서 : 크기를 A4 용지로 설정하고 슬라이드 순서에 맞게 작성한다.

(2) 슬라이드 마스터 : 2~6슬라이드의 제목, 하단 로고, 슬라이드 번호는 슬라이드 마스터를 이용하여 작성한다.

– 제목 글꼴(굴림, 40pt, 흰색), 가운데 맞춤, 도형(선 없음)

– 하단 로고(「내 PC₩문서₩ITQ₩Picture₩로고1.jpg」, 배경(회색) 투명색으로 설정)

슬라이드 ❶   표지 디자인   **40**점

(1) 표지 디자인 : 도형, 워드아트 및 그림을 이용하여 작성한다.

세부조건	
① 도형 편집 – 도형에 그림 채우기 : 「내 PC₩문서₩ITQ₩Picture₩그림1.jpg」, 투명도 50% – 도형 효과 : 부드러운 가장자리 5포인트 ② 워드아트 삽입 – 변환 : 역갈매기형 수장 – 글꼴 : 돋움, 굵게 – 텍스트 반사 : 근접 반사, 8pt 오프셋 ③ 그림 삽입 –「내 PC₩문서₩ITQ₩Picture₩로고1.jpg」 – 배경(회색) 투명색으로 설정	

슬라이드 ❷   목차 슬라이드   **60**점

(1) 출력형태와 같이 도형을 이용하여 목차를 작성한다(글꼴 : 돋움, 24pt).   (2) 도형 : 선 없음

세부조건	
① 텍스트에 하이퍼링크 적용 → '슬라이드 4' ② 그림 삽입 –「내 PC₩문서₩ITQ₩Picture₩그림5.jpg」 – 자르기 기능 이용	

슬라이드 ❸ **텍스트/동영상 슬라이드** **60**점

(1) 텍스트 작성 : 글머리 기호 사용(❖, ■)
❖ 문단(굴림, 24pt, 굵게, 줄간격 : 1.5줄), ■ 문단(굴림, 20pt, 줄간격 : 1.5줄)

세부조건
① 동영상 삽입 : – 「내 PC₩문서₩ITQ₩Picture₩동영상.wmv」 – 자동실행, 반복재생 설정

1. 플렉서블 디스플레이 개요

❖ Flexible Display
  ■ An electronic visual display which is flexible in nature as opposed to the more prevalent flat screen displays used in most electronics devices

❖ 플렉서블 디스플레이
  ■ 형태의 변형을 통해 공간 활용성을 높일 수 있으며 얇고 가벼우며 깨지지 않는 장점이 있음
  ■ 디스플레이 시장을 다변화 시키고 사물인터넷 등의 연계를 통해 새로운 시장을 창출할 것으로 기대됨

ABC광색짂서

3

슬라이드 ❹ **표 슬라이드** **80**점

(1) 도형과 표 작성 기능을 이용하여 슬라이드를 작성한다(글꼴 : 돋움, 18pt).

세부조건
① 상단 도형 : 2개 도형의 조합으로 작성
② 좌측 도형 : 그라데이션 효과(선형 아래쪽)
③ 표 스타일 : 테마 스타일 1 – 강조 5

2. 구동방식에 따른 유형

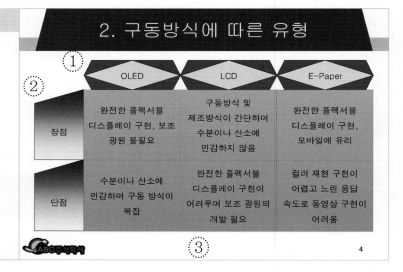

	OLED	LCD	E-Paper
장점	완전한 플렉서블 디스플레이 구현, 보조 광원 불필요	구동방식 및 제조방식이 간단하며 수분이나 산소에 민감하지 않음	완전한 플렉서블 디스플레이 구현, 모바일에 유리
단점	수분이나 산소에 민감하며 구동 방식이 복잡	완전한 플렉서블 디스플레이 구현이 어려우며 보조 광원의 개발 필요	컬러 재현 구현이 어렵고 느린 응답 속도로 동영상 구현이 어려움

ABC문색짂서

4

(1) 차트 작성 기능을 이용하여 슬라이드를 작성한다.
(2) 차트 : 종류(묶은 세로 막대형), 글꼴(돋움, 16pt), 외곽선

세부조건

※ 차트설명
• 차트제목 : 궁서, 24pt, 굵게,
  채우기(흰색), 테두리, 그림자(오프셋 왼쪽)
• 차트영역 : 채우기(노랑)
  그림영역 : 채우기(흰색)
• 데이터 서식 : 출하량(백만 대) 계열을 표식이
  있는 꺾은선형으로 변경 후 보조축으로 지정
• 값 표시 : 2020년의 매출액(백만 달러) 계열만

① 도형 삽입
– 스타일 :
  미세 효과 – 파랑, 강조 1
– 글꼴 : 굴림, 18pt

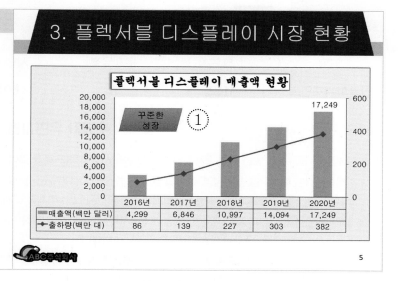

(1) 슬라이드와 같이 도형 및 스마트아트를 배치한다(글꼴 : 돋움, 18pt).
(2) 애니메이션 순서 : ① ⇒ ②

세부조건

① 도형 및 스마트아트 편집
– 스마트아트 디자인 :
  3차원 경사,
  3차원 만화
– 그룹화 후 애니메이션 효과 :
  밝기 변화

② 도형 편집
– 그룹화 후 애니메이션 효과 :
  닦아내기(오른쪽에서)

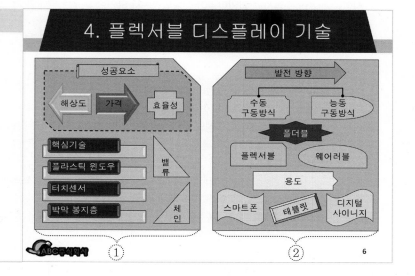

모의고사 3회

정답파일 Part 3 모의고사₩모의고사 3회 답안.pptx

과목	코드	문제유형	시험시간	수험번호	성명
한글파워포인트	1142	A	60분	20242003	홍길동

수험자 유의사항

- 수험자는 문제지를 받는 즉시 문제지와 **수험표상의 시험과목(프로그램)이 동일한지 반드시 확인**하여야 합니다.
- 파일명은 본인의 "수험번호-성명"으로 입력하여 답안폴더(내 PC₩문서₩ITQ)에 하나의 파일로 저장해야 하며, 답안문서 파일명이 "수험번호-성명"과 일치하지 않거나, 답안파일을 전송하지 않아 미제출로 처리될 경우 실격 처리합니다(예:12345678-홍길동.pptx).
- 답안 작성을 마치면 파일을 저장하고, '답안 전송' 버튼을 선택하여 감독위원 PC로 답안을 전송하십시오. 수험생 정보와 저장한 파일명이 다를 경우 전송되지 않으므로 주의하시기 바랍니다.
- 답안 작성 중에도 **주기적으로 저장하고, '답안 전송'**하여야 문제 발생을 줄일 수 있습니다. 작업한 내용을 저장하지 않고 전송할 경우 이전에 저장된 내용이 전송되니 이점 유의하시기 바랍니다.
- 답안문서는 지정된 경로 외의 다른 보조기억장치에 저장하는 경우, 지정된 시험 시간 외에 작성된 파일을 활용할 경우, 기타 통신수단(이메일, 메신저, 네트워크 등)을 이용하여 타인에게 전달 또는 외부 반출하는 경우는 부정 처리합니다.
- 시험 중 부주의 또는 고의로 시스템을 파손한 경우는 수험자가 변상해야 하며, 〈수험자 유의사항〉에 기재된 방법대로 이행하지 않아 생기는 불이익은 수험생 당사자의 책임임을 알려 드립니다.
- 문제의 조건은 MS오피스 2016 버전으로 설정되어 있으니 유의하시기 바랍니다.
- 시험을 완료한 수험자는 답안파일이 전송되었는지 확인한 후 감독위원의 지시에 따라 문제지를 제출하고 퇴실합니다.

답안 작성요령

- 온라인 답안 작성 절차
  수험자 등록 ⇒ 시험 시작 ⇒ 답안파일 저장 ⇒ 답안 전송 ⇒ 시험 종료
- 슬라이드의 크기는 A4 Paper로 설정하여 작성합니다.
- 슬라이드의 총 개수는 6개로 구성되어 있으며 슬라이드 1부터 순서대로 작업하고 반드시 문제와 세부 조건대로 합니다.
- 별도의 지시사항이 없는 경우 출력형태를 참조하여 글꼴색은 검정 또는 흰색으로 작성하고, 기타사항은 전체적인 균형을 고려하여 작성합니다.
- 슬라이드 도형 및 개체에 출력형태와 다른 스타일(그림자, 외곽선 등)을 적용했을 경우 감점처리 됩니다.
- 슬라이드 번호를 작성합니다(슬라이드 1에는 생략).
- 2~6번 슬라이드 제목 도형과 하단 로고는 슬라이드 마스터를 이용하여 출력형태와 동일하게 작성합니다(슬라이드 1에는 생략).
- 문제와 세부조건, 세부조건 번호 ○(점선원)는 입력하지 않습니다.
- 각 개체의 위치는 오른쪽의 슬라이드와 동일하게 구성합니다.
- 그림 삽입 문제의 경우 반드시 「내 PC₩문서₩ITQ₩Picture」 폴더에서 정확한 파일을 선택하여 삽입하십시오.
- 각 슬라이드를 각각의 파일로 작업해서 저장할 경우 실격 처리됩니다.

(1) 슬라이드 크기 및 순서 : 크기를 A4 용지로 설정하고 슬라이드 순서에 맞게 작성한다.
(2) 슬라이드 마스터 : 2~6슬라이드의 제목, 하단 로고, 슬라이드 번호는 슬라이드 마스터를 이용하여 작성한다.
– 제목 글꼴(돋움, 40pt, 흰색), 가운데 맞춤, 도형(선 없음)
– 하단 로고(「내 PC₩문서₩ITQ₩Picture₩로고2.jpg, 배경(회색) 투명색으로 설정)

슬라이드 ❶ 표지 디자인   **40**점

(1) 표지 디자인 : 도형, 워드아트 및 그림을 이용하여 작성한다.

세부조건
① 도형 편집
– 도형에 그림 채우기 : 「내 PC₩문서₩ITQ₩Picture₩그림3.jpg」, 투명도 50%
– 도형 효과 : 부드러운 가장자리 5포인트
② 워드아트 삽입
– 변환 : 역삼각형
– 글꼴 : 돋움, 굵게
– 텍스트 반사 : 근접 반사, 4pt 오프셋
③ 그림 삽입
– 「내 PC₩문서₩ITQ₩Picture₩로고2.jpg」
– 배경(회색) 투명색으로 설정

슬라이드 ❷ 목차 슬라이드   **60**점

(1) 출력형태와 같이 도형을 이용하여 목차를 작성한다(글꼴 : 굴림, 24pt).   (2) 도형 : 선 없음

세부조건
① 텍스트에 하이퍼링크 적용 → '슬라이드 6'
② 그림 삽입
– 「내 PC₩문서₩ITQ₩Picture₩그림4.jpg」
– 자르기 기능 이용

목차

1 플라스틱 다이어트

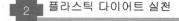
2 플라스틱 다이어트 실천

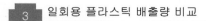
3 일회용 플라스틱 배출량 비교

4 분리배출 선순환 업사이클링 ①

②

2

슬라이드 ❸	텍스트/동영상 슬라이드	60점

(1) 텍스트 작성 : 글머리 기호 사용(➤, ✓)
    ➤ 문단(굴림, 24pt, 굵게, 줄간격 : 1.5줄), ✓ 문단(굴림, 20pt, 줄간격 : 1.5줄)

세부조건
① 동영상 삽입 :
– 「내 PC\문서\ITQ\Picture\동영상.wmv」
– 자동실행, 반복재생 설정

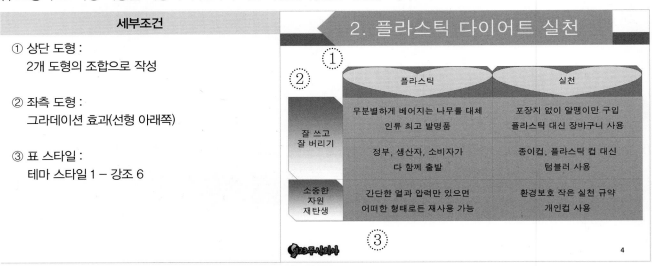

슬라이드 ❹	표 슬라이드	80점

(1) 도형과 표 작성 기능을 이용하여 슬라이드를 작성한다(글꼴 : 돋움, 18pt).

세부조건
① 상단 도형 :
2개 도형의 조합으로 작성
② 좌측 도형 :
그라데이션 효과(선형 아래쪽)
③ 표 스타일 :
테마 스타일 1 – 강조 6

슬라이드 ⑤　　차트 슬라이드　　　　　　　　　　　　　　　　　100점

(1) 차트 작성 기능을 이용하여 슬라이드를 작성한다.
(2) 차트 : 종류(묶은 세로 막대형), 글꼴(돋움, 16pt), 외곽선

세부조건

※ 차트설명
• 차트제목 : 궁서, 24pt, 굵게,
　채우기(흰색), 테두리,
　그림자(오프셋 오른쪽)
• 차트영역 : 채우기(노랑)
　그림영역 : 채우기(흰색)
• 데이터 서식 : 다인 가구 계열을 표식이 있는
　꺾은선형으로 변경 후 보조축으로 지정
• 값 표시 : 비닐봉지의 1인 가구 계열만

① 도형 삽입
－ 스타일 : 미세 효과 – 파랑, 강조 1
－ 글꼴 : 굴림, 18pt

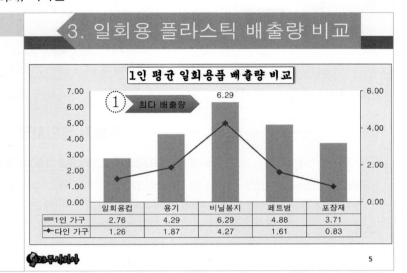

슬라이드 ⑥　　도형 슬라이드　　　　　　　　　　　　　　　　　100점

(1) 슬라이드와 같이 도형 및 스마트아트를 배치한다(글꼴 : 굴림, 18pt).
(2) 애니메이션 순서 : ① ⇒ ②

세부조건

① 도형 및 스마트아트 편집
－ 스마트아트 디자인 :
　3차원 만화,
　3차원 경사
－ 그룹화 후 애니메이션 효과 :
　닦아내기(위에서)

② 도형 편집
－ 그룹화 후 애니메이션 효과 :
　바운드

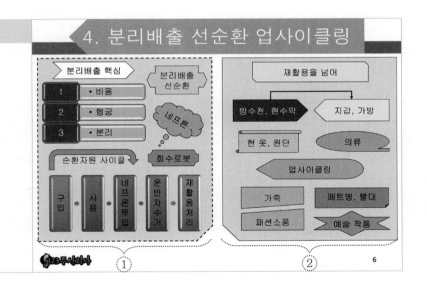

정답파일 Part 3 모의고사₩모의고사 4회 답안.pptx

과목	코드	문제유형	시험시간	수험번호	성명
한글파워포인트	1142	A	60분	20242004	홍길동

수험자 유의사항

- 수험자는 문제지를 받는 즉시 문제지와 **수험표상의 시험과목(프로그램)이 동일한지 반드시 확인**하여야 합니다.
- 파일명은 본인의 "수험번호-성명"으로 입력하여 답안폴더(내 PC₩문서₩ITQ)에 하나의 파일로 저장해야 하며, 답안문서 파일명이 "수험번호-성명"과 일치하지 않거나, 답안파일을 전송하지 않아 미제출로 처리될 경우 실격 처리합니다(예:12345678-홍길동.pptx).
- 답안 작성을 마치면 파일을 저장하고, '답안 전송' 버튼을 선택하여 감독위원 PC로 답안을 전송하십시오. 수험생 정보와 저장한 파일명이 다를 경우 전송되지 않으므로 주의하시기 바랍니다.
- 답안 작성 중에도 **주기적으로 저장하고, '답안 전송'**하여야 문제 발생을 줄일 수 있습니다. 작업한 내용을 저장하지 않고 전송할 경우 이전에 저장된 내용이 전송되니 이점 유의하시기 바랍니다.
- 답안문서는 지정된 경로 외의 다른 보조기억장치에 저장하는 경우, 지정된 시험 시간 외에 작성된 파일을 활용할 경우, 기타 통신수단(이메일, 메신저, 네트워크 등)을 이용하여 타인에게 전달 또는 외부 반출하는 경우는 부정 처리합니다.
- 시험 중 부주의 또는 고의로 시스템을 파손한 경우는 수험자가 변상해야 하며, 〈수험자 유의사항〉에 기재된 방법대로 이행하지 않아 생기는 불이익은 수험생 당사자의 책임임을 알려 드립니다.
- 문제의 조건은 MS오피스 2016 버전으로 설정되어 있으니 유의하시기 바랍니다.
- 시험을 완료한 수험자는 답안파일이 전송되었는지 확인한 후 감독위원의 지시에 따라 문제지를 제출하고 퇴실합니다.

답안 작성요령

- 온라인 답안 작성 절차
  수험자 등록 ⇒ 시험 시작 ⇒ 답안파일 저장 ⇒ 답안 전송 ⇒ 시험 종료
- 슬라이드의 크기는 A4 Paper로 설정하여 작성합니다.
- 슬라이드의 총 개수는 6개로 구성되어 있으며 슬라이드 1부터 순서대로 작업하고 반드시 문제와 세부 조건대로 합니다.
- 별도의 지시사항이 없는 경우 출력형태를 참조하여 글꼴색은 검정 또는 흰색으로 작성하고, 기타사항은 전체적인 균형을 고려하여 작성합니다.
- 슬라이드 도형 및 개체에 출력형태와 다른 스타일(그림자, 외곽선 등)을 적용했을 경우 감점처리 됩니다.
- 슬라이드 번호를 작성합니다(슬라이드 1에는 생략).
- 2~6번 슬라이드 제목 도형과 하단 로고는 슬라이드 마스터를 이용하여 출력형태와 동일하게 작성합니다(슬라이드 1에는 생략).
- 문제와 세부조건, 세부조건 번호 ○(점선원)는 입력하지 않습니다.
- 각 개체의 위치는 오른쪽의 슬라이드와 동일하게 구성합니다.
- 그림 삽입 문제의 경우 반드시 「내 PC₩문서₩ITQ₩Picture」 폴더에서 정확한 파일을 선택하여 삽입하십시오.
- 각 슬라이드를 각각의 파일로 작업해서 저장할 경우 실격 처리됩니다.

(1) 슬라이드 크기 및 순서 : 크기를 A4 용지로 설정하고 슬라이드 순서에 맞게 작성한다.
(2) 슬라이드 마스터 : 2~6슬라이드의 제목, 하단 로고, 슬라이드 번호는 슬라이드 마스터를 이용하여 작성한다.
– 제목 글꼴(돋움, 40pt, 흰색), 가운데 맞춤, 도형(선 없음)
– 하단 로고(「내 PC₩문서₩ITQ₩Picture₩로고2.jpg, 배경(회색) 투명색으로 설정)

슬라이드 ❶ 표지 디자인 **40**점

(1) 표지 디자인 : 도형, 워드아트 및 그림을 이용하여 작성한다.

세부조건
① 도형 편집
– 도형에 그림 채우기 :
「내 PC₩문서₩ITQ₩Picture₩그림3.jpg」,
투명도 50%
– 도형 효과 : 부드러운 가장자리 5포인트
② 워드아트 삽입
– 변환 : 역삼각형
– 글꼴 : 돋움, 굵게
– 텍스트 반사 : 근접 반사, 4pt 오프셋
③ 그림 삽입
– 「내 PC₩문서₩ITQ₩Picture₩로고2.jpg」
– 배경(회색) 투명색으로 설정

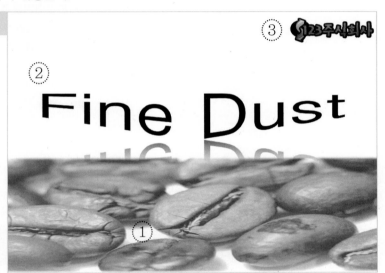

슬라이드 ❷ 목차 슬라이드 **60**점

(1) 출력형태와 같이 도형을 이용하여 목차를 작성한다(글꼴 : 굴림, 24pt).　　　(2) 도형 : 선 없음

세부조건
① 텍스트에 하이퍼링크 적용
→ '슬라이드 6'
② 그림 삽입
– 「내 PC₩문서₩ITQ₩Picture₩그림4.jpg」
– 자르기 기능 이용

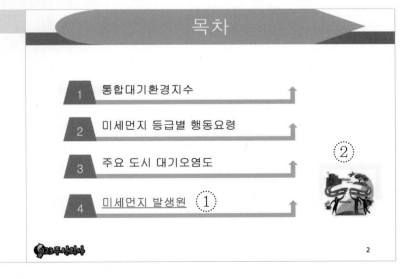

슬라이드 ❸ 텍스트/동영상 슬라이드   **60**점

(1) 텍스트 작성 : 글머리 기호 사용(➢, ✓)

   ➢ 문단(굴림, 24pt, 굵게, 줄간격 : 1.5줄),   ✓ 문단(굴림, 20pt, 줄간격 : 1.5줄)

세부조건	

① 동영상 삽입 :
– 「내 PC₩문서₩ITQ₩Picture₩동영상.wmv」
– 자동실행, 반복재생 설정
	1. 통합대기환경지수
	
	➢ What's CAI
	  ✓ The CAI(Comprehensive air-quality index) is a way of describing ambient air quality based on health risk of air pollution
	   ①
	➢ 통합대기환경지수
	  ✓ 대기오염도 측정치를 국민이 알 수 있도록 하고 대기오염으로부터 피해를 예방하기 위한 행동지침을 국민에게 제시
	  ✓ 초미세먼지, 미세먼지, 오존, 이산화질소 등 오염물질에 대한 대기질의 상태지수를 제공
	🐭123푸시히사 3

슬라이드 ❹ 표 슬라이드   **80**점

(1) 도형과 표 작성 기능을 이용하여 슬라이드를 작성한다(글꼴 : 돋움, 18pt).

세부조건	
① 상단 도형 : 2개 도형의 조합으로 작성 ② 좌측 도형 : 그라데이션 효과(선형 아래쪽) ③ 표 스타일 : 테마 스타일 1 – 강조 6	**2. 미세먼지 등급별 행동요령**

	등급 나쁨	등급 매우 나쁨
미세먼지	81 ~ 150	151 이상
민감군 행동요령	장시간 또는 무리한 실외 활동 제한, 특히 천식 환자는 흡입기 자주 사용	실내 활동, 실외 활동 시 의사와 반드시 상의
일반인 행동요령	장시간 또는 무리한 실외 활동 제한, 특히 기침이나 눈, 목의 통증 환자는 외출 자제	장시간 실외 활동 자제, 미세먼지 차단 마스크 착용 필수, 창문을 닫고, 빨래는 실내에서 건조

🐭123푸시히사   ③   4

(1) 차트 작성 기능을 이용하여 슬라이드를 작성한다.
(2) 차트 : 종류(묶은 세로 막대형), 글꼴(돋움, 16pt), 외곽선

세부조건

※ 차트설명
• 차트제목 : 궁서, 24pt, 굵게,
  채우기(흰색), 테두리,
  그림자(오프셋 오른쪽)
• 차트영역 : 채우기(노랑)
  그림영역 : 채우기(흰색)
• 데이터 서식 : 2020년 계열을 표식이 있는
  꺾은선형으로 변경 후 보조축으로 지정
• 값 표시 : 서울의 2019년 계열만

① 도형 삽입
– 스타일 : 미세 효과 – 파랑, 강조 1
– 글꼴 : 굴림 18pt

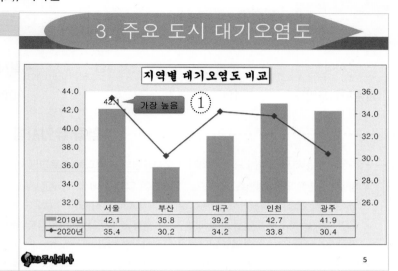

(1) 슬라이드와 같이 도형 및 스마트아트를 배치한다(글꼴 : 굴림, 18pt).
(2) 애니메이션 순서 : ① ⇒ ②

세부조건

① 도형 및 스마트아트 편집
– 그룹화 후 애니메이션 효과 :
  닦아내기(위에서)

② 도형 및 스마트아트 편집
– 스마트아트 디자인 :
  3차원 만화,
  3차원 경사
– 그룹화 후 애니메이션 효과 :
  바운드

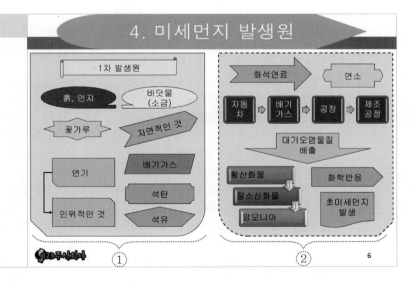

▶ 합격 강의

정답파일 Part 3 모의고사₩모의고사 5회 답안.pptx

과목	코드	문제유형	시험시간	수험번호	성명
한글파워포인트	1142	A	60분	20242005	홍길동

수험자 유의사항

- 수험자는 문제지를 받는 즉시 문제지와 **수험표상의 시험과목(프로그램)이 동일한지 반드시 확인**하여야 합니다.
- 파일명은 본인의 "수험번호-성명"으로 입력하여 답안폴더(내 PC₩문서₩ITQ)에 하나의 파일로 저장해야 하며, 답안문서 파일명이 "수험번호-성명"과 일치하지 않거나, 답안파일을 전송하지 않아 미제출로 처리될 경우 실격 처리합니다(예:12345678-홍길동.pptx).
- 답안 작성을 마치면 파일을 저장하고, '답안 전송' 버튼을 선택하여 감독위원 PC로 답안을 전송하십시오. 수험생 정보와 저장한 파일명이 다를 경우 전송되지 않으므로 주의하시기 바랍니다.
- 답안 작성 중에도 **주기적으로 저장하고, '답안 전송'**하여야 문제 발생을 줄일 수 있습니다. 작업한 내용을 저장하지 않고 전송할 경우 이전에 저장된 내용이 전송되니 이점 유의하시기 바랍니다.
- 답안문서는 지정된 경로 외의 다른 보조기억장치에 저장하는 경우, 지정된 시험 시간 외에 작성된 파일을 활용할 경우, 기타 통신수단(이메일, 메신저, 네트워크 등)을 이용하여 타인에게 전달 또는 외부 반출하는 경우는 부정 처리합니다.
- 시험 중 부주의 또는 고의로 시스템을 파손한 경우는 수험자가 변상해야 하며, 〈수험자 유의사항〉에 기재된 방법대로 이행하지 않아 생기는 불이익은 수험생 당사자의 책임임을 알려 드립니다.
- 문제의 조건은 MS오피스 2016 버전으로 설정되어 있으니 유의하시기 바랍니다.
- 시험을 완료한 수험자는 답안파일이 전송되었는지 확인한 후 감독위원의 지시에 따라 문제지를 제출하고 퇴실합니다.

답안 작성요령

- 온라인 답안 작성 절차
  수험자 등록 ⇒ 시험 시작 ⇒ 답안파일 저장 ⇒ 답안 전송 ⇒ 시험 종료
- 슬라이드의 크기는 A4 Paper로 설정하여 작성합니다.
- 슬라이드의 총 개수는 6개로 구성되어 있으며 슬라이드 1부터 순서대로 작업하고 반드시 문제와 세부 조건대로 합니다.
- 별도의 지시사항이 없는 경우 출력형태를 참조하여 글꼴색은 검정 또는 흰색으로 작성하고, 기타사항은 전체적인 균형을 고려하여 작성합니다.
- 슬라이드 도형 및 개체에 출력형태와 다른 스타일(그림자, 외곽선 등)을 적용했을 경우 감점처리 됩니다.
- 슬라이드 번호를 작성합니다(슬라이드 1에는 생략).
- 2∼6번 슬라이드 제목 도형과 하단 로고는 슬라이드 마스터를 이용하여 출력형태와 동일하게 작성합니다(슬라이드 1에는 생략).
- 문제와 세부조건, 세부조건 번호 ○(점선원)는 입력하지 않습니다.
- 각 개체의 위치는 오른쪽의 슬라이드와 동일하게 구성합니다.
- 그림 삽입 문제의 경우 반드시 「내 PC₩문서₩ITQ₩Picture」 폴더에서 정확한 파일을 선택하여 삽입하십시오.
- 각 슬라이드를 각각의 파일로 작업해서 저장할 경우 실격 처리됩니다.

(1) 슬라이드 크기 및 순서 : 크기를 A4 용지로 설정하고 슬라이드 순서에 맞게 작성한다.

(2) 슬라이드 마스터 : 2∼6슬라이드의 제목, 하단 로고, 슬라이드 번호는 슬라이드 마스터를 이용하여 작성한다.
  - 제목 글꼴(굴림, 40pt, 흰색), 가운데 맞춤, 도형(선 없음)
  - 하단 로고(「내 PC₩문서₩ITQ₩Picture₩로고2.jpg」, 배경(회색) 투명색으로 설정)

슬라이드 ❶　**표지 디자인**
40점

(1) 표지 디자인 : 도형, 워드아트 및 그림을 이용하여 작성한다.

세부조건	
① 도형 편집 - 도형에 그림 채우기 : 　「내 PC₩문서₩ITQ₩Picture₩그림1.jpg」, 　투명도 50% - 도형 효과 : 부드러운 가장자리 5포인트 ② 워드아트 삽입 - 변환 : 삼각형 - 글꼴 : 돋움, 굵게 - 텍스트 반사 : 근접 반사, 4pt 오프셋 ③ 그림 삽입 -「내 PC₩문서₩ITQ₩Picture₩로고2.jpg」 - 배경(회색) 투명색으로 설정	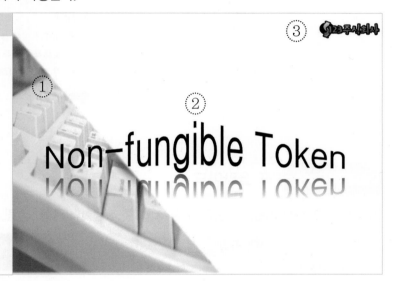

슬라이드 ❷　**목차 슬라이드**
60점

(1) 출력형태와 같이 도형을 이용하여 목차를 작성한다(글꼴 : 굴림, 24pt).　　　(2) 도형 : 선 없음

세부조건	
① 텍스트에 하이퍼링크 적용 　→ '슬라이드 6' ② 그림 삽입 -「내 PC₩문서₩ITQ₩Picture₩그림5.jpg」 - 자르기 기능 이용	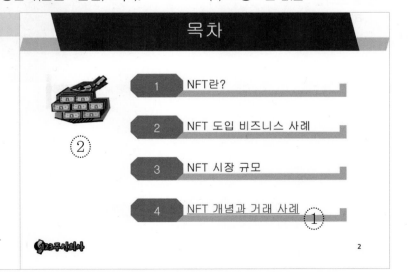

슬라이드 ❸	텍스트/동영상 슬라이드	60점

(1) 텍스트 작성 : 글머리 기호 사용((➤, ▪)
  ➤ 문단(굴림, 24pt, 굵게, 줄간격 : 1.5줄), ▪ 문단(돋움, 20pt, 줄간격 : 1.5줄)

세부조건	1. NFT란?
① 동영상 삽입 : – 「내 PC₩문서₩ITQ₩Picture₩동영상.wmv」 – 자동실행, 반복재생 설정	➤ **Non-fungible Token** 　▪ NFT is a unit of data stored on a digital ledger, called a blockchain, that certifies a digital asset to be unique and therefore not interchangeable ➤ **NFT** 　▪ NFT란 대체 불가능 토큰으로써, 토큰마다 고유의 값을 가지고 있어 A 토큰을 B 토큰으로 대체할 수 없는 토큰 　▪ 각 토큰이 서로 다른 가치를 가지고 있는 고유한 자산을 의미 　　　　　　　　　　　　　　　　　　　　　　3

슬라이드 ❹	표 슬라이드	80점

(1) 도형과 표 작성 기능을 이용하여 슬라이드를 작성한다(글꼴 : 굴림, 18pt).

세부조건	2. NFT 도입 비즈니스 사례
① 상단 도형 : 　2개 도형의 조합으로 작성 ② 좌측 도형 : 　그라데이션 효과(선형 아래쪽) ③ 표 스타일 : 　테마 스타일 1 – 강조 5	(표 내용)

	기업	NFT 관련 비즈니스
비디오 게임	유비소프트	래비드 토큰
	캡콤	스트리트 파이터
	아타리	아타리 토큰
패션	나이키	크립토킥스
	LVMH	명품의 진위를 증명하기 위한 블록체인 아우라 출시
	브라이틀링	NFT를 포함하는 이더리움 시스템으로 정품 인증
테크	IBM	NFT 지원 커스텀 블록체인
	삼성	NFT 지원 전자지갑

(1) 차트 작성 기능을 이용하여 슬라이드를 작성한다.
(2) 차트 : 종류(묶은 세로 막대형), 글꼴(돋움, 16pt), 외곽선

세부조건

※ 차트설명
• 차트제목 : 궁서, 24pt, 굵게,
  채우기(흰색), 테두리, 그림자(오프셋 오른쪽)
• 차트영역 : 채우기(노랑)
  그림영역 : 채우기(흰색)
• 데이터 서식 : 증가율(%) 계열을 표식이 있는
  꺾은선형으로 변경 후 보조축으로 지정
• 값 표시 : 2021년의 NFT 시장 규모 계열만

① 도형 삽입
– 스타일 : 미세 효과 – 파랑, 강조 1
– 글꼴 : 굴림, 18pt

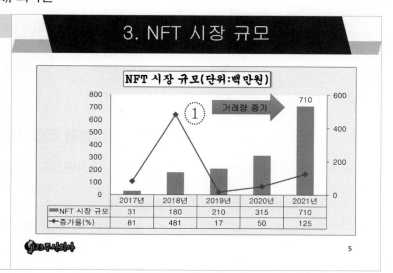

---

(1) 슬라이드와 같이 도형 및 스마트아트를 배치한다(글꼴 : 돋움, 18pt).
(2) 애니메이션 순서 : ① ⇒ ②

세부조건

① 도형 및 스마트아트 편집
– 스마트아트 디자인 :
  3차원 벽돌,
  3차원 경사
– 그룹화 후 애니메이션 효과 :
  바운드

② 도형 편집
– 그룹화 후 애니메이션 효과 :
  닦아내기(오른쪽에서)

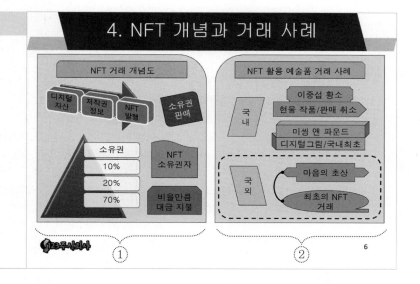

모의고사 6회

CHAPTER
06

▶ 합격 강의

정답파일 Part 3 모의고사₩모의고사 6회 답안.pptx

과목	코드	문제유형	시험시간	수험번호	성명
한글파워포인트	1142	A	60분	20242006	홍길동

수험자 유의사항

- 수험자는 문제지를 받는 즉시 문제지와 **수험표상의 시험과목(프로그램)이 동일한지 반드시 확인**하여야 합니다.
- 파일명은 본인의 "수험번호-성명"으로 입력하여 답안폴더(내 PC₩문서₩ITQ)에 하나의 파일로 저장해야 하며, 답안문서 파일명이 "수험번호-성명"과 일치하지 않거나, 답안파일을 전송하지 않아 미제출로 처리될 경우 실격 처리합니다(예:12345678-홍길동.pptx).
- 답안 작성을 마치면 파일을 저장하고, '답안 전송' 버튼을 선택하여 감독위원 PC로 답안을 전송하십시오. 수험생 정보와 저장한 파일명이 다를 경우 전송되지 않으므로 주의하시기 바랍니다.
- 답안 작성 중에도 **주기적으로 저장하고, '답안 전송'**하여야 문제 발생을 줄일 수 있습니다. 작업한 내용을 저장하지 않고 전송할 경우 이전에 저장된 내용이 전송되니 이점 유의하시기 바랍니다.
- 답안문서는 지정된 경로 외의 다른 보조기억장치에 저장하는 경우, 지정된 시험 시간 외에 작성된 파일을 활용할 경우, 기타 통신수단(이메일, 메신저, 네트워크 등)을 이용하여 타인에게 전달 또는 외부 반출하는 경우는 부정 처리합니다.
- 시험 중 부주의 또는 고의로 시스템을 파손한 경우는 수험자가 변상해야 하며, 〈수험자 유의사항〉에 기재된 방법대로 이행하지 않아 생기는 불이익은 수험생 당사자의 책임임을 알려 드립니다.
- 문제의 조건은 MS오피스 2016 버전으로 설정되어 있으니 유의하시기 바랍니다.
- 시험을 완료한 수험자는 답안파일이 전송되었는지 확인한 후 감독위원의 지시에 따라 문제지를 제출하고 퇴실합니다.

답안 작성요령

- 온라인 답안 작성 절차
  수험자 등록 ⇒ 시험 시작 ⇒ 답안파일 저장 ⇒ 답안 전송 ⇒ 시험 종료
- 슬라이드의 크기는 A4 Paper로 설정하여 작성합니다.
- 슬라이드의 총 개수는 6개로 구성되어 있으며 슬라이드 1부터 순서대로 작업하고 반드시 문제와 세부 조건대로 합니다.
- 별도의 지시사항이 없는 경우 출력형태를 참조하여 글꼴색은 검정 또는 흰색으로 작성하고, 기타사항은 전체적인 균형을 고려하여 작성합니다.
- 슬라이드 도형 및 개체에 출력형태와 다른 스타일(그림자, 외곽선 등)을 적용했을 경우 감점처리 됩니다.
- 슬라이드 번호를 작성합니다(슬라이드 1에는 생략).
- 2~6번 슬라이드 제목 도형과 하단 로고는 슬라이드 마스터를 이용하여 출력형태와 동일하게 작성합니다(슬라이드 1에는 생략).
- 문제와 세부조건, 세부조건 번호 ○(점선원)는 입력하지 않습니다.
- 각 개체의 위치는 오른쪽의 슬라이드와 동일하게 구성합니다.
- 그림 삽입 문제의 경우 반드시 「내 PC₩문서₩ITQ₩Picture」 폴더에서 정확한 파일을 선택하여 삽입하십시오.
- 각 슬라이드를 각각의 파일로 작업해서 저장할 경우 실격 처리됩니다.

(1) 슬라이드 크기 및 순서 : 크기를 A4 용지로 설정하고 슬라이드 순서에 맞게 작성한다.
(2) 슬라이드 마스터 : 2~6슬라이드의 제목, 하단 로고, 슬라이드 번호는 슬라이드 마스터를 이용하여 작성한다.
  − 제목 글꼴(굴림, 40pt, 흰색), 가운데 맞춤, 도형(선 없음)
  − 하단 로고(「내 PC₩문서₩ITQ₩Picture₩로고2.jpg」, 배경(회색) 투명색으로 설정)

슬라이드 ❶ 표지 디자인 **40**점

(1) 표지 디자인 : 도형, 워드아트 및 그림을 이용하여 작성한다.

세부조건	

① 도형 편집
− 도형에 그림 채우기 :
  「내 PC₩문서₩ITQ₩Picture₩그림1.jpg」,
  투명도 50%
− 도형 효과 : (부드러운 가장자리 5포인트)
 	
② 워드아트 삽입
− 변환 : 위로 기울기
− 글꼴 : 돋움, 굵게
− 텍스트 반사 : 근접 반사, 4pt 오프셋
 	
③ 그림 삽입
− 「내 PC₩문서₩ITQ₩Picture₩로고2.jpg」
− 배경(회색) 투명색으로 설정

슬라이드 ❷ 목차 슬라이드 **60**점

(1) 출력형태와 같이 도형을 이용하여 목차를 작성한다(글꼴 : 굴림, 24pt).   (2) 도형 : 선 없음

세부조건	
① 텍스트에 하이퍼링크 적용 → '슬라이드 6' ② 그림 삽입 − 「내 PC₩문서₩ITQ₩Picture₩그림5.jpg」 − 자르기 기능 이용	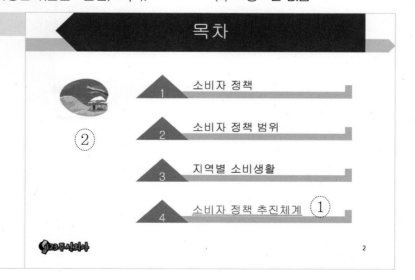

텍스트/동영상 슬라이드 **60**점

(1) 텍스트 작성 : 글머리 기호 사용(➤, ■)
  ➤ 문단(돋움, 24pt, 굵게, 줄간격 : 1.5줄), ■ 문단(돋움, 20pt, 줄간격 : 1.5줄)

세부조건	

① 동영상 삽입 :
– 「내 PC\문서\ITQ\Picture\동영상.wmv」
– 자동실행, 반복재생 설정
	1. 소비자 정책
	
	➤ **Consumer law**
	  ■ Consumer law is considered as an area of law that regulates private law relationships between individual consumers and the businesses that sell those goods
	
	➤ **소비자 정책**
	  ■ 정부가 법과 제도 등을 통하여 시장에 개입하는 일련의 과정
	  ■ 보호론적 관점에서 소비자가 자주적으로 문제를 해결할 수 있도록 지원해 주는 주권론적 관점으로 패러다임이 전환
	3

표 슬라이드 **80**점

(1) 도형과 표 작성 기능을 이용하여 슬라이드를 작성한다(글꼴 : 굴림, 18pt).

세부조건	

① 상단 도형 :
  2개 도형의 조합으로 작성
 	
② 좌측 도형 :
  그라데이션 효과(선형 아래쪽)
 	
③ 표 스타일 :
  테마 스타일 1 – 강조 5
	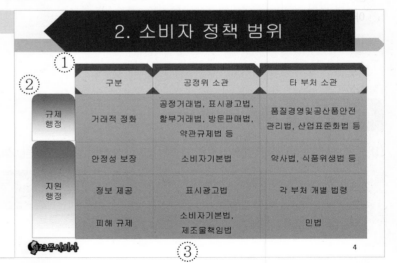

2. 소비자 정책 범위

구분		공정위 소관	타 부처 소관
규제 행정	거래적 정화	공정거래법, 표시광고법, 할부거래법, 방문판매법, 약관규제법 등	품질경영및공산품안전 관리법, 산업표준화법 등
	안정성 보장	소비자기본법	약사법, 식품위생법 등
지원 행정	정보 제공	표시광고법	각 부처 개별 법령
	피해 규제	소비자기본법, 제조물책임법	민법

슬라이드 ❺ 차트 슬라이드   100점

(1) 차트 작성 기능을 이용하여 슬라이드를 작성한다.

(2) 차트 : 종류(묶은 세로 막대형), 글꼴(돋움, 16pt), 외곽선

세부조건	
※ 차트설명	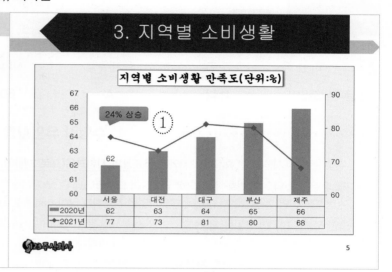

* 차트제목 : 궁서, 24pt, 굵게, 채우기(흰색), 테두리, 그림자(오프셋 오른쪽)
* 차트영역 : 채우기(노랑) 그림영역 : 채우기(흰색)
* 데이터 서식 : 2021년 계열을 표식이 있는 꺾은선형으로 변경 후 보조축으로 지정
* 값 표시 : 서울의 2020년 계열만 표시

① 도형 삽입
 - 스타일 : 미세 효과 – 파랑, 강조 1
 - 글꼴 : 굴림, 18pt

슬라이드 ❻ 도형 슬라이드   100점

(1) 슬라이드와 같이 도형 및 스마트아트를 배치한다(글꼴 : 돋움, 18pt).

(2) 애니메이션 순서 : ① ⇒ ②

세부조건	
① 도형 및 스마트아트 편집	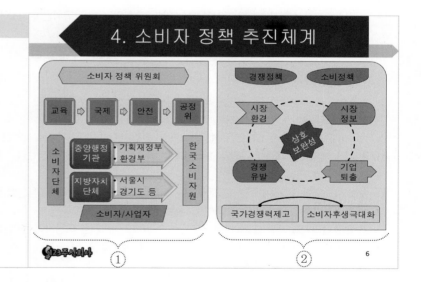

① 도형 및 스마트아트 편집
 - 스마트아트 디자인 : 3차원 만화, 3차원 경사
 - 그룹화 후 애니메이션 효과 : 바운드

② 도형 편집
 - 그룹화 후 애니메이션 효과 : 닦아내기(오른쪽에서)

모의고사 7회

▶ 합격 강의

정답파일 Part 3 모의고사₩모의고사 7회 답안.pptx

과목	코드	문제유형	시험시간	수험번호	성명
한글파워포인트	1142	A	60분	20242007	홍길동

수험자 유의사항

- 수험자는 문제지를 받는 즉시 문제지와 **수험표상의 시험과목(프로그램)이 동일한지 반드시 확인**하여야 합니다.
- 파일명은 본인의 "수험번호−성명"으로 입력하여 답안폴더(내 PC₩문서₩ITQ)에 하나의 파일로 저장해야 하며, 답안문서 파일명이 "수험번호−성명"과 일치하지 않거나, 답안파일을 전송하지 않아 미제출로 처리될 경우 실격 처리합니다(예:12345678−홍길동.pptx).
- 답안 작성을 마치면 파일을 저장하고, '답안 전송' 버튼을 선택하여 감독위원 PC로 답안을 전송하십시오. 수험생 정보와 저장한 파일명이 다를 경우 전송되지 않으므로 주의하시기 바랍니다.
- 답안 작성 중에도 **주기적으로 저장하고, '답안 전송'**하여야 문제 발생을 줄일 수 있습니다. 작업한 내용을 저장하지 않고 전송할 경우 이전에 저장된 내용이 전송되니 이점 유의하시기 바랍니다.
- 답안문서는 지정된 경로 외의 다른 보조기억장치에 저장하는 경우, 지정된 시험 시간 외에 작성된 파일을 활용할 경우, 기타 통신수단(이메일, 메신저, 네트워크 등)을 이용하여 타인에게 전달 또는 외부 반출하는 경우는 부정 처리합니다.
- 시험 중 부주의 또는 고의로 시스템을 파손한 경우는 수험자가 변상해야 하며, 〈수험자 유의사항〉에 기재된 방법대로 이행하지 않아 생기는 불이익은 수험생 당사자의 책임임을 알려 드립니다.
- 문제의 조건은 MS오피스 2016 버전으로 설정되어 있으니 유의하시기 바랍니다.
- 시험을 완료한 수험자는 답안파일이 전송되었는지 확인한 후 감독위원의 지시에 따라 문제지를 제출하고 퇴실합니다.

답안 작성요령

- 온라인 답안 작성 절차
  수험자 등록 ⇒ 시험 시작 ⇒ 답안파일 저장 ⇒ 답안 전송 ⇒ 시험 종료
- 슬라이드의 크기는 A4 Paper로 설정하여 작성합니다.
- 슬라이드의 총 개수는 6개로 구성되어 있으며 슬라이드 1부터 순서대로 작업하고 반드시 문제와 세부 조건대로 합니다.
- 별도의 지시사항이 없는 경우 출력형태를 참조하여 글꼴색은 검정 또는 흰색으로 작성하고, 기타사항은 전체적인 균형을 고려하여 작성합니다.
- 슬라이드 도형 및 개체에 출력형태와 다른 스타일(그림자, 외곽선 등)을 적용했을 경우 감점처리 됩니다.
- 슬라이드 번호를 작성합니다(슬라이드 1에는 생략).
- 2~6번 슬라이드 제목 도형과 하단 로고는 슬라이드 마스터를 이용하여 출력형태와 동일하게 작성합니다(슬라이드 1에는 생략).
- 문제와 세부조건, 세부조건 번호 ◯(점선원)는 입력하지 않습니다.
- 각 개체의 위치는 오른쪽의 슬라이드와 동일하게 구성합니다.
- 그림 삽입 문제의 경우 반드시 「내 PC₩문서₩ITQ₩Picture」 폴더에서 정확한 파일을 선택하여 삽입하십시오.
- 각 슬라이드를 각각의 파일로 작업해서 저장할 경우 실격 처리됩니다.

(1) 슬라이드 크기 및 순서 : 크기를 A4 용지로 설정하고 슬라이드 순서에 맞게 작성한다.
(2) 슬라이드 마스터 : 2~6슬라이드의 제목, 하단 로고, 슬라이드 번호는 슬라이드 마스터를 이용하여 작성한다.
  - 제목 글꼴(돋움, 40pt, 흰색), 가운데 맞춤, 도형(선 없음)
  - 하단 로고(「내 PC₩문서₩ITQ₩Picture₩로고3.jpg」, 배경(연보라) 투명색으로 설정)

슬라이드 ❶ 표지 디자인 **40**점

(1) 표지 디자인 : 도형, 워드아트 및 그림을 이용하여 작성한다.

세부조건	
① 도형 편집 - 도형에 그림 채우기 : 「내 PC₩문서₩ITQ₩Picture₩그림3.jpg」, 투명도 50% - 도형 효과 : (부드러운 가장자리 5포인트) ② 워드아트 삽입 - 변환 : 위로 기울기 - 글꼴 : 굴림, 굵게 - 텍스트 반사 : 근접 반사, 8pt 오프셋 ③ 그림 삽입 - 「내 PC₩문서₩ITQ₩Picture₩로고3.jpg」 - 배경(회색) 투명색으로 설정	

슬라이드 ❷ 목차 슬라이드 **60**점

(1) 출력형태와 같이 도형을 이용하여 목차를 작성한다(글꼴 : 굴림, 24pt). (2) 도형 : 선 없음

세부조건	
① 텍스트에 하이퍼링크 적용 → '슬라이드 4' ② 그림 삽입 - 「내 PC₩문서₩ITQ₩Picture₩그림4.jpg」 - 자르기 기능 이용	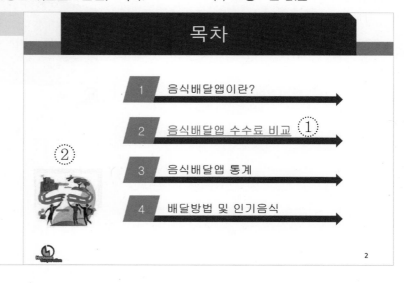

슬라이드 ❸ 텍스트/동영상 슬라이드 · 60점

(1) 텍스트 작성 : 글머리 기호 사용(➤, ✓)

➤ 문단(굴림, 24pt, 굵게, 줄간격 : 1.5줄), ✓ 문단(굴림, 20pt, 줄간격 : 1.5줄)

세부조건
① 동영상 삽입 : – 「내 PC₩문서₩ITQ₩Picture₩동영상.wmv」 – 자동실행, 반복재생 설정

1. 음식배달앱이란?

➤ **Food Delivery Apps**

  ✓ Smartphone apps for food delivery and grocery pickup

  ✓ Food delivery aided through smartphone apps has emerged as one of the fast-growing developments in the e-commerce space

➤ **음식배달앱**

  ✓ 스마트폰의 응용프로그램인 앱과 음식 배달이 융합되어 소비자에게 손쉽게 외식 상품을 이용할 수 있도록 등장한 배달 서비스 프로그램으로 생필품 등 배달 상품 범위 확대 중

3

슬라이드 ❹ 표 슬라이드 · 80점

(1) 도형과 표 작성 기능을 이용하여 슬라이드를 작성한다(글꼴 : 돋움, 18pt).

세부조건
① 상단 도형 :   2개 도형의 조합으로 작성
② 좌측 도형 :   그라데이션 효과(선형 아래쪽)
③ 표 스타일 :   테마 스타일 1 – 강조 6

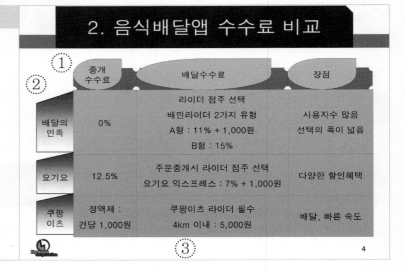

2. 음식배달앱 수수료 비교

	중개 수수료	배달수수료	장점
배달의 민족	0%	라이더 점주 선택 배민라이더 2가지 유형 A형 : 11% + 1,000원 B형 : 15%	사용자수 많음 선택의 폭이 넓음
요기요	12.5%	주문중개시 라이더 점주 선택 요기요 익스프레스 : 7% + 1,000원	다양한 할인혜택
쿠팡 이츠	정액제 : 건당 1,000원	쿠팡이츠 라이더 필수 4km 이내 : 5,000원	배달, 빠른 속도

4

(1) 차트 작성 기능을 이용하여 슬라이드를 작성한다.
(2) 차트 : 종류(묶은 세로 막대형), 글꼴(돋움, 16pt), 외곽선

세부조건	

※ 차트설명
• 차트제목 : 굴림, 24pt, 굵게,
  채우기(흰색), 테두리, 그림자(오프셋 아래쪽)
• 차트영역 : 채우기(노랑)
  그림영역 : 채우기(흰색)
• 데이터 서식 : 점유율(%) 계열을 표식이 있는
  꺾은선형으로 변경 후 보조축으로 지정
• 값 표시 : 위메프의 정보량 계열만 표시

① 도형 삽입
 – 스타일 : 미세 효과 – 파랑, 강조 1
 – 글꼴 : 돋움, 18pt

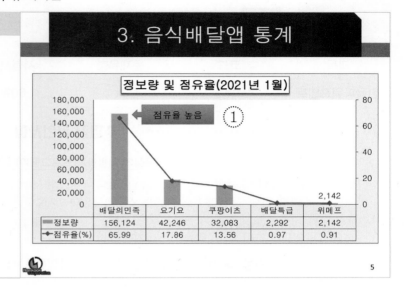

슬라이드 ⑥	도형 슬라이드	100점

(1) 슬라이드와 같이 도형 및 스마트아트를 배치한다(글꼴 : 굴림, 18pt).
(2) 애니메이션 순서 : ① ⇒ ②

세부조건	

① 도형 및 스마트아트 편집
 – 스마트아트 디자인 :
   3차원 벽돌,
   3차원 경사
 – 그룹화 후 애니메이션 효과 :
   닦아내기(왼쪽에서)

② 도형 편집
 – 그룹화 후 애니메이션 효과 :
   회전

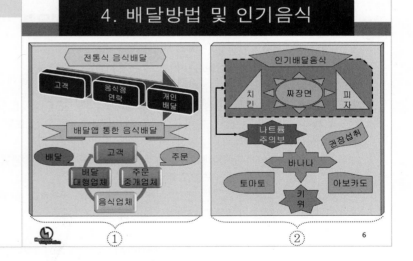

▶ 합격 강의

정답파일 Part 3 모의고사₩모의고사 8회 답안.pptx

과목	코드	문제유형	시험시간	수험번호	성명
한글파워포인트	1142	A	60분	20242008	홍길동

수험자 유의사항

- 수험자는 문제지를 받는 즉시 문제지와 **수험표상의 시험과목(프로그램)이 동일한지 반드시 확인**하여야 합니다.
- 파일명은 본인의 "수험번호-성명"으로 입력하여 답안폴더(내 PC₩문서₩ITQ)에 하나의 파일로 저장해야 하며, 답안문서 파일명이 "수험번호-성명"과 일치하지 않거나, 답안파일을 전송하지 않아 미제출로 처리될 경우 실격 처리합니다(예:12345678-홍길동.pptx).
- 답안 작성을 마치면 파일을 저장하고, '답안 전송' 버튼을 선택하여 감독위원 PC로 답안을 전송하십시오. 수험생 정보와 저장한 파일명이 다를 경우 전송되지 않으므로 주의하시기 바랍니다.
- 답안 작성 중에도 **주기적으로 저장하고, '답안 전송'**하여야 문제 발생을 줄일 수 있습니다. 작업한 내용을 저장하지 않고 전송할 경우 이전에 저장된 내용이 전송되니 이점 유의하시기 바랍니다.
- 답안문서는 지정된 경로 외의 다른 보조기억장치에 저장하는 경우, 지정된 시험 시간 외에 작성된 파일을 활용할 경우, 기타 통신수단(이메일, 메신저, 네트워크 등)을 이용하여 타인에게 전달 또는 외부 반출하는 경우는 부정 처리합니다.
- 시험 중 부주의 또는 고의로 시스템을 파손한 경우는 수험자가 변상해야 하며, 〈수험자 유의사항〉에 기재된 방법대로 이행하지 않아 생기는 불이익은 수험생 당사자의 책임임을 알려 드립니다.
- 문제의 조건은 MS오피스 2016 버전으로 설정되어 있으니 유의하시기 바랍니다.
- 시험을 완료한 수험자는 답안파일이 전송되었는지 확인한 후 감독위원의 지시에 따라 문제지를 제출하고 퇴실합니다.

답안 작성요령

- 온라인 답안 작성 절차
  수험자 등록 ⇒ 시험 시작 ⇒ 답안파일 저장 ⇒ 답안 전송 ⇒ 시험 종료
- 슬라이드의 크기는 A4 Paper로 설정하여 작성합니다.
- 슬라이드의 총 개수는 6개로 구성되어 있으며 슬라이드 1부터 순서대로 작업하고 반드시 문제와 세부 조건대로 합니다.
- 별도의 지시사항이 없는 경우 출력형태를 참조하여 글꼴색은 검정 또는 흰색으로 작성하고, 기타사항은 전체적인 균형을 고려하여 작성합니다.
- 슬라이드 도형 및 개체에 출력형태와 다른 스타일(그림자, 외곽선 등)을 적용했을 경우 감점처리 됩니다.
- 슬라이드 번호를 작성합니다(슬라이드 1에는 생략).
- 2~6번 슬라이드 제목 도형과 하단 로고는 슬라이드 마스터를 이용하여 출력형태와 동일하게 작성합니다(슬라이드 1에는 생략).
- 문제와 세부조건, 세부조건 번호 ◯(점선원)는 입력하지 않습니다.
- 각 개체의 위치는 오른쪽의 슬라이드와 동일하게 구성합니다.
- 그림 삽입 문제의 경우 반드시 「내 PC₩문서₩ITQ₩Picture」 폴더에서 정확한 파일을 선택하여 삽입하십시오.
- 각 슬라이드를 각각의 파일로 작업해서 저장할 경우 실격 처리됩니다.

전체구성		**60**점

(1) 슬라이드 크기 및 순서 : 크기를 A4 용지로 설정하고 슬라이드 순서에 맞게 작성한다.
(2) 슬라이드 마스터 : 2~6슬라이드의 제목, 하단 로고, 슬라이드 번호는 슬라이드 마스터를 이용하여 작성한다.
  – 제목 글꼴(돋움, 40pt, 흰색), 가운데 맞춤, 도형(선 없음)
  – 하단 로고(「내 PC\문서\ITQ\Picture\로고3.jpg」, 배경(연보라) 투명색으로 설정)

슬라이드 ❶	표지 디자인	**40**점

(1) 표지 디자인 : 도형, 워드아트 및 그림을 이용하여 작성한다.

세부조건
① 도형 편집
– 도형에 그림 채우기 :
「내 PC\문서\ITQ\Picture\그림3.jpg」,
투명도 50%
– 도형 효과 : (부드러운 가장자리 5포인트)
② 워드아트 삽입
– 변환 : 위로 기울기
– 글꼴 : 굴림, 굵게
– 텍스트 반사 : 전체 반사, 터치
③ 그림 삽입
– 「내문서\ITQ\Picture\로고3.jpg」
– 배경(회색) 투명색으로 설정

슬라이드 ❷	목차 슬라이드	**60**점

(1) 출력형태와 같이 도형을 이용하여 목차를 작성한다(글꼴 : 굴림, 24pt).　　(2) 도형 : 선 없음

세부조건
① 텍스트에 하이퍼링크 적용
→ '슬라이드 4'
② 그림 삽입
– 「내 PC\문서\ITQ\Picture\그림4.jpg」
– 자르기 기능 이용

(1) 텍스트 작성 : 글머리 기호 사용(➤, ✓)
  ➤ 문단(굴림, 24pt, 굵게, 줄간격 : 1.5줄), ✓ 문단(굴림, 20pt, 줄간격 : 1.5줄)

세부조건
① 동영상 삽입 :   – 「내 PC₩문서₩ITQ₩Picture₩동영상.wmv」   – 자동실행, 반복재생 설정

(1) 도형과 표 작성 기능을 이용하여 슬라이드를 작성한다(글꼴 : 돋움, 18pt).

세부조건
① 상단 도형 :   2개 도형의 조합으로 작성   ② 좌측 도형 :   그라데이션 효과(선형 아래쪽)   ③ 표 스타일 :   테마 스타일 1 – 강조 6

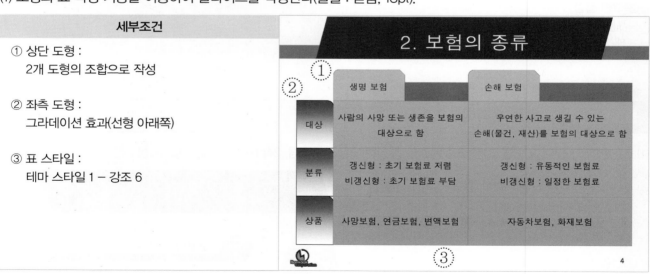

슬라이드 ❺	차트 슬라이드	100점

(1) 차트 작성 기능을 이용하여 슬라이드를 작성한다.
(2) 차트 : 종류(묶은 세로 막대형), 글꼴(돋움, 16pt), 외곽선

세부조건	
※ 차트설명	

* 차트제목 : 굴림, 24pt, 굵게, 채우기(흰색), 테두리, 그림자(오프셋 아래쪽)
* 차트영역 : 채우기(노랑) 그림영역 : 채우기(흰색)
* 데이터 서식 : 총 납입금액 계열을 표식이 있는 꺾은선형으로 변경 후 보조축으로 지정
* 값 표시 : 35년의 월 납입금액 계열만 표시

① 도형 삽입
– 스타일 : 미세 효과 – 파랑, 강조 1
– 글꼴 : 돋움, 18pt

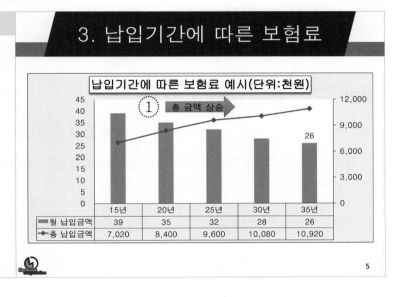

슬라이드 ❻	도형 슬라이드	100점

(1) 슬라이드와 같이 도형 및 스마트아트를 배치한다(글꼴 : 굴림, 18pt).
(2) 애니메이션 순서 : ① ⇒ ②

세부조건	

① 도형 및 스마트아트 편집
– 스마트아트 디자인 : 3차원 광택 처리, 3차원 경사
– 그룹화 후 애니메이션 효과 : 닦아내기(왼쪽에서)

② 도형 편집
– 그룹화 후 애니메이션 효과 : 회전

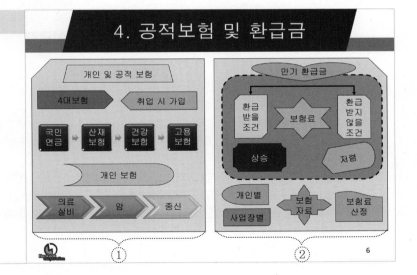

모의고사 9회

정답파일 Part 3 모의고사₩모의고사 9회 답안.pptx

과목	코드	문제유형	시험시간	수험번호	성명
한글파워포인트	1142	A	60분	20242009	홍길동

수험자 유의사항

- 수험자는 문제지를 받는 즉시 문제지와 **수험표상의 시험과목(프로그램)이 동일한지 반드시 확인**하여야 합니다.
- 파일명은 본인의 "수험번호–성명"으로 입력하여 답안폴더(내 PC₩문서₩ITQ)에 하나의 파일로 저장해야 하며, 답안문서 파일명이 "수험번호–성명"과 일치하지 않거나, 답안파일을 전송하지 않아 미제출로 처리될 경우 실격 처리합니다(예:12345678–홍길동.pptx).
- 답안 작성을 마치면 파일을 저장하고, '답안 전송' 버튼을 선택하여 감독위원 PC로 답안을 전송하십시오. 수험생 정보와 저장한 파일명이 다를 경우 전송되지 않으므로 주의하시기 바랍니다.
- 답안 작성 중에도 **주기적으로 저장하고, '답안 전송'**하여야 문제 발생을 줄일 수 있습니다. 작업한 내용을 저장하지 않고 전송할 경우 이전에 저장된 내용이 전송되니 이점 유의하시기 바랍니다.
- 답안문서는 지정된 경로 외의 다른 보조기억장치에 저장하는 경우, 지정된 시험 시간 외에 작성된 파일을 활용할 경우, 기타 통신수단(이메일, 메신저, 네트워크 등)을 이용하여 타인에게 전달 또는 외부 반출하는 경우는 부정 처리합니다.
- 시험 중 부주의 또는 고의로 시스템을 파손한 경우는 수험자가 변상해야 하며, 〈수험자 유의사항〉에 기재된 방법대로 이행하지 않아 생기는 불이익은 수험생 당사자의 책임임을 알려 드립니다.
- 문제의 조건은 MS오피스 2016 버전으로 설정되어 있으니 유의하시기 바랍니다.
- 시험을 완료한 수험자는 답안파일이 전송되었는지 확인한 후 감독위원의 지시에 따라 문제지를 제출하고 퇴실합니다.

답안 작성요령

- 온라인 답안 작성 절차
  수험자 등록 ⇒ 시험 시작 ⇒ 답안파일 저장 ⇒ 답안 전송 ⇒ 시험 종료
- 슬라이드의 크기는 A4 Paper로 설정하여 작성합니다.
- 슬라이드의 총 개수는 6개로 구성되어 있으며 슬라이드 1부터 순서대로 작업하고 반드시 문제와 세부 조건대로 합니다.
- 별도의 지시사항이 없는 경우 출력형태를 참조하여 글꼴색은 검정 또는 흰색으로 작성하고, 기타사항은 전체적인 균형을 고려하여 작성합니다.
- 슬라이드 도형 및 개체에 출력형태와 다른 스타일(그림자, 외곽선 등)을 적용했을 경우 감점처리 됩니다.
- 슬라이드 번호를 작성합니다(슬라이드 1에는 생략).
- 2~6번 슬라이드 제목 도형과 하단 로고는 슬라이드 마스터를 이용하여 출력형태와 동일하게 작성합니다(슬라이드 1에는 생략).
- 문제와 세부조건, 세부조건 번호 ○(점선원)는 입력하지 않습니다.
- 각 개체의 위치는 오른쪽의 슬라이드와 동일하게 구성합니다.
- 그림 삽입 문제의 경우 반드시 「내 PC₩문서₩ITQ₩Picture」 폴더에서 정확한 파일을 선택하여 삽입하십시오.
- 각 슬라이드를 각각의 파일로 작업해서 저장할 경우 실격 처리됩니다.

전체구성 60점

(1) 슬라이드 크기 및 순서 : 크기를 A4 용지로 설정하고 슬라이드 순서에 맞게 작성한다.
(2) 슬라이드 마스터 : 2∼6슬라이드의 제목, 하단 로고, 슬라이드 번호는 슬라이드 마스터를 이용하여 작성한다.
　　 – 제목 글꼴(굴림, 40pt, 흰색), 가운데 맞춤, 도형(선 없음)
　　 – 하단 로고(「내 PC\문서\ITQ\Picture\로고3.jpg」, 배경(연보라색) 투명색으로 설정)

슬라이드 ❶　표지 디자인 40점

(1) 표지 디자인 : 도형, 워드아트 및 그림을 이용하여 작성한다.

세부조건
① 도형 편집 – 도형에 그림 채우기 : 　「내 PC\문서\ITQ\Picture\그림3.jpg」, 　투명도 50% – 도형 효과 : (부드러운 가장자리 5포인트) ② 워드아트 삽입 – 변환 : 역삼각형 – 글꼴 : 돋움, 굵게 – 텍스트 반사 : 전체 반사, 터치 ③ 그림 삽입 –「내 PC\문서\ITQ\Picture\로고3.jpg」 – 배경(연보라색) 투명색으로 설정

슬라이드 ❷　목차 슬라이드 60점

(1) 출력형태와 같이 도형을 이용하여 목차를 작성한다(글꼴 : 돋움, 24pt).　　　(2) 도형 : 선 없음

세부조건
① 텍스트에 하이퍼링크 적용 　→ '슬라이드 3' ② 그림 삽입 –「내 PC\문서\ITQ\Picture\그림4.jpg」 – 자르기 기능 이용

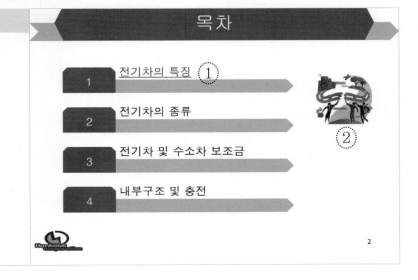

텍스트/동영상 슬라이드 **60**점

(1) 텍스트 작성 : 글머리 기호 사용(➢, ◆)
➢ 문단(굴림, 24pt, 굵게, 줄간격 : 1.5줄), ◆ 문단(굴림, 20pt, 줄간격 : 1.5줄)

세부조건	
① 동영상 삽입 : – 「내 PC₩문서₩ITQ₩Picture₩동영상.wmv」 – 자동실행, 반복재생 설정	

1. 전기차의 특징

➢ **Advantages of Electric Vehicle**
  ◆ Because electric motors are used, they can be accelerated quick and smoothly, are very quiet, and do not emit any pollutants while driving

①

➢ **전기차 개요**
  ◆ 전기 공급원으로부터 충전 받은 전기에너지를 동력원으로 사용하며 21세기에 들어서면서 자동차의 미래로 주목 받고 있음
  ◆ 하이브리드 자동차, 수소차 등과 함께 환경친화적 자동차 중 하나

3

표 슬라이드 **80**점

(1) 도형과 표 작성 기능을 이용하여 슬라이드를 작성한다(글꼴 : 굴림, 18pt).

세부조건	
① 상단 도형 : 　2개 도형의 조합으로 작성 ② 좌측 도형 : 　그라데이션 효과(선형 아래쪽) ③ 표 스타일 : 　테마 스타일 1 – 강조 6	

2. 전기차의 종류

① ②

	전기 자동차	하이브리드 자동차	플러그인 하이브리드 자동차
구동원	모터	엔진+모터(보조동력)	모터, 엔진(방전 시)
에너지원	전기	전기, 화학연료	전기, 화학연료(방전 시)
특징	충전된 전기 에너지만으로 주행, 무공해 차량	주행 조건별 엔진과 모터를 조합한 최적운행으로 연비 향상	단거리는 전기로만 주행, 장거리 주행 시 엔진 사용

③ 4

슬라이드 ❺ **차트 슬라이드** **100**점

(1) 차트 작성 기능을 이용하여 슬라이드를 작성한다.
(2) 차트 : 종류(묶은 세로 막대형), 글꼴(돋움, 16pt), 외곽선

세부조건

※ 차트설명
• 차트제목 : 굴림, 24pt, 굵게,
  채우기(흰색), 테두리, 그림자(오프셋 오른쪽)
• 차트영역 : 채우기(노랑)
  그림영역 : 채우기(흰색)
• 데이터 서식 : 수소차(만원) 계열을 표식이 있는 꺾
  은선형으로 변경 후 보조축으로 지정
• 값 표시 : 대전광역시의 전기차(만원) 계열만

① 도형 삽입
 – 스타일 : 미세 효과 – 파랑, 강조 1
 – 글꼴 : 굴림, 18pt

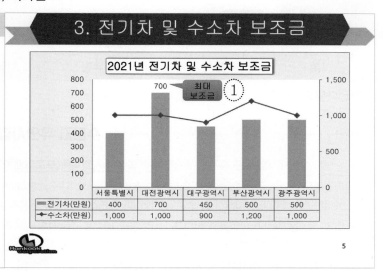

슬라이드 ❻ **도형 슬라이드** **100**점

(1) 슬라이드와 같이 도형 및 스마트아트를 배치한다(글꼴 : 돋움, 18pt).
(2) 애니메이션 순서 : ① ⇒ ②

세부조건

① 도형 및 스마트아트 편집
 – 그룹화 후 애니메이션 효과 :
   날아오기(오른쪽에서)

② 도형 및 스마트아트 편집
 – 스마트아트 디자인 :
   3차원 만화, 3차원 경사
 – 그룹화 후 애니메이션 효과 :
   회전

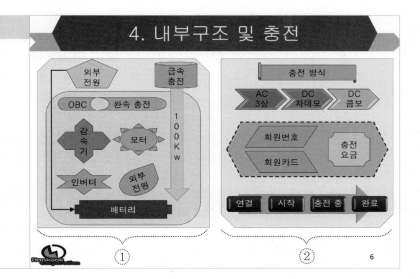

정답파일 Part 3 모의고사₩모의고사 10회 답안.pptx

과목	코드	문제유형	시험시간	수험번호	성명
한글파워포인트	1142	A	60분	20242010	홍길동

······· **수험자 유의사항** ········

- 수험자는 문제지를 받는 즉시 문제지와 **수험표상의 시험과목(프로그램)이 동일한지 반드시 확인**하여야 합니다.
- 파일명은 본인의 "수험번호-성명"으로 입력하여 답안폴더(내 PC₩문서₩ITQ)에 하나의 파일로 저장해야 하며, 답안문서 파일명이 "수험번호-성명"과 일치하지 않거나, 답안파일을 전송하지 않아 미제출로 처리될 경우 실격 처리합니다(예:12345678-홍길동.pptx).
- 답안 작성을 마치면 파일을 저장하고, '답안 전송' 버튼을 선택하여 감독위원 PC로 답안을 전송하십시오. 수험생 정보와 저장한 파일명이 다를 경우 전송되지 않으므로 주의하시기 바랍니다.
- 답안 작성 중에도 **주기적으로 저장하고, '답안 전송'**하여야 문제 발생을 줄일 수 있습니다. 작업한 내용을 저장하지 않고 전송할 경우 이전에 저장된 내용이 전송되니 이점 유의하시기 바랍니다.
- 답안문서는 지정된 경로 외의 다른 보조기억장치에 저장하는 경우, 지정된 시험 시간 외에 작성된 파일을 활용할 경우, 기타 통신수단(이메일, 메신저, 네트워크 등)을 이용하여 타인에게 전달 또는 외부 반출하는 경우는 부정 처리합니다.
- 시험 중 부주의 또는 고의로 시스템을 파손한 경우는 수험자가 변상해야 하며, 〈수험자 유의사항〉에 기재된 방법대로 이행하지 않아 생기는 불이익은 수험생 당사자의 책임임을 알려 드립니다.
- 문제의 조건은 MS오피스 2016 버전으로 설정되어 있으니 유의하시기 바랍니다.
- 시험을 완료한 수험자는 답안파일이 전송되었는지 확인한 후 감독위원의 지시에 따라 문제지를 제출하고 퇴실합니다.

·········· **답안 작성요령** ··········

- 온라인 답안 작성 절차
  수험자 등록 ⇒ 시험 시작 ⇒ 답안파일 저장 ⇒ 답안 전송 ⇒ 시험 종료
- 슬라이드의 크기는 A4 Paper로 설정하여 작성합니다.
- 슬라이드의 총 개수는 6개로 구성되어 있으며 슬라이드 1부터 순서대로 작업하고 반드시 문제와 세부 조건대로 합니다.
- 별도의 지시사항이 없는 경우 출력형태를 참조하여 글꼴색은 검정 또는 흰색으로 작성하고, 기타사항은 전체적인 균형을 고려하여 작성합니다.
- 슬라이드 도형 및 개체에 출력형태와 다른 스타일(그림자, 외곽선 등)을 적용했을 경우 감점처리 됩니다.
- 슬라이드 번호를 작성합니다(슬라이드 1에는 생략).
- 2~6번 슬라이드 제목 도형과 하단 로고는 슬라이드 마스터를 이용하여 출력형태와 동일하게 작성합니다(슬라이드 1에는 생략).
- 문제와 세부조건, 세부조건 번호 ○(점선원)는 입력하지 않습니다.
- 각 개체의 위치는 오른쪽의 슬라이드와 동일하게 구성합니다.
- 그림 삽입 문제의 경우 반드시 「내 PC₩문서₩ITQ₩Picture」 폴더에서 정확한 파일을 선택하여 삽입하십시오.
- 각 슬라이드를 각각의 파일로 작업해서 저장할 경우 실격 처리됩니다.

(1) 슬라이드 크기 및 순서 : 크기를 A4 용지로 설정하고 슬라이드 순서에 맞게 작성한다.
(2) 슬라이드 마스터 : 2~6슬라이드의 제목, 하단 로고, 슬라이드 번호는 슬라이드 마스터를 이용하여 작성한다.
- 제목 글꼴(굴림, 40pt, 흰색), 가운데 맞춤, 도형(선 없음)
- 하단 로고(「내 PC\문서\ITQ\Picture\로고3.jpg」, 배경(연보라색) 투명색으로 설정)

슬라이드 ❶ 표지 디자인 **40**점

(1) 표지 디자인 : 도형, 워드아트 및 그림을 이용하여 작성한다.

세부조건
① 도형 편집
- 도형에 그림 채우기 :
「내 PC\문서\ITQ\Picture\그림1.jpg」,
투명도 50%
- 도형 효과 : (부드러운 가장자리 5포인트)
② 워드아트 삽입
- 변환 : 역삼각형
- 글꼴 : 돋움, 굵게
- 텍스트 반사 : 전체 반사, 터치
③ 그림 삽입
- 「내 PC\문서\ITQ\Picture\로고3.jpg」
- 배경(연보라색) 투명색으로 설정

슬라이드 ❷ 목차 슬라이드 **60**점

(1) 출력형태와 같이 도형을 이용하여 목차를 작성한다(글꼴 : 돋움, 24pt).　　　(2) 도형 : 선 없음

세부조건
① 텍스트에 하이퍼링크 적용
→ '슬라이드 3'
② 그림 삽입
- 「내 PC\문서\ITQ\Picture\그림4.jpg」
- 자르기 기능 이용

슬라이드 ❸ 텍스트/동영상 슬라이드 **60**점

(1) 텍스트 작성 : 글머리 기호 사용(➢, ◆)
   ➢ 문단(굴림, 24pt, 굵게, 줄간격 : 1.5줄), ◆ 문단(굴림, 20pt, 줄간격 : 1.5줄)

세부조건	
① 동영상 삽입 : – 「내 PC₩문서₩ITQ₩Picture₩동영상.wmv」 – 자동실행, 반복재생 설정	

1. 기후변화의 요인

➢ **Factors of Climate Change**

◆ Artificial Factors : Since the beginning of the industrial revolution of the mid 18th century, human activity has effected earth's climate enormously

➢ **기후와 기후변화**

◆ 기후란 일정한 지역에서 오랜 기간 동안의 평균적인 기상 상태

◆ 기후변화는 장기간에 걸친 기후의 변동으로 지구 대기에 존재하는 온실 가스의 인위적 배출 및 농도 상승이 주원인이 되어 발생

3

슬라이드 ❹ 표 슬라이드 **80**점

(1) 도형과 표 작성 기능을 이용하여 슬라이드를 작성한다(글꼴 : 굴림, 18pt).

세부조건	

① 상단 도형 :
   2개 도형의 조합으로 작성
 	
② 좌측 도형 :
   그라데이션 효과(선형 아래쪽)
 	
③ 표 스타일 :
   테마 스타일 1 – 강조 6	

2. 교토메커니즘의 배출권 유형

	메커니즘	1차 이행기간 중 활용 한도	이월 한도
할당 배출권	부속서 B국가에 대한 교토의정서 하의 할당량	한도 없음	한도 없음
JI 크레딧	공동 이행(JI)	한도 없음	구매국 할당량의 2.5%
흡수 배출권	부속서 B국가의 흡수원 감축량에 대해 발행된 배출권	산림경영에 대한 RMU의 경우 국가별로 한도 설정	이월 불가능

4

(1) 차트 작성 기능을 이용하여 슬라이드를 작성한다.
(2) 차트 : 종류(묶은 세로 막대형), 글꼴(돋움, 16pt), 외곽선

세부조건

※ 차트설명
• 차트제목 : 굴림, 24pt, 굵게,
　채우기(흰색), 테두리, 그림자(오프셋 오른쪽)
• 차트영역 : 채우기(노랑)
　그림영역 : 채우기(흰색)
• 데이터 서식 : 농업 계열을 표식이 있는
　꺾은선형으로 변경 후 보조축으로 지정
• 값 표시 : 2017년의 산업공정 계열만

① 도형 삽입
– 스타일 : 미세 효과 – 파랑, 강조 1
– 글꼴 : 굴림, 18pt

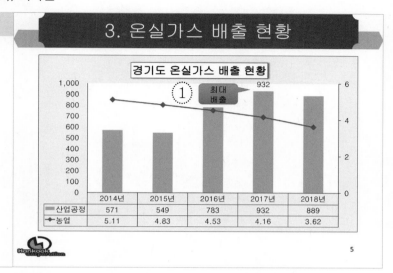

(1) 슬라이드와 같이 도형 및 스마트아트를 배치한다(글꼴 : 돋움, 18pt).
(2) 애니메이션 순서 : ① ⇒ ②

세부조건

① 도형 편집
– 그룹화 후 애니메이션 효과 :
　날아오기(오른쪽에서)

② 도형 및 스마트아트 편집
– 스마트아트 디자인
　3차원 벽돌,
　3차원 만화
– 그룹화 후 애니메이션 효과 :
　회전

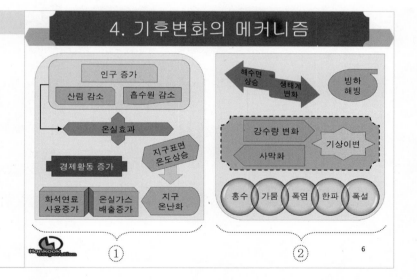

PART 04

기출문제

차례

▶ 합격 강의

정답파일 Part 4 기출문제₩기출문제 1회 답안.pptx

과목	코드	문제유형	시험시간	수험번호	성명
한글파워포인트	1142	A	60분	20242011	홍길동

수험자 유의사항

- 수험자는 문제지를 받는 즉시 문제지와 **수험표상의 시험과목(프로그램)이 동일한지 반드시 확인**하여야 합니다.
- 파일명은 본인의 "수험번호–성명"으로 입력하여 답안폴더(내 PC₩문서₩ITQ)에 하나의 파일로 저장해야 하며, 답안문서 파일명이 "수험번호–성명"과 일치하지 않거나, 답안파일을 전송하지 않아 미제출로 처리될 경우 실격 처리합니다(예:12345678–홍길동.pptx).
- 답안 작성을 마치면 파일을 저장하고, '답안 전송' 버튼을 선택하여 감독위원 PC로 답안을 전송하십시오. 수험생 정보와 저장한 파일명이 다를 경우 전송되지 않으므로 주의하시기 바랍니다.
- 답안 작성 중에도 **주기적으로 저장하고, '답안 전송'**하여야 문제 발생을 줄일 수 있습니다. 작업한 내용을 저장하지 않고 전송할 경우 이전에 저장된 내용이 전송되니 이점 유의하시기 바랍니다.
- 답안문서는 지정된 경로 외의 다른 보조기억장치에 저장하는 경우, 지정된 시험 시간 외에 작성된 파일을 활용할 경우, 기타 통신수단(이메일, 메신저, 네트워크 등)을 이용하여 타인에게 전달 또는 외부 반출하는 경우는 부정 처리합니다.
- 시험 중 부주의 또는 고의로 시스템을 파손한 경우는 수험자가 변상해야 하며, 〈수험자 유의사항〉에 기재된 방법대로 이행하지 않아 생기는 불이익은 수험생 당사자의 책임임을 알려 드립니다.
- 문제의 조건은 MS오피스 2016 버전으로 설정되어 있으니 유의하시기 바랍니다.
- 시험을 완료한 수험자는 답안파일이 전송되었는지 확인한 후 감독위원의 지시에 따라 문제지를 제출하고 퇴실합니다.

답안 작성요령

- 온라인 답안 작성 절차
  수험자 등록 ⇒ 시험 시작 ⇒ 답안파일 저장 ⇒ 답안 전송 ⇒ 시험 종료
- 슬라이드의 크기는 A4 Paper로 설정하여 작성합니다.
- 슬라이드의 총 개수는 6개로 구성되어 있으며 슬라이드 1부터 순서대로 작업하고 반드시 문제와 세부 조건대로 합니다.
- 별도의 지시사항이 없는 경우 출력형태를 참조하여 글꼴색은 검정 또는 흰색으로 작성하고, 기타사항은 전체적인 균형을 고려하여 작성합니다.
- 슬라이드 도형 및 개체에 출력형태와 다른 스타일(그림자, 외곽선 등)을 적용했을 경우 감점처리 됩니다.
- 슬라이드 번호를 작성합니다(슬라이드 1에는 생략).
- 2~6번 슬라이드 제목 도형과 하단 로고는 슬라이드 마스터를 이용하여 출력형태와 동일하게 작성합니다(슬라이드 1에는 생략).
- 문제와 세부조건, 세부조건 번호 ◯(점선원)는 입력하지 않습니다.
- 각 개체의 위치는 오른쪽의 슬라이드와 동일하게 구성합니다.
- 그림 삽입 문제의 경우 반드시 「내 PC₩문서₩ITQ₩Picture」 폴더에서 정확한 파일을 선택하여 삽입하십시오.
- 각 슬라이드를 각각의 파일로 작업해서 저장할 경우 실격 처리됩니다.

(1) 슬라이드 크기 및 순서 : 크기를 A4 용지로 설정하고 슬라이드 순서에 맞게 작성한다.
(2) 슬라이드 마스터 : 2~6슬라이드의 제목, 하단 로고, 슬라이드 번호는 슬라이드 마스터를 이용하여 작성한다.
　　 – 제목 글꼴(돋움, 40pt, 흰색), 가운데 맞춤, 도형(선 없음)
　　 – 하단 로고(「내 PC₩문서₩ITQ₩Picture₩로고2.jpg」, 배경(회색) 투명색으로 설정)

슬라이드 ❶　　표지 디자인　　　　　　　　　　　　　　　　　**40**점

(1) 표지 디자인 : 도형, 워드아트 및 그림을 이용하여 작성한다.

세부조건
① 도형 편집

① 도형 편집
– 도형에 그림 채우기 :
　「내 PC₩문서₩ITQ₩Picture₩그림1.jpg」,
　투명도 50%
– 도형 효과 : 부드러운 가장자리 5포인트

② 워드아트 삽입
– 변환 : 팽창
– 글꼴 : 돋움, 굵게
– 텍스트 반사 : 근접 반사, 4pt 오프셋

③ 그림 삽입
–「내 PC₩문서₩ITQ₩Picture₩로고2.jpg」
– 배경(회색) 투명색으로 설정

슬라이드 ❷　　목차 슬라이드　　　　　　　　　　　　　　　**60**점

(1) 출력형태와 같이 도형을 이용하여 목차를 작성한다(글꼴 : 굴림, 24pt).　　　(2) 도형 : 선 없음

세부조건
① 텍스트에 하이퍼링크 적용

① 텍스트에 하이퍼링크 적용
→ '슬라이드 4'

② 그림 삽입
　–「내 PC₩문서₩ITQ₩Picture₩그림5.jpg」
　– 자르기 기능 이용

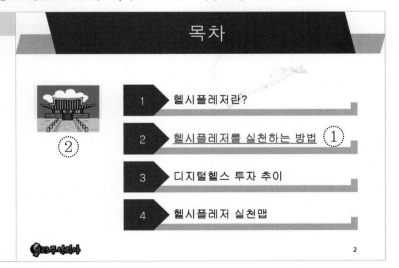

텍스트/동영상 슬라이드 **60**점

(1) 텍스트 작성 : 글머리 기호 사용(❖, ■)
   ❖문단(굴림, 24pt, 굵게, 줄간격 : 1.5줄), ■문단(굴림, 20pt, 줄간격 : 1.5줄)

세부조건

① 동영상 삽입 :
– 「내 PC₩문서₩ITQ₩Picture₩동영상.wmv」
– 자동실행, 반복재생 설정

표 슬라이드 **80**점

(1) 도형과 표 작성 기능을 이용하여 슬라이드를 작성한다(글꼴 : 돋움, 18pt).

세부조건

① 상단 도형 :
   2개 도형의 조합으로 작성

② 좌측 도형 :
   그라데이션 효과(선형 아래쪽)

③ 표 스타일 :
   테마 스타일 1 – 강조 5

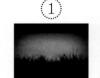

슬라이드 ❺ 차트 슬라이드 100점

(1) 차트 작성 기능을 이용하여 슬라이드를 작성한다.
(2) 차트 : 종류(묶은 세로 막대형), 글꼴(돋움, 16pt), 외곽선

세부조건	
※ 차트설명	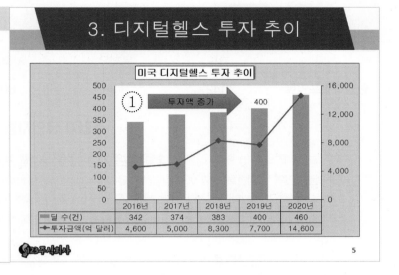

※ 차트설명
• 차트제목 : 굴림, 20pt, 굵게,
  채우기(흰색), 테두리,
  그림자(오프셋 오른쪽)
• 차트영역 : 채우기(노랑)
  그림영역 : 채우기(흰색)
• 데이터 서식 : 투자금액(억 달러) 계열을 표식이
  있는 꺾은선형으로 변경 후 보조축으로 지정
• 값 표시 : 2019년의 딜 수(건) 계열만

① 도형 삽입
– 스타일 : 미세 효과 – 파랑, 강조 1
– 글꼴 : 굴림, 18pt

슬라이드 ❻ 도형 슬라이드 100점

(1) 슬라이드와 같이 도형 및 스마트아트를 배치한다(글꼴 : 굴림, 18pt).
(2) 애니메이션 순서 : ① ⇒ ②

세부조건	
① 도형 및 스마트아트 편집	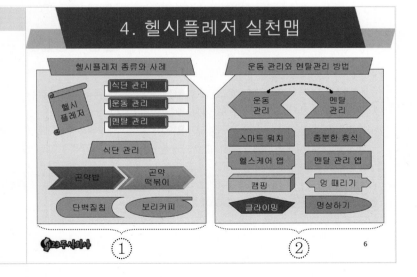

① 도형 및 스마트아트 편집
– 스마트아트 디자인 :
  3차원 만화,
  3차원 경사
– 그룹화 후 애니메이션 효과 :
  닦아내기(위에서)

② 도형 편집
– 그룹화 후 애니메이션 효과 :
  회전

기출문제 2회

▶ 합격 강의

정답파일 Part 4 기출문제\기출문제 2회 답안.pptx

과목	코드	문제유형	시험시간	수험번호	성명
한글파워포인트	1142	A	60분	20242012	홍길동

······················· **수험자 유의사항** ·······················

- 수험자는 문제지를 받는 즉시 문제지와 **수험표상의 시험과목(프로그램)이 동일한지 반드시 확인**하여야 합니다.

- 파일명은 본인의 "수험번호—성명"으로 입력하여 답안폴더(내 PC\문서\ITQ)에 하나의 파일로 저장해야 하며, 답안문서 파일명이 "수험번호—성명"과 일치하지 않거나, 답안파일을 전송하지 않아 미제출로 처리될 경우 실격 처리합니다(예:12345678—홍길동.pptx).

- 답안 작성을 마치면 파일을 저장하고, '답안 전송' 버튼을 선택하여 감독위원 PC로 답안을 전송하십시오. 수험생 정보와 저장한 파일명이 다를 경우 전송되지 않으므로 주의하시기 바랍니다.

- 답안 작성 중에도 **주기적으로 저장하고, '답안 전송'**하여야 문제 발생을 줄일 수 있습니다. 작업한 내용을 저장하지 않고 전송할 경우 이전에 저장된 내용이 전송되니 이점 유의하시기 바랍니다.

- 답안문서는 지정된 경로 외의 다른 보조기억장치에 저장하는 경우, 지정된 시험 시간 외에 작성된 파일을 활용할 경우, 기타 통신수단(이메일, 메신저, 네트워크 등)을 이용하여 타인에게 전달 또는 외부 반출하는 경우는 부정 처리합니다.

- 시험 중 부주의 또는 고의로 시스템을 파손한 경우는 수험자가 변상해야 하며, 〈수험자 유의사항〉에 기재된 방법대로 이행하지 않아 생기는 불이익은 수험생 당사자의 책임임을 알려 드립니다.

- 문제의 조건은 MS오피스 2016 버전으로 설정되어 있으니 유의하시기 바랍니다.

- 시험을 완료한 수험자는 답안파일이 전송되었는지 확인한 후 감독위원의 지시에 따라 문제지를 제출하고 퇴실합니다.

······················· **답안 작성요령** ·······················

- 온라인 답안 작성 절차
  수험자 등록 ⇒ 시험 시작 ⇒ 답안파일 저장 ⇒ 답안 전송 ⇒ 시험 종료

- 슬라이드의 크기는 A4 Paper로 설정하여 작성합니다.

- 슬라이드의 총 개수는 6개로 구성되어 있으며 슬라이드 1부터 순서대로 작업하고 반드시 문제와 세부 조건대로 합니다.

- 별도의 지시사항이 없는 경우 출력형태를 참조하여 글꼴색은 검정 또는 흰색으로 작성하고, 기타사항은 전체적인 균형을 고려하여 작성합니다.

- 슬라이드 도형 및 개체에 출력형태와 다른 스타일(그림자, 외곽선 등)을 적용했을 경우 감점처리 됩니다.

- 슬라이드 번호를 작성합니다(슬라이드 1에는 생략).

- 2~6번 슬라이드 제목 도형과 하단 로고는 슬라이드 마스터를 이용하여 출력형태와 동일하게 작성합니다(슬라이드 1에는 생략).

- 문제와 세부조건, 세부조건 번호 ○(점선원)는 입력하지 않습니다.

- 각 개체의 위치는 오른쪽의 슬라이드와 동일하게 구성합니다.

- 그림 삽입 문제의 경우 반드시 「내 PC\문서\ITQ\Picture」 폴더에서 정확한 파일을 선택하여 삽입하십시오.

- 각 슬라이드를 각각의 파일로 작업해서 저장할 경우 실격 처리됩니다.

(1) 슬라이드 크기 및 순서 : 크기를 A4 용지로 설정하고 슬라이드 순서에 맞게 작성한다.
(2) 슬라이드 마스터 : 2~6슬라이드의 제목, 하단 로고, 슬라이드 번호는 슬라이드 마스터를 이용하여 작성한다.
 - 제목 글꼴(돋움, 40pt, 흰색), 가운데 맞춤, 도형(선 없음)
 - 하단 로고(「내 PC₩문서₩ITQ₩Picture₩로고2.jpg」, 배경(회색) 투명색으로 설정)

슬라이드 ❶ 표지 디자인 **40**점

(1) 표지 디자인 : 도형, 워드아트 및 그림을 이용하여 작성한다.

세부조건	
① 도형 편집 - 도형에 그림 채우기 : 「내 PC₩문서₩ITQ₩Picture₩그림1.jpg」, 투명도 50% - 도형 효과 : 부드러운 가장자리 5포인트 ② 워드아트 삽입 - 변환 : 팽창 - 글꼴 : 돋움, 굵게 - 텍스트 반사 : 근접 반사, 4pt 오프셋 ③ 그림 삽입 - 「내 PC₩문서₩ITQ₩Picture₩로고2.jpg」 - 배경(회색) 투명색으로 설정	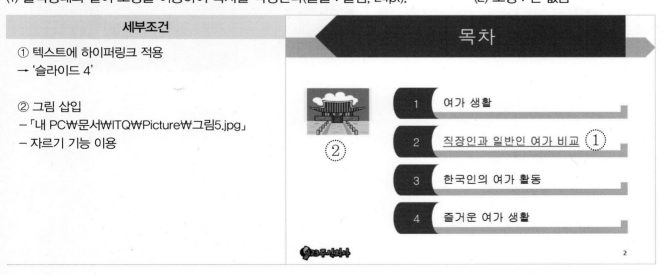

슬라이드 ❷ 목차 슬라이드 **60**점

(1) 출력형태와 같이 도형을 이용하여 목차를 작성한다(글꼴 : 굴림, 24pt).   (2) 도형 : 선 없음

세부조건	
① 텍스트에 하이퍼링크 적용 → '슬라이드 4' ② 그림 삽입 - 「내 PC₩문서₩ITQ₩Picture₩그림5.jpg」 - 자르기 기능 이용	목차 1 여가 생활 2 직장인과 일반인 여가 비교 ① 3 한국인의 여가 활동 4 즐거운 여가 생활

슬라이드 ❸　텍스트/동영상 슬라이드　60점

(1) 텍스트 작성 : 글머리 기호 사용(❖, ■)

　　❖문단(굴림, 24pt, 굵게, 줄간격 : 1.5줄), ■문단(굴림, 20pt, 줄간격 : 1.5줄)

세부조건
① 동영상 삽입 : – 「내 PC\문서\ITQ\Picture\동영상.wmv」 – 자동실행, 반복재생 설정

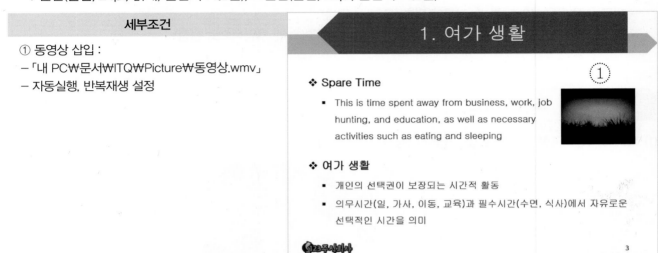

슬라이드 ❹　표 슬라이드　80점

(1) 도형과 표 작성 기능을 이용하여 슬라이드를 작성한다(글꼴 : 돋움, 18pt).

세부조건
① 상단 도형 : 　2개 도형의 조합으로 작성
② 좌측 도형 : 　그라데이션 효과(선형 아래쪽)
③ 표 스타일 : 　테마 스타일 1 – 강조 5

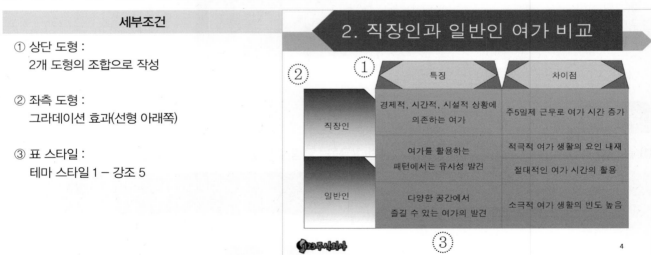

슬라이드 ❺ 차트 슬라이드   **100**점

(1) 차트 작성 기능을 이용하여 슬라이드를 작성한다.
(2) 차트 : 종류(묶은 세로 막대형), 글꼴(돋움, 16pt), 외곽선

세부조건	

※ 차트설명
• 차트제목 : 굴림, 20pt, 굵게,
  채우기(흰색), 테두리,
  그림자(오프셋 오른쪽)
• 차트영역 : 채우기(노랑)
  그림영역 : 채우기(흰색)
• 데이터 서식 : 2022년 계열을 표식이 있는 꺾은
  선형으로 변경 후 보조축으로 지정
• 값 표시 : VOD 감상의 2019년 계열만
 	
① 도형 삽입
– 스타일 : 미세 효과 – 파랑, 강조 1
– 글꼴 : 굴림, 18pt
	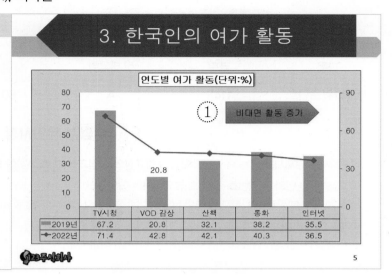

슬라이드 ❻ 도형 슬라이드   **100**점

(1) 슬라이드와 같이 도형 및 스마트아트를 배치한다(글꼴 : 굴림, 18pt).
(2) 애니메이션 순서 : ① ⇒ ②

세부조건	

① 도형 및 스마트아트 편집
– 스마트아트 디자인 :
  3차원 만화,
  3차원 경사
– 그룹화 후 애니메이션 효과 :
  닦아내기(위에서)
 	
② 도형 편집
– 그룹화 후 애니메이션 효과 :
  회전
	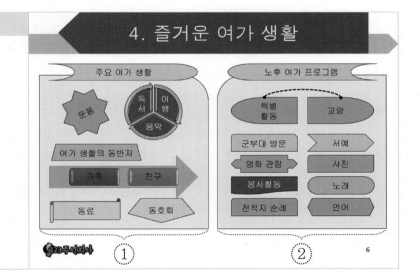

CHAPTER 03 기출문제 3회

정답파일 Part 4 기출문제₩기출문제 3회 답안.pptx

과목	코드	문제유형	시험시간	수험번호	성명
한글파워포인트	1142	A	60분	20242013	홍길동

················· **수험자 유의사항** ·················

- 수험자는 문제지를 받는 즉시 문제지와 **수험표상의 시험과목(프로그램)이 동일한지 반드시 확인**하여야 합니다.
- 파일명은 본인의 "수험번호–성명"으로 입력하여 답안폴더(내 PC₩문서₩ITQ)에 하나의 파일로 저장해야 하며, 답안문서 파일명이 "수험번호–성명"과 일치하지 않거나, 답안파일을 전송하지 않아 미제출로 처리될 경우 실격 처리합니다(예:12345678–홍길동.pptx).
- 답안 작성을 마치면 파일을 저장하고, '답안 전송' 버튼을 선택하여 감독위원 PC로 답안을 전송하십시오. 수험생 정보와 저장한 파일명이 다를 경우 전송되지 않으므로 주의하시기 바랍니다.
- 답안 작성 중에도 **주기적으로 저장하고, '답안 전송'**하여야 문제 발생을 줄일 수 있습니다. 작업한 내용을 저장하지 않고 전송할 경우 이전에 저장된 내용이 전송되니 이점 유의하시기 바랍니다.
- 답안문서는 지정된 경로 외의 다른 보조기억장치에 저장하는 경우, 지정된 시험 시간 외에 작성된 파일을 활용할 경우, 기타 통신수단(이메일, 메신저, 네트워크 등)을 이용하여 타인에게 전달 또는 외부 반출하는 경우는 부정 처리합니다.
- 시험 중 부주의 또는 고의로 시스템을 파손한 경우는 수험자가 변상해야 하며, 〈수험자 유의사항〉에 기재된 방법대로 이행하지 않아 생기는 불이익은 수험생 당사자의 책임임을 알려 드립니다.
- 문제의 조건은 MS오피스 2016 버전으로 설정되어 있으니 유의하시기 바랍니다.
- 시험을 완료한 수험자는 답안파일이 전송되었는지 확인한 후 감독위원의 지시에 따라 문제지를 제출하고 퇴실합니다.

················· **답안 작성요령** ·················

- 온라인 답안 작성 절차
  수험자 등록 ⇒ 시험 시작 ⇒ 답안파일 저장 ⇒ 답안 전송 ⇒ 시험 종료
- 슬라이드의 크기는 A4 Paper로 설정하여 작성합니다.
- 슬라이드의 총 개수는 6개로 구성되어 있으며 슬라이드 1부터 순서대로 작업하고 반드시 문제와 세부 조건대로 합니다.
- 별도의 지시사항이 없는 경우 출력형태를 참조하여 글꼴색은 검정 또는 흰색으로 작성하고, 기타사항은 전체적인 균형을 고려하여 작성합니다.
- 슬라이드 도형 및 개체에 출력형태와 다른 스타일(그림자, 외곽선 등)을 적용했을 경우 감점처리 됩니다.
- 슬라이드 번호를 작성합니다(슬라이드 1에는 생략).
- 2~6번 슬라이드 제목 도형과 하단 로고는 슬라이드 마스터를 이용하여 출력형태와 동일하게 작성합니다(슬라이드 1에는 생략).
- 문제와 세부조건, 세부조건 번호 ◌(점선원)는 입력하지 않습니다.
- 각 개체의 위치는 오른쪽의 슬라이드와 동일하게 구성합니다.
- 그림 삽입 문제의 경우 반드시 「내 PC₩문서₩ITQ₩Picture」 폴더에서 정확한 파일을 선택하여 삽입하십시오.
- 각 슬라이드를 각각의 파일로 작업해서 저장할 경우 실격 처리됩니다.

(1) 슬라이드 크기 및 순서 : 크기를 A4 용지로 설정하고 슬라이드 순서에 맞게 작성한다.

(2) 슬라이드 마스터 : 2~6슬라이드의 제목, 하단 로고, 슬라이드 번호는 슬라이드 마스터를 이용하여 작성한다.

　　– 제목 글꼴(돋움, 40pt, 흰색), 가운데 맞춤, 도형(선 없음)

　　– 하단 로고(「내 PC₩문서₩ITQ₩Picture₩로고2.jpg, 배경(회색) 투명색으로 설정)

슬라이드 ❶　표지 디자인　　**40**점

(1) 표지 디자인 : 도형, 워드아트 및 그림을 이용하여 작성한다.

세부조건	
① 도형 편집 – 도형에 그림 채우기 : 「내 PC₩문서₩ITQ₩Picture₩그림1.jpg」, 투명도 50% – 도형 효과 : 부드러운 가장자리 5포인트 ② 워드아트 삽입 – 변환 : 위로 기울기 – 글꼴 : 돋움, 굵게 – 텍스트 반사 : 근접 반사, 터치 ③ 그림 삽입 – 「내 PC₩문서₩ITQ₩Picture₩로고2.jpg」 – 배경(회색) 투명색으로 설정	

슬라이드 ❷　목차 슬라이드　　**60**점

(1) 출력형태와 같이 도형을 이용하여 목차를 작성한다(글꼴 : 굴림, 24pt).　　　(2) 도형 : 선 없음

세부조건	
① 텍스트에 하이퍼링크 적용 → '슬라이드 6' ② 그림 삽입 – 「내 PC₩문서₩ITQ₩Picture₩그림5.jpg」 – 자르기 기능 이용	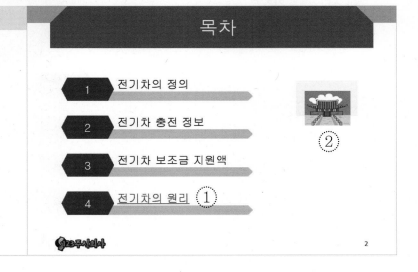

텍스트/동영상 슬라이드 **60**점

(1) 텍스트 작성 : 글머리 기호 사용(◆, ✓)
◆ 문단(굴림, 24pt, 굵게, 줄간격 : 1.5줄), ✓문단(굴림, 20pt, 줄간격 : 1.5줄)

세부조건
① 동영상 삽입 : – 「내 PC₩문서₩ITQ₩Picture₩동영상.wmv」 – 자동실행, 반복재생 설정

1. 전기차의 정의

◆ Electric vehicle
  ✓ An electric vehicle can be powered by a collector system, with electricity from extravehicular sources, or it can be powered autonomously by a battery

◆ 전기차의 특징
  ✓ 전기 사용, 작은 소음, 차량 구조설계 용이
  ✓ 뛰어난 제어 성능 및 유지보수성
  ✓ 엔진 소음이 작고, 폭발의 위험성이 작음

①

123무시회사

3

표 슬라이드 **80**점

(1) 도형과 표 작성 기능을 이용하여 슬라이드를 작성한다(글꼴 : 돋움, 18pt).

세부조건
① 상단 도형 :   2개 도형의 조합으로 작성
② 좌측 도형 :   그라데이션 효과(선형 아래쪽)
③ 표 스타일 :   테마 스타일 1 – 강조 5

2. 전기차 충전 정보

	벽무형 충전기	스탠드형 충전기	이동형 충전기
용량	3~7kW	3~7kW	3kW(Max)
충전 시간	4~6시간	4~6시간	6~9시간
특징	분전함, 기초패드 설치 U형 볼라드, 차량스토퍼, 차량도색	충전기가 외부에 설치되어 눈과 비에 노출될 때만 케노피 설치	220V 콘센트에 RFID태그를 부착하여 충전

① ② ③

123무시회사

4

슬라이드 ❺ **차트 슬라이드** **100**점

(1) 차트 작성 기능을 이용하여 슬라이드를 작성한다.
(2) 차트 : 종류(묶은 세로 막대형), 글꼴(돋움, 16pt), 외곽선

세부조건

※ 차트설명
• 차트제목 : 궁서, 24pt, 굵게,
  채우기(흰색), 테두리,
  그림자(오프셋 왼쪽)
• 차트영역 : 채우기(노랑)
  그림영역 : 채우기(흰색)
• 데이터 서식 : 국비+지방비 계열을 표식이 있는
  꺾은선형으로 변경 후 보조축으로 지정
• 값 표시 : 2022년의 국비 계열만

① 도형 삽입
– 스타일 : 미세 효과 – 파랑, 강조 1
– 글꼴 : 굴림, 18pt

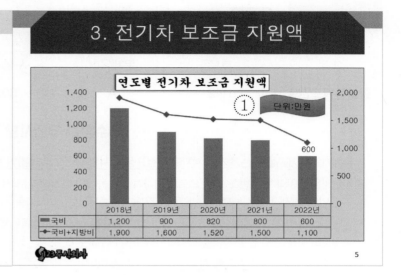

슬라이드 ❻ **도형 슬라이드** **100**점

(1) 슬라이드와 같이 도형 및 스마트아트를 배치한다(글꼴 : 굴림, 18pt).
(2) 애니메이션 순서 : ① ⇒ ②

세부조건

① 도형 및 스마트아트 편집
– 스마트아트 디자인 :
  3차원 만화,
  3차원 벽돌
– 그룹화 후 애니메이션 효과 :
  닦아내기(위에서)

② 도형 편집
– 그룹화 후 애니메이션 효과 :
  바운드

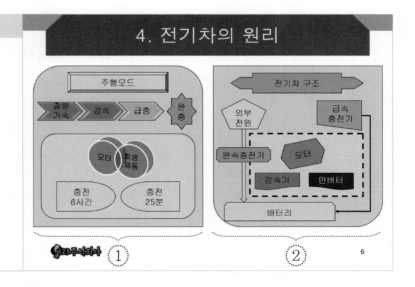

정답파일 Part 4 기출문제₩기출문제 4회 답안.pptx

과목	코드	문제유형	시험시간	수험번호	성명
한글파워포인트	1142	A	60분	20242014	홍길동

수험자 유의사항

- 수험자는 문제지를 받는 즉시 문제지와 **수험표상의 시험과목(프로그램)이 동일한지 반드시 확인**하여야 합니다.
- 파일명은 본인의 "수험번호−성명"으로 입력하여 답안폴더(내 PC₩문서₩ITQ)에 하나의 파일로 저장해야 하며, 답안문서 파일명이 "수험번호−성명"과 일치하지 않거나, 답안파일을 전송하지 않아 미제출로 처리될 경우 실격 처리합니다(예:12345678−홍길동.pptx).
- 답안 작성을 마치면 파일을 저장하고, '답안 전송' 버튼을 선택하여 감독위원 PC로 답안을 전송하십시오. 수험생 정보와 저장한 파일명이 다를 경우 전송되지 않으므로 주의하시기 바랍니다.
- 답안 작성 중에도 **주기적으로 저장하고, '답안 전송'**하여야 문제 발생을 줄일 수 있습니다. 작업한 내용을 저장하지 않고 전송할 경우 이전에 저장된 내용이 전송되니 이점 유의하시기 바랍니다.
- 답안문서는 지정된 경로 외의 다른 보조기억장치에 저장하는 경우, 지정된 시험 시간 외에 작성된 파일을 활용할 경우, 기타 통신수단(이메일, 메신저, 네트워크 등)을 이용하여 타인에게 전달 또는 외부 반출하는 경우는 부정 처리합니다.
- 시험 중 부주의 또는 고의로 시스템을 파손한 경우는 수험자가 변상해야 하며, 〈수험자 유의사항〉에 기재된 방법대로 이행하지 않아 생기는 불이익은 수험생 당사자의 책임임을 알려 드립니다.
- 문제의 조건은 MS오피스 2016 버전으로 설정되어 있으니 유의하시기 바랍니다.
- 시험을 완료한 수험자는 답안파일이 전송되었는지 확인한 후 감독위원의 지시에 따라 문제지를 제출하고 퇴실합니다.

답안 작성요령

- 온라인 답안 작성 절차
  수험자 등록 ⇒ 시험 시작 ⇒ 답안파일 저장 ⇒ 답안 전송 ⇒ 시험 종료
- 슬라이드의 크기는 A4 Paper로 설정하여 작성합니다.
- 슬라이드의 총 개수는 6개로 구성되어 있으며 슬라이드 1부터 순서대로 작업하고 반드시 문제와 세부 조건대로 합니다.
- 별도의 지시사항이 없는 경우 출력형태를 참조하여 글꼴색은 검정 또는 흰색으로 작성하고, 기타사항은 전체적인 균형을 고려하여 작성합니다.
- 슬라이드 도형 및 개체에 출력형태와 다른 스타일(그림자, 외곽선 등)을 적용했을 경우 감점처리 됩니다.
- 슬라이드 번호를 작성합니다(슬라이드 1에는 생략).
- 2~6번 슬라이드 제목 도형과 하단 로고는 슬라이드 마스터를 이용하여 출력형태와 동일하게 작성합니다(슬라이드 1에는 생략).
- 문제와 세부조건, 세부조건 번호 ◯(점선원)는 입력하지 않습니다.
- 각 개체의 위치는 오른쪽의 슬라이드와 동일하게 구성합니다.
- 그림 삽입 문제의 경우 반드시 「내 PC₩문서₩ITQ₩Picture」 폴더에서 정확한 파일을 선택하여 삽입하십시오.
- 각 슬라이드를 각각의 파일로 작업해서 저장할 경우 실격 처리됩니다.

(1) 슬라이드 크기 및 순서 : 크기를 A4 용지로 설정하고 슬라이드 순서에 맞게 작성한다.
(2) 슬라이드 마스터 : 2~6슬라이드의 제목, 하단 로고, 슬라이드 번호는 슬라이드 마스터를 이용하여 작성한다.
 - 제목 글꼴(돋움, 40pt, 흰색), 가운데 맞춤, 도형(선 없음)
 - 하단 로고(「내 PC₩문서₩ITQ₩Picture₩로고2.jpg」, 배경(회색) 투명색으로 설정)

슬라이드 ❶ 표지 디자인 **40**점

(1) 표지 디자인 : 도형, 워드아트 및 그림을 이용하여 작성한다.

세부조건	
① 도형 편집 - 도형에 그림 채우기 : 「내 PC₩문서₩ITQ₩Picture₩그림1.jpg」, 투명도 50% - 도형 효과 : 부드러운 가장자리 5포인트 ② 워드아트 삽입 - 변환 : 물결 1 - 글꼴 : 돋움, 굵게 - 텍스트 반사 : 근접 반사, 터치 ③ 그림 삽입 -「내 PC₩문서₩ITQ₩Picture₩로고2.jpg」 - 배경(회색) 투명색으로 설정	

슬라이드 ❷ 목차 슬라이드 **60**점

(1) 출력형태와 같이 도형을 이용하여 목차를 작성한다(글꼴 : 굴림, 24pt). 　　(2) 도형 : 선 없음

세부조건	
① 텍스트에 하이퍼링크 적용 → '슬라이드 6' ② 그림 삽입 -「내 PC₩문서₩ITQ₩Picture₩그림5.jpg」 - 자르기 기능 이용	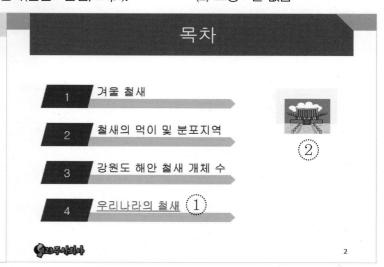

슬라이드 ❸ 텍스트/동영상 슬라이드 **60**점

(1) 텍스트 작성 : 글머리 기호 사용(➤, ❖)

➤문단(굴림, 24pt, 굵게, 줄간격 : 1.5줄), ❖문단(굴림, 20pt, 줄간격 : 1.5줄)

세부조건

① 동영상 삽입 :
- 「내 PC₩문서₩ITQ₩Picture₩동영상.wmv」
- 자동실행, 반복재생 설정

1. 겨울 철새

➤ **Winter Visitor**
- ❖ It is the seasonal journey undertaken by many species of birds
- ❖ Bird movements include those made in response to changes in food availability, habitat, or weather

➤ **겨울 철새**
- ❖ 시베리아와 같은 북쪽지방에서 생활하다가 먹이, 환경, 날씨 등의 이유로 가을에 찾아와 월동을 하고 봄이 지나면 다른 곳으로 이동하여 번식하는 철새

3

슬라이드 ❹ 표 슬라이드 **80**점

(1) 도형과 표 작성 기능을 이용하여 슬라이드를 작성한다(글꼴 : 돋움, 18pt).

세부조건

① 상단 도형 :
2개 도형의 조합으로 작성

② 좌측 도형 :
그라데이션 효과(선형 아래쪽)

③ 표 스타일 :
테마 스타일 1 – 강조 5

2. 철새의 먹이 및 분포지역

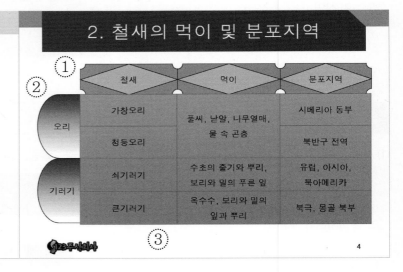

철새	먹이	분포지역
가창오리	풀씨, 낟알, 나무열매, 물 속 곤충	시베리아 동부
청둥오리		북반구 전역
쇠기러기	수초의 줄기와 뿌리, 보리와 밀의 푸른 잎	유럽, 아시아, 북아메리카
큰기러기	옥수수, 보리와 밀의 잎과 뿌리	북극, 몽골 북부

4

차트 슬라이드 **100**점

(1) 차트 작성 기능을 이용하여 슬라이드를 작성한다.
(2) 차트 : 종류(묶은 세로 막대형), 글꼴(돋움, 16pt), 외곽선

세부조건

※ 차트설명
• 차트제목 : 궁서, 24pt, 굵게,
  채우기(흰색), 테두리,
  그림자(오프셋 왼쪽)
• 차트영역 : 채우기(노랑)
  그림영역 : 채우기(흰색)
• 데이터 서식 : 12월 계열을 표식이 있는 꺾은선형
  으로 변경 후 보조축으로 지정
• 값 표시 : 방울새의 1월 계열만

① 도형 삽입
 – 스타일 : 미세 효과 – 파랑, 강조 1
 – 글꼴 : 굴림, 18pt

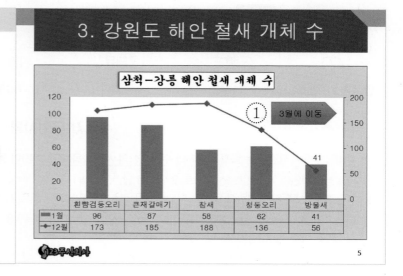

도형 슬라이드 **100**점

(1) 슬라이드와 같이 도형 및 스마트아트를 배치한다(글꼴 : 굴림, 18pt).
(2) 애니메이션 순서 : ① ⇒ ②

세부조건

① 도형 및 스마트아트 편집
 – 스마트아트 디자인 :
   3차원 만화,
   3차원 경사
 – 그룹화 후 애니메이션 효과 :
   닦아내기(위에서)

② 도형 편집
 – 그룹화 후 애니메이션 효과 :
   바운드

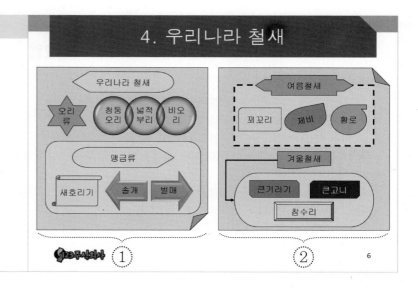

▶ 합격 강의

정답파일 Part 4 기출문제\기출문제 5회 답안.pptx

과목	코드	문제유형	시험시간	수험번호	성명
한글파워포인트	1142	A	60분	20242015	홍길동

수험자 유의사항

- 수험자는 문제지를 받는 즉시 문제지와 **수험표상의 시험과목(프로그램)이 동일한지 반드시 확인**하여야 합니다.
- 파일명은 본인의 "수험번호–성명"으로 입력하여 답안폴더(내 PC\문서\ITQ)에 하나의 파일로 저장해야 하며, 답안문서 파일명이 "수험번호–성명"과 일치하지 않거나, 답안파일을 전송하지 않아 미제출로 처리될 경우 실격 처리합니다(예:12345678–홍길동.pptx).
- 답안 작성을 마치면 파일을 저장하고, '답안 전송' 버튼을 선택하여 감독위원 PC로 답안을 전송하십시오. 수험생 정보와 저장한 파일명이 다를 경우 전송되지 않으므로 주의하시기 바랍니다.
- 답안 작성 중에도 **주기적으로 저장하고, '답안 전송'**하여야 문제 발생을 줄일 수 있습니다. 작업한 내용을 저장하지 않고 전송할 경우 이전에 저장된 내용이 전송되니 이점 유의하시기 바랍니다.
- 답안문서는 지정된 경로 외의 다른 보조기억장치에 저장하는 경우, 지정된 시험 시간 외에 작성된 파일을 활용할 경우, 기타 통신수단(이메일, 메신저, 네트워크 등)을 이용하여 타인에게 전달 또는 외부 반출하는 경우는 부정 처리합니다.
- 시험 중 부주의 또는 고의로 시스템을 파손한 경우는 수험자가 변상해야 하며, 〈수험자 유의사항〉에 기재된 방법대로 이행하지 않아 생기는 불이익은 수험생 당사자의 책임임을 알려 드립니다.
- 문제의 조건은 MS오피스 2016 버전으로 설정되어 있으니 유의하시기 바랍니다.
- 시험을 완료한 수험자는 답안파일이 전송되었는지 확인한 후 감독위원의 지시에 따라 문제지를 제출하고 퇴실합니다.

답안 작성요령

- 온라인 답안 작성 절차
  수험자 등록 ⇒ 시험 시작 ⇒ 답안파일 저장 ⇒ 답안 전송 ⇒ 시험 종료
- 슬라이드의 크기는 A4 Paper로 설정하여 작성합니다.
- 슬라이드의 총 개수는 6개로 구성되어 있으며 슬라이드 1부터 순서대로 작업하고 반드시 문제와 세부 조건대로 합니다.
- 별도의 지시사항이 없는 경우 출력형태를 참조하여 글꼴색은 검정 또는 흰색으로 작성하고, 기타사항은 전체적인 균형을 고려하여 작성합니다.
- 슬라이드 도형 및 개체에 출력형태와 다른 스타일(그림자, 외곽선 등)을 적용했을 경우 감점처리 됩니다.
- 슬라이드 번호를 작성합니다(슬라이드 1에는 생략).
- 2~6번 슬라이드 제목 도형과 하단 로고는 슬라이드 마스터를 이용하여 출력형태와 동일하게 작성합니다(슬라이드 1에는 생략).
- 문제와 세부조건, 세부조건 번호 ○(점선원)는 입력하지 않습니다.
- 각 개체의 위치는 오른쪽의 슬라이드와 동일하게 구성합니다.
- 그림 삽입 문제의 경우 반드시 「내 PC\문서\ITQ\Picture」 폴더에서 정확한 파일을 선택하여 삽입하십시오.
- 각 슬라이드를 각각의 파일로 작업해서 저장할 경우 실격 처리됩니다.

전체구성 **60**점

(1) 슬라이드 크기 및 순서 : 크기를 A4 용지로 설정하고 슬라이드 순서에 맞게 작성한다.
(2) 슬라이드 마스터 : 2~6슬라이드의 제목, 하단 로고, 슬라이드 번호는 슬라이드 마스터를 이용하여 작성한다.
 – 제목 글꼴(돋움, 40pt, 흰색), 가운데 맞춤, 도형(선 없음)
 – 하단 로고(「내 PC\문서\ITQ\Picture\로고2.jpg」, 배경(회색) 투명색으로 설정)

슬라이드 ❶ 표지 디자인 **40**점

(1) 표지 디자인 : 도형, 워드아트 및 그림을 이용하여 작성한다.

세부조건	
① 도형 편집 – 도형에 그림 채우기 : 「내 PC\문서\ITQ\Picture\그림1.jpg」, 투명도 50% – 도형 효과 : 부드러운 가장자리 5포인트 ② 워드아트 삽입 – 변환 : 삼각형 – 글꼴 : 돋움, 굵게 – 텍스트 반사 : 근접 반사, 4pt 오프셋 ③ 그림 삽입 – 「내 PC\문서\ITQ\Picture\로고2.jpg」 – 배경(회색) 투명색으로 설정	

슬라이드 ❷ 목차 슬라이드 **60**점

(1) 출력형태와 같이 도형을 이용하여 목차를 작성한다(글꼴 : 굴림, 24pt). (2) 도형 : 선 없음

세부조건	
① 텍스트에 하이퍼링크 적용 → '슬라이드 6' ② 그림 삽입 – 「내 PC\문서\ITQ\Picture\그림4.jpg」 – 자르기 기능 이용	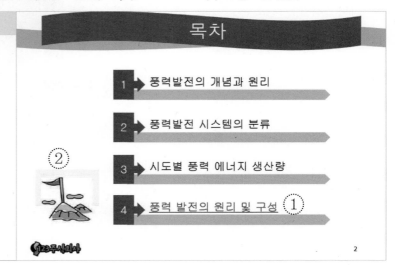

(1) 텍스트 작성 : 글머리 기호 사용(❖, ✓)
      ❖문단(굴림, 24pt, 굵게, 줄간격 : 1.5줄), ✓문단(굴림, 20pt, 줄간격 : 1.5줄)

세부조건
① 동영상 삽입 : – 「내 PC₩문서₩ITQ₩Picture₩동영상.wmv」 – 자동실행, 반복재생 설정

1.풍력발전의 개념과 원리

❖ **Wind power generation**
   ✓ A method of generating electricity using wind energy
   ✓ Principle of converting mechanical energy generated by rotating blades into electrical energy through the generator

❖ **풍력발전**
   ✓ 바람의 힘을 사용하여 전기를 생산하는 시스템으로 풍차의 원리를 이용하는 경쟁력 있는 재생에너지 발전 방식

①

3

---

(1) 도형과 표 작성 기능을 이용하여 슬라이드를 작성한다(글꼴 : 돋움, 18pt).

세부조건

① 상단 도형 :
  2개 도형의 조합으로 작성
 	
② 좌측 도형 :
  그라데이션 효과(선형 아래쪽)
 	
③ 표 스타일 :
  테마 스타일 1 – 강조 1

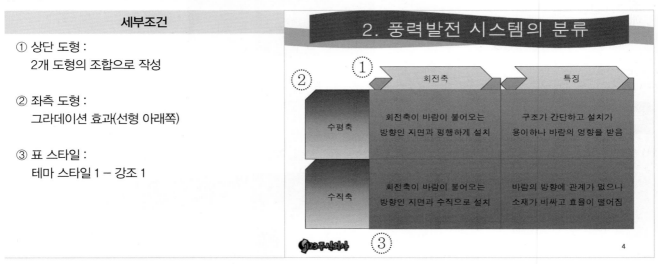

2. 풍력발전 시스템의 분류

	회전축	특징
수평축	회전축이 바람이 불어오는 방향인 지면과 평행하게 설치	구조가 간단하고 설치가 용이하나 바람의 영향을 받음
수직축	회전축이 바람이 불어오는 방향인 지면과 수직으로 설치	바람의 방향에 관계가 없으나 소재가 비싸고 효율이 떨어짐

② ① ③

4

(1) 차트 작성 기능을 이용하여 슬라이드를 작성한다.
(2) 차트 : 종류(묶은 세로 막대형), 글꼴(돋움, 16pt), 외곽선

세부조건

※ 차트설명
• 차트제목 : 궁서, 24pt, 굵게,
　채우기(흰색), 테두리,
　그림자(오프셋 오른쪽)
• 차트영역 : 채우기(노랑)
　그림영역 : 채우기(흰색)
• 데이터 서식 : 자가용 계열을 표식이 있는 꺾은
　선형으로 변경 후 보조축으로 지정
• 값 표시 : 경북의 사업용 계열만

① 도형 삽입
－ 스타일 : 미세 효과 － 파랑, 강조 1
－ 글꼴 : 굴림, 18pt

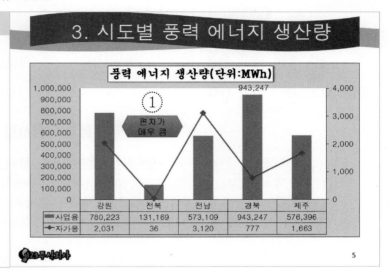

(1) 슬라이드와 같이 도형 및 스마트아트를 배치한다(글꼴 : 굴림, 18pt).
(2) 애니메이션 순서 : ① ⇒ ②

세부조건

① 도형 및 스마트아트 편집
－ 스마트아트 디자인 :
　3차원 광택 처리,
　3차원 만화
－ 그룹화 후 애니메이션 효과 :
　닦아내기(위에서)

② 도형 편집
－ 그룹화 후 애니메이션 효과 :
　바운드

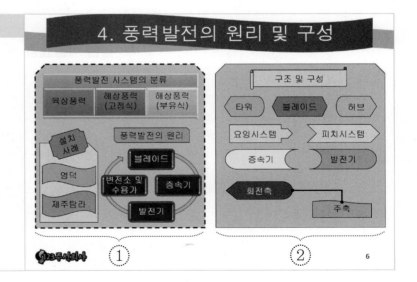

기출문제 6회

▶ 합격 강의

정답파일 Part 4 기출문제₩기출문제 6회 답안.pptx

과목	코드	문제유형	시험시간	수험번호	성명
한글파워포인트	1142	A	60분	20242016	홍길동

수험자 유의사항

- 수험자는 문제지를 받는 즉시 문제지와 **수험표상의 시험과목(프로그램)이 동일한지 반드시 확인**하여야 합니다.
- 파일명은 본인의 "수험번호-성명"으로 입력하여 답안폴더(내 PC₩문서₩ITQ)에 하나의 파일로 저장해야 하며, 답안문서 파일명이 "수험번호-성명"과 일치하지 않거나, 답안파일을 전송하지 않아 미제출로 처리될 경우 실격 처리합니다(예:12345678-홍길동.pptx).
- 답안 작성을 마치면 파일을 저장하고, '답안 전송' 버튼을 선택하여 감독위원 PC로 답안을 전송하십시오. 수험생 정보와 저장한 파일명이 다를 경우 전송되지 않으므로 주의하시기 바랍니다.
- 답안 작성 중에도 **주기적으로 저장하고, '답안 전송'**하여야 문제 발생을 줄일 수 있습니다. 작업한 내용을 저장하지 않고 전송할 경우 이전에 저장된 내용이 전송되니 이점 유의하시기 바랍니다.
- 답안문서는 지정된 경로 외의 다른 보조기억장치에 저장하는 경우, 지정된 시험 시간 외에 작성된 파일을 활용할 경우, 기타 통신수단(이메일, 메신저, 네트워크 등)을 이용하여 타인에게 전달 또는 외부 반출하는 경우는 부정 처리합니다.
- 시험 중 부주의 또는 고의로 시스템을 파손한 경우는 수험자가 변상해야 하며, 〈수험자 유의사항〉에 기재된 방법대로 이행하지 않아 생기는 불이익은 수험생 당사자의 책임임을 알려 드립니다.
- 문제의 조건은 MS오피스 2016 버전으로 설정되어 있으니 유의하시기 바랍니다.
- 시험을 완료한 수험자는 답안파일이 전송되었는지 확인한 후 감독위원의 지시에 따라 문제지를 제출하고 퇴실합니다.

답안 작성요령

- 온라인 답안 작성 절차
  수험자 등록 ⇒ 시험 시작 ⇒ 답안파일 저장 ⇒ 답안 전송 ⇒ 시험 종료
- 슬라이드의 크기는 A4 Paper로 설정하여 작성합니다.
- 슬라이드의 총 개수는 6개로 구성되어 있으며 슬라이드 1부터 순서대로 작업하고 반드시 문제와 세부 조건대로 합니다.
- 별도의 지시사항이 없는 경우 출력형태를 참조하여 글꼴색은 검정 또는 흰색으로 작성하고, 기타사항은 전체적인 균형을 고려하여 작성합니다.
- 슬라이드 도형 및 개체에 출력형태와 다른 스타일(그림자, 외곽선 등)을 적용했을 경우 감점처리 됩니다.
- 슬라이드 번호를 작성합니다(슬라이드 1에는 생략).
- 2~6번 슬라이드 제목 도형과 하단 로고는 슬라이드 마스터를 이용하여 출력형태와 동일하게 작성합니다(슬라이드 1에는 생략).
- 문제와 세부조건, 세부조건 번호 ○(점선원)는 입력하지 않습니다.
- 각 개체의 위치는 오른쪽의 슬라이드와 동일하게 구성합니다.
- 그림 삽입 문제의 경우 반드시 「내 PC₩문서₩ITQ₩Picture」 폴더에서 정확한 파일을 선택하여 삽입하십시오.
- 각 슬라이드를 각각의 파일로 작업해서 저장할 경우 실격 처리됩니다.

60점

(1) 슬라이드 크기 및 순서 : 크기를 A4 용지로 설정하고 슬라이드 순서에 맞게 작성한다.
(2) 슬라이드 마스터 : 2~6슬라이드의 제목, 하단 로고, 슬라이드 번호는 슬라이드 마스터를 이용하여 작성한다.
　　－ 제목 글꼴(돋움, 40pt, 흰색), 가운데 맞춤, 도형(선 없음)
　　－ 하단 로고(「내 PC\문서\ITQ\Picture\로고1.jpg」, 배경(회색) 투명색으로 설정)

슬라이드 ❶　표지 디자인　　　　　**40**점

(1) 표지 디자인 : 도형, 워드아트 및 그림을 이용하여 작성한다.

세부조건
① 도형 편집 － 도형에 그림 채우기 : 　「내 PC\문서\ITQ\Picture\그림1.jpg」, 　투명도 50% － 도형 효과 : 부드러운 가장자리 5포인트 ② 워드아트 삽입 － 변환 : 위쪽 수축 － 글꼴 : 궁서, 굵게 － 텍스트 반사 : 근접 반사, 터치 ③ 그림 삽입 －「내 PC\문서\ITQ\Picture\로고1.jpg」 － 배경(회색) 투명색으로 설정

슬라이드 ❷　목차 슬라이드　　　　　**60**점

(1) 출력형태와 같이 도형을 이용하여 목차를 작성한다(글꼴 : 굴림, 24pt).　　　(2) 도형 : 선 없음

세부조건
① 텍스트에 하이퍼링크 적용 → '슬라이드 4' ② 그림 삽입 －「내 PC\문서\ITQ\Picture\그림5.jpg」 － 자르기 기능 이용

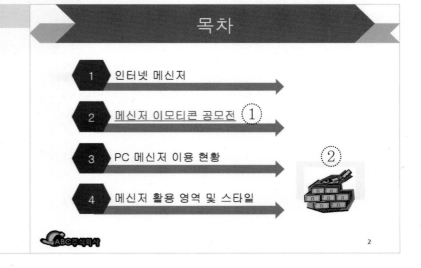

슬라이드 ❸ 텍스트/동영상 슬라이드 **60**점

(1) 텍스트 작성 : 글머리 기호 사용(◆, ✓)
　◆문단(굴림, 24pt, 굵게, 줄간격 : 1.5줄), ✓문단(굴림, 20pt, 줄간격 : 1.5줄)

세부조건	
① 동영상 삽입 : －「내 PC\문서\ITQ\Picture\동영상.wmv」 － 자동실행, 반복재생 설정	

슬라이드 ❹ 표 슬라이드 **80**점

(1) 도형과 표 작성 기능을 이용하여 슬라이드를 작성한다(글꼴 : 돋움, 18pt).

세부조건	
① 상단 도형 : 　2개 도형의 조합으로 작성 ② 좌측 도형 : 　그라데이션 효과(선형 아래쪽) ③ 표 스타일 : 　테마 스타일 1 － 강조 6	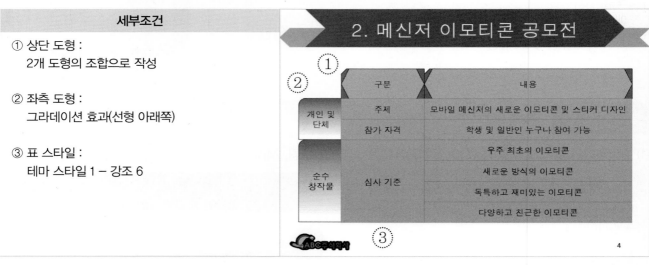

(1) 차트 작성 기능을 이용하여 슬라이드를 작성한다.
(2) 차트 : 종류(묶은 세로 막대형), 글꼴(돋움, 16pt), 외곽선

세부조건	
※ 차트설명	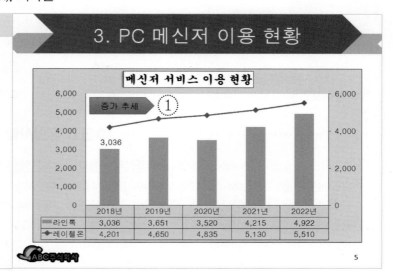

• 차트제목 : 궁서, 24pt, 굵게,
  채우기(흰색), 테두리,
  그림자(오프셋 왼쪽)	

• 차트영역 : 채우기(노랑) 그림영역 : 채우기(흰색)	
• 데이터 서식 : 레이첼온 계열을 표식이 있는 꺾은 선형으로 변경 후 보조축으로 지정	
• 값 표시 : 2018년의 라인톡 계열만	
① 도형 삽입 – 스타일 : 미세 효과 – 파랑, 강조 1 – 글꼴 : 굴림, 18pt	

(1) 슬라이드와 같이 도형 및 스마트아트를 배치한다(글꼴 : 굴림, 18pt).
(2) 애니메이션 순서 : ① ⇒ ②

세부조건	
① 도형 및 스마트아트 편집	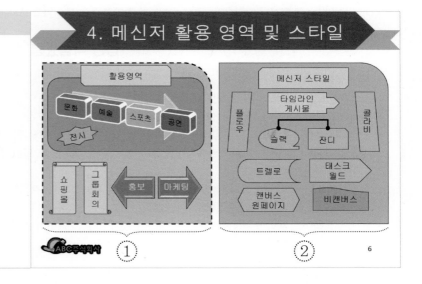

– 스마트아트 디자인 :
  3차원 벽돌,
  3차원 만화	

– 그룹화 후 애니메이션 효과 : 닦아내기(위에서)	
② 도형 편집 – 그룹화 후 애니메이션 효과 : 나타내기	

정답파일 Part 4 기출문제₩기출문제 7회 답안.pptx

과목	코드	문제유형	시험시간	수험번호	성명
한글파워포인트	1142	A	60분	20242017	홍길동

수험자 유의사항

- 수험자는 문제지를 받는 즉시 문제지와 **수험표상의 시험과목(프로그램)이 동일한지 반드시 확인**하여야 합니다.
- 파일명은 본인의 "수험번호-성명"으로 입력하여 답안폴더(내 PC₩문서₩ITQ)에 하나의 파일로 저장해야 하며, 답안문서 파일명이 "수험번호-성명"과 일치하지 않거나, 답안파일을 전송하지 않아 미제출로 처리될 경우 실격 처리합니다(예:12345678-홍길동.pptx).
- 답안 작성을 마치면 파일을 저장하고, '답안 전송' 버튼을 선택하여 감독위원 PC로 답안을 전송하십시오. 수험생 정보와 저장한 파일명이 다를 경우 전송되지 않으므로 주의하시기 바랍니다.
- 답안 작성 중에도 **주기적으로 저장하고, '답안 전송'**하여야 문제 발생을 줄일 수 있습니다. 작업한 내용을 저장하지 않고 전송할 경우 이전에 저장된 내용이 전송되니 이점 유의하시기 바랍니다.
- 답안문서는 지정된 경로 외의 다른 보조기억장치에 저장하는 경우, 지정된 시험 시간 외에 작성된 파일을 활용할 경우, 기타 통신수단(이메일, 메신저, 네트워크 등)을 이용하여 타인에게 전달 또는 외부 반출하는 경우는 부정 처리합니다.
- 시험 중 부주의 또는 고의로 시스템을 파손한 경우는 수험자가 변상해야 하며, 〈수험자 유의사항〉에 기재된 방법대로 이행하지 않아 생기는 불이익은 수험생 당사자의 책임임을 알려 드립니다.
- 문제의 조건은 MS오피스 2016 버전으로 설정되어 있으니 유의하시기 바랍니다.
- 시험을 완료한 수험자는 답안파일이 전송되었는지 확인한 후 감독위원의 지시에 따라 문제지를 제출하고 퇴실합니다.

답안 작성요령

- 온라인 답안 작성 절차
  수험자 등록 ⇒ 시험 시작 ⇒ 답안파일 저장 ⇒ 답안 전송 ⇒ 시험 종료
- 슬라이드의 크기는 A4 Paper로 설정하여 작성합니다.
- 슬라이드의 총 개수는 6개로 구성되어 있으며 슬라이드 1부터 순서대로 작업하고 반드시 문제와 세부 조건대로 합니다.
- 별도의 지시사항이 없는 경우 출력형태를 참조하여 글꼴색은 검정 또는 흰색으로 작성하고, 기타사항은 전체적인 균형을 고려하여 작성합니다.
- 슬라이드 도형 및 개체에 출력형태와 다른 스타일(그림자, 외곽선 등)을 적용했을 경우 감점처리 됩니다.
- 슬라이드 번호를 작성합니다(슬라이드 1에는 생략).
- 2∼6번 슬라이드 제목 도형과 하단 로고는 슬라이드 마스터를 이용하여 출력형태와 동일하게 작성합니다(슬라이드 1에는 생략).
- 문제와 세부조건, 세부조건 번호 ○(점선원)는 입력하지 않습니다.
- 각 개체의 위치는 오른쪽의 슬라이드와 동일하게 구성합니다.
- 그림 삽입 문제의 경우 반드시 「내 PC₩문서₩ITQ₩Picture」 폴더에서 정확한 파일을 선택하여 삽입하십시오.
- 각 슬라이드를 각각의 파일로 작업해서 저장할 경우 실격 처리됩니다.

(1) 슬라이드 크기 및 순서 : 크기를 A4 용지로 설정하고 슬라이드 순서에 맞게 작성한다.

(2) 슬라이드 마스터 : 2~6슬라이드의 제목, 하단 로고, 슬라이드 번호는 슬라이드 마스터를 이용하여 작성한다.

  – 제목 글꼴(굴림, 40pt, 흰색), 가운데 맞춤, 도형(선 없음)

  – 하단 로고(「내 PC₩문서₩ITQ₩Picture₩로고1.jpg, 배경(회색) 투명색으로 설정)

슬라이드 ❶ 표지 디자인   40점

(1) 표지 디자인 : 도형, 워드아트 및 그림을 이용하여 작성한다.

세부조건

① 도형 편집

– 도형에 그림 채우기 :
「내 PC₩문서₩ITQ₩Picture₩그림1.jpg」,
투명도 50%

– 도형 효과 : 부드러운 가장자리 5포인트

② 워드아트 삽입

– 변환 : 위로 기울기

– 글꼴 : 돋움, 굵게

– 텍스트 반사 : 전체 반사, 터치

③ 그림 삽입

– 「내 PC₩문서₩ITQ₩Picture₩로고1.jpg」

– 배경(회색) 투명색으로 설정

슬라이드 ❷ 목차 슬라이드   60점

(1) 출력형태와 같이 도형을 이용하여 목차를 작성한다(글꼴 : 굴림, 24pt).   (2) 도형 : 선 없음

세부조건

① 텍스트에 하이퍼링크 적용

→ '슬라이드 5'

② 그림 삽입

– 「내 PC₩문서₩ITQ₩Picture₩그림4.jpg」

– 자르기 기능 이용

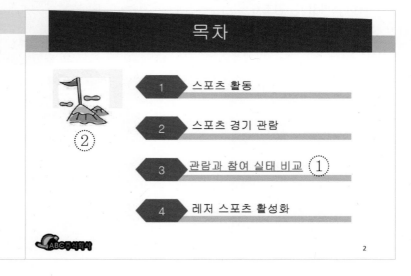

슬라이드 ❸   텍스트/동영상 슬라이드   **60**점

(1) 텍스트 작성 : 글머리 기호 사용(◆, ✓)

    ◆ 문단(굴림, 24pt, 굵게, 줄간격 : 1.5줄), ✓ 문단(굴림, 20pt, 줄간격 : 1.5줄)

세부조건	
① 동영상 삽입 : – 「내 PC₩문서₩ITQ₩Picture₩동영상.wmv」 – 자동실행, 반복재생 설정	

슬라이드 ❹   표 슬라이드   **80**점

(1) 도형과 표 작성 기능을 이용하여 슬라이드를 작성한다(글꼴 : 돋움, 18pt).

세부조건	

① 상단 도형 :
  2개 도형의 조합으로 작성
 	
② 좌측 도형 :
  그라데이션 효과(선형 아래쪽)
 	
③ 표 스타일 :
  테마 스타일 1 – 강조 6
	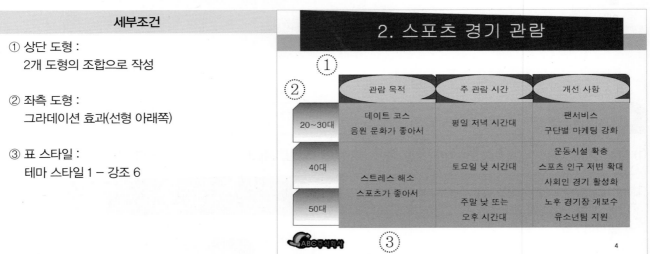

(1) 차트 작성 기능을 이용하여 슬라이드를 작성한다.
(2) 차트 : 종류(묶은 세로 막대형), 글꼴(굴림, 16pt), 외곽선

세부조건	
※ 차트설명 • 차트제목 : 궁서, 24pt, 굵게, 　채우기(흰색), 테두리, 　그림자(오프셋 아래쪽) • 차트영역 : 채우기(노랑) 　그림영역 : 채우기(흰색) • 데이터 서식 : 직접 해본 운동 계열을 표식이 있는 　꺾은선형으로 변경 후 보조축으로 지정 • 값 표시 : 배드민턴의 직접 해본 운동 계열만 ① 도형 삽입 – 스타일 : 미세 효과 – 파랑, 강조 1 – 글꼴 : 돋움, 18pt	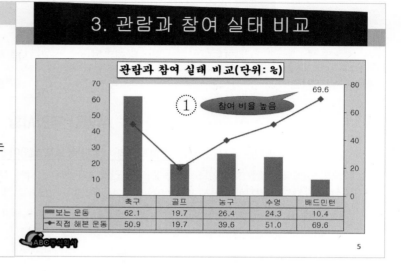

(1) 슬라이드와 같이 도형 및 스마트아트를 배치한다(글꼴 : 굴림, 18pt).
(2) 애니메이션 순서 : ① ⇒ ②

세부조건	
① 도형 및 스마트아트 편집 – 스마트아트 디자인 : 　3차원 만화, 　3차원 경사 – 그룹화 후 애니메이션 효과 : 　날아오기(왼쪽에서) ② 도형 편집 – 그룹화 후 애니메이션 효과 : 　나타내기	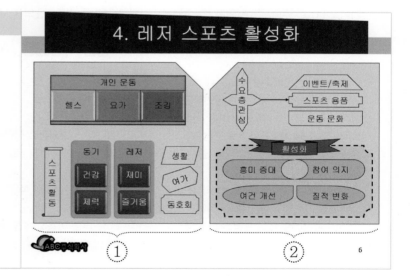

기출문제 8회

▶ 합격 강의

정답파일 Part 4 기출문제₩기출문제 8회 답안.pptx

과목	코드	문제유형	시험시간	수험번호	성명
한글파워포인트	1142	A	60분	20242018	홍길동

수험자 유의사항

- 수험자는 문제지를 받는 즉시 문제지와 **수험표상의 시험과목(프로그램)이 동일한지 반드시 확인**하여야 합니다.
- 파일명은 본인의 "수험번호–성명"으로 입력하여 답안폴더(내 PC₩문서₩ITQ)에 하나의 파일로 저장해야 하며, 답안문서 파일명이 "수험번호–성명"과 일치하지 않거나, 답안파일을 전송하지 않아 미제출로 처리될 경우 실격 처리합니다(예:12345678–홍길동.pptx).
- 답안 작성을 마치면 파일을 저장하고, '답안 전송' 버튼을 선택하여 감독위원 PC로 답안을 전송하십시오. 수험생 정보와 저장한 파일명이 다를 경우 전송되지 않으므로 주의하시기 바랍니다.
- 답안 작성 중에도 **주기적으로 저장하고, '답안 전송'**하여야 문제 발생을 줄일 수 있습니다. 작업한 내용을 저장하지 않고 전송할 경우 이전에 저장된 내용이 전송되니 이점 유의하시기 바랍니다.
- 답안문서는 지정된 경로 외의 다른 보조기억장치에 저장하는 경우, 지정된 시험 시간 외에 작성된 파일을 활용할 경우, 기타 통신수단(이메일, 메신저, 네트워크 등)을 이용하여 타인에게 전달 또는 외부 반출하는 경우는 부정 처리합니다.
- 시험 중 부주의 또는 고의로 시스템을 파손한 경우는 수험자가 변상해야 하며, 〈수험자 유의사항〉에 기재된 방법대로 이행하지 않아 생기는 불이익은 수험생 당사자의 책임임을 알려 드립니다.
- 문제의 조건은 MS오피스 2016 버전으로 설정되어 있으니 유의하시기 바랍니다.
- 시험을 완료한 수험자는 답안파일이 전송되었는지 확인한 후 감독위원의 지시에 따라 문제지를 제출하고 퇴실합니다.

답안 작성요령

- 온라인 답안 작성 절차
  수험자 등록 ⇒ 시험 시작 ⇒ 답안파일 저장 ⇒ 답안 전송 ⇒ 시험 종료
- 슬라이드의 크기는 A4 Paper로 설정하여 작성합니다.
- 슬라이드의 총 개수는 6개로 구성되어 있으며 슬라이드 1부터 순서대로 작업하고 반드시 문제와 세부 조건대로 합니다.
- 별도의 지시사항이 없는 경우 출력형태를 참조하여 글꼴색은 검정 또는 흰색으로 작성하고, 기타사항은 전체적인 균형을 고려하여 작성합니다.
- 슬라이드 도형 및 개체에 출력형태와 다른 스타일(그림자, 외곽선 등)을 적용했을 경우 감점처리 됩니다.
- 슬라이드 번호를 작성합니다(슬라이드 1에는 생략).
- 2~6번 슬라이드 제목 도형과 하단 로고는 슬라이드 마스터를 이용하여 출력형태와 동일하게 작성합니다(슬라이드 1에는 생략).
- 문제와 세부조건, 세부조건 번호 ○(점선원)는 입력하지 않습니다.
- 각 개체의 위치는 오른쪽의 슬라이드와 동일하게 구성합니다.
- 그림 삽입 문제의 경우 반드시 「내 PC₩문서₩ITQ₩Picture」 폴더에서 정확한 파일을 선택하여 삽입하십시오.
- 각 슬라이드를 각각의 파일로 작업해서 저장할 경우 실격 처리됩니다.

전체구성　　60점

(1) 슬라이드 크기 및 순서 : 크기를 A4 용지로 설정하고 슬라이드 순서에 맞게 작성한다.
(2) 슬라이드 마스터 : 2~6슬라이드의 제목, 하단 로고, 슬라이드 번호는 슬라이드 마스터를 이용하여 작성한다.
- 제목 글꼴(돋움, 40pt, 흰색), 가운데 맞춤, 도형(선 없음)
- 하단 로고(「내 PC₩문서₩ITQ₩Picture₩로고2.jpg」, 배경(회색) 투명색으로 설정)

슬라이드 ❶　　표지 디자인　　40점

(1) 표지 디자인 : 도형, 워드아트 및 그림을 이용하여 작성한다.

세부조건
① 도형 편집 - 도형에 그림 채우기 : 　「내 PC₩문서₩ITQ₩Picture₩그림2.jpg」, 　투명도 50% - 도형 효과 : 부드러운 가장자리 5포인트 ② 워드아트 삽입 - 변환 : 물결2 - 글꼴 : 돋움, 굵게 - 텍스트 반사 : 전체 반사, 터치 ③ 그림 삽입 - 「내 PC₩문서₩ITQ₩Picture₩로고2.jpg」 - 배경(회색) 투명색으로 설정

슬라이드 ❷　　목차 슬라이드　　60점

(1) 출력형태와 같이 도형을 이용하여 목차를 작성한다(글꼴 : 굴림, 24pt).　　(2) 도형 : 선 없음

세부조건
① 텍스트에 하이퍼링크 적용 → '슬라이드 4' ② 그림 삽입 - 「내 PC₩문서₩ITQ₩Picture₩그림4.jpg」 - 자르기 기능 이용

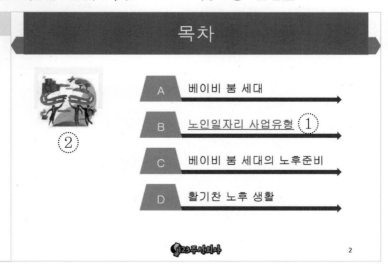

슬라이드 ❸ 텍스트/동영상 슬라이드   **60**점

(1) 텍스트 작성 : 글머리 기호 사용(❖, ✓)
　　❖문단(굴림, 24pt, 굵게, 줄간격 : 1.5줄), ✓문단(굴림, 20pt, 줄간격 : 1.5줄)

세부조건	
① 동영상 삽입 : 　- 「내 PC₩문서₩ITQ₩Picture₩동영상.wmv」 　- 자동실행, 반복재생 설정	

A. 베이비 붐 세대

❖ Baby Boomer
　✓ Baby boomer is used in a cultural context, so it is difficult to achieve broad consensus of a precise date definition
　✓ Different people and scholars have varying opinions

❖ 베이비 붐 세대
　✓ 인구비율이 높은 특정 기간에 걸쳐 출생한 세대로 우리나라 근대화의 중추로 자부심이 크며, 이전 세대에 비해 경제력과 소비력이 높음

①

3

슬라이드 ❹ 표 슬라이드   **80**점

(1) 도형과 표 작성 기능을 이용하여 슬라이드를 작성한다(글꼴 : 돋움, 18pt).

세부조건
① 상단 도형 : 　2개 도형의 조합으로 작성
② 좌측 도형 : 　그라데이션 효과(선형 아래쪽)
③ 표 스타일 : 　테마 스타일 1 - 강조 5

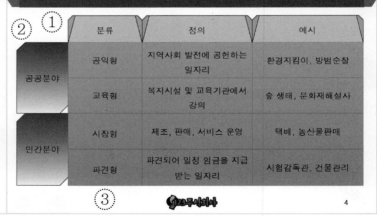

B. 노인일자리 사업유형

분류		정의	예시
공공분야	공익형	지역사회 발전에 공헌하는 일자리	환경지킴이, 방범순찰
	교육형	복지시설 및 교육기관에서 강의	숲 생태, 문화재해설사
민간분야	시장형	제조, 판매, 서비스 운영	택배, 농산물판매
	파견형	파견되어 일정 임금을 지급받는 일자리	시험감독관, 건물관리

4

차트 슬라이드 **100**점

(1) 차트 작성 기능을 이용하여 슬라이드를 작성한다.
(2) 차트 : 종류(묶은 세로 막대형), 글꼴(돋움, 16pt), 외곽선

세부조건	

※ 차트설명
• 차트제목 : 궁서, 24pt, 굵게,
  채우기(흰색), 테두리,
  그림자(오프셋 왼쪽)
• 차트영역 : 채우기(노랑)
  그림영역 : 채우기(흰색)
• 데이터 서식 : 여성 계열을 표식이 있는 꺾은선형
  으로 변경 후 보조축으로 지정
• 값 표시 : 국민연금의 남성 계열만

① 도형 삽입
  - 스타일 : 미세 효과 – 파랑, 강조 1
  - 글꼴 : 굴림, 18pt

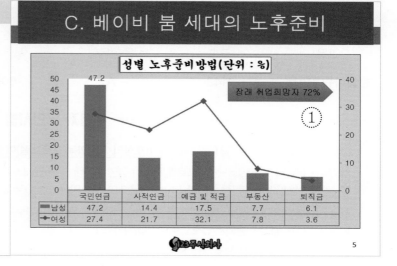

도형 슬라이드 **100**점

(1) 슬라이드와 같이 도형 및 스마트아트를 배치한다(글꼴 : 굴림, 18pt).
(2) 애니메이션 순서 : ① ⇒ ②

세부조건	

① 도형 및 스마트아트 편집
  - 스마트아트 디자인 :
    3차원 만화,
    3차원 경사
  - 그룹화 후 애니메이션 효과 :
    바운드

② 도형 편집
  - 그룹화 후 애니메이션 효과 :
    실선 무늬(세로)

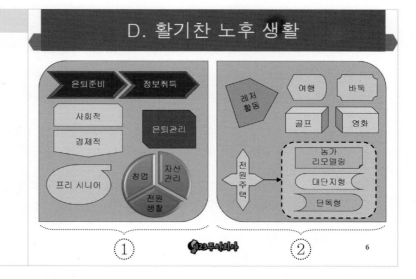

정답파일 Part 4 기출문제₩기출문제 9회 답안.pptx

과목	코드	문제유형	시험시간	수험번호	성명
한글파워포인트	1142	A	60분	20242019	홍길동

수험자 유의사항

- 수험자는 문제지를 받는 즉시 문제지와 **수험표상의 시험과목(프로그램)이 동일한지 반드시 확인**하여야 합니다.
- 파일명은 본인의 "수험번호–성명"으로 입력하여 답안폴더(내 PC₩문서₩ITQ)에 하나의 파일로 저장해야 하며, 답안문서 파일명이 "수험번호–성명"과 일치하지 않거나, 답안파일을 전송하지 않아 미제출로 처리될 경우 실격 처리합니다(예:12345678–홍길동.pptx).
- 답안 작성을 마치면 파일을 저장하고, '답안 전송' 버튼을 선택하여 감독위원 PC로 답안을 전송하십시오. 수험생 정보와 저장한 파일명이 다를 경우 전송되지 않으므로 주의하시기 바랍니다.
- 답안 작성 중에도 **주기적으로 저장하고, '답안 전송'**하여야 문제 발생을 줄일 수 있습니다. 작업한 내용을 저장하지 않고 전송할 경우 이전에 저장된 내용이 전송되니 이점 유의하시기 바랍니다.
- 답안문서는 지정된 경로 외의 다른 보조기억장치에 저장하는 경우, 지정된 시험 시간 외에 작성된 파일을 활용할 경우, 기타 통신수단(이메일, 메신저, 네트워크 등)을 이용하여 타인에게 전달 또는 외부 반출하는 경우는 부정 처리합니다.
- 시험 중 부주의 또는 고의로 시스템을 파손한 경우는 수험자가 변상해야 하며, 〈수험자 유의사항〉에 기재된 방법대로 이행하지 않아 생기는 불이익은 수험생 당사자의 책임임을 알려 드립니다.
- 문제의 조건은 MS오피스 2016 버전으로 설정되어 있으니 유의하시기 바랍니다.
- 시험을 완료한 수험자는 답안파일이 전송되었는지 확인한 후 감독위원의 지시에 따라 문제지를 제출하고 퇴실합니다.

답안 작성요령

- 온라인 답안 작성 절차
  수험자 등록 ⇒ 시험 시작 ⇒ 답안파일 저장 ⇒ 답안 전송 ⇒ 시험 종료
- 슬라이드의 크기는 A4 Paper로 설정하여 작성합니다.
- 슬라이드의 총 개수는 6개로 구성되어 있으며 슬라이드 1부터 순서대로 작업하고 반드시 문제와 세부 조건대로 합니다.
- 별도의 지시사항이 없는 경우 출력형태를 참조하여 글꼴색은 검정 또는 흰색으로 작성하고, 기타사항은 전체적인 균형을 고려하여 작성합니다.
- 슬라이드 도형 및 개체에 출력형태와 다른 스타일(그림자, 외곽선 등)을 적용했을 경우 감점처리 됩니다.
- 슬라이드 번호를 작성합니다(슬라이드 1에는 생략).
- 2~6번 슬라이드 제목 도형과 하단 로고는 슬라이드 마스터를 이용하여 출력형태와 동일하게 작성합니다(슬라이드 1에는 생략).
- 문제와 세부조건, 세부조건 번호 ○(점선원)는 입력하지 않습니다.
- 각 개체의 위치는 오른쪽의 슬라이드와 동일하게 구성합니다.
- 그림 삽입 문제의 경우 반드시 「내 PC₩문서₩ITQ₩Picture」 폴더에서 정확한 파일을 선택하여 삽입하십시오.
- 각 슬라이드를 각각의 파일로 작업해서 저장할 경우 실격 처리됩니다.

(1) 슬라이드 크기 및 순서 : 크기를 A4 용지로 설정하고 슬라이드 순서에 맞게 작성한다.

(2) 슬라이드 마스터 : 2~6슬라이드의 제목, 하단 로고, 슬라이드 번호는 슬라이드 마스터를 이용하여 작성한다.
 – 제목 글꼴(돋움, 40pt, 흰색), 가운데 맞춤, 도형(선 없음)
 – 하단 로고(「내 PC₩문서₩ITQ₩Picture₩로고1.jpg」, 배경(회색) 투명색으로 설정)

슬라이드 ❶ 표지 디자인
40점

(1) 표지 디자인 : 도형, 워드아트 및 그림을 이용하여 작성한다.

세부조건
① 도형 편집 – 도형에 그림 채우기 : 「내 PC₩문서₩ITQ₩Picture₩그림1.jpg」, 투명도 50% – 도형 효과 : 부드러운 가장자리 5포인트 ② 워드아트 삽입 – 변환 : 휘어 내려가기 – 글꼴 : 돋움, 굵게 – 텍스트 반사 : 근접 반사, 4pt 오프셋 ③ 그림 삽입 – 「내 PC₩문서₩ITQ₩Picture₩로고1.jpg」 – 배경(회색) 투명색으로 설정

슬라이드 ❷ 목차 슬라이드
60점

(1) 출력형태와 같이 도형을 이용하여 목차를 작성한다(글꼴 : 굴림, 24pt).   (2) 도형 : 선 없음

세부조건
① 텍스트에 하이퍼링크 적용 → '슬라이드 6' ② 그림 삽입 – 「내 PC₩문서₩ITQ₩Picture₩그림5.jpg」 – 자르기 기능 이용

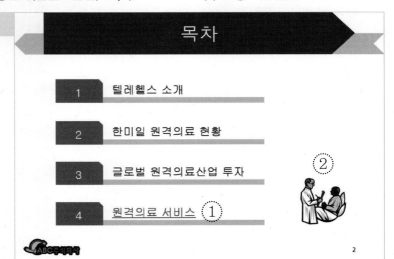

슬라이드 ❸ 텍스트/동영상 슬라이드　60점

(1) 텍스트 작성 : 글머리 기호 사용(◆,➤)
- ◆문단(굴림, 24pt, 굵게, 줄간격 : 1.5줄), ➤문단(굴림, 20pt, 줄간격 : 1.5줄)

세부조건	
① 동영상 삽입 : – 「내 PC₩문서₩ITQ₩Picture₩동영상.wmv」 – 자동실행, 반복재생 설정	

1. 텔레헬스 소개

◆ **Telehealth**
- ➤ Telehealth is the distribution of health-related services and information via electronic information and telecommunication technologies

◆ **텔레헬스**
- ➤ 통신 기술과 디지털 정보를 활용하여 원격으로 진료
- ➤ 전화, 화상 상담, 온라인 채팅, 스트리밍 미디어 등을 이용하여 진료, 심리 상담, 재활치료 등의 의료 서비스 제공

3

슬라이드 ❹ 표 슬라이드　80점

(1) 도형과 표 작성 기능을 이용하여 슬라이드를 작성한다(글꼴 : 돋움, 18pt).

세부조건	
① 상단 도형 : 　2개 도형의 조합으로 작성 ② 좌측 도형 : 　그라데이션 효과(선형 아래쪽) ③ 표 스타일 : 　테마 스타일 1 – 강조 2	

2. 한미일 원격의료 현황

	서비스 제공자	서비스 대상자	서비스 범위
미국	의사, 간호사, 임상병리사 등	국민의 약 25%	초진 환자 허용
일본	의사	당뇨, 고혈압 환자 등	초진 환자 원칙적 불허
한국	의사(치과의사, 한의사 포함)	도서, 벽지주민, 당뇨, 고혈압 환자 등	재진 환자

4

슬라이드 ⑤ **차트 슬라이드** **100**점

(1) 차트 작성 기능을 이용하여 슬라이드를 작성한다.
(2) 차트 : 종류(묶은 세로 막대형), 글꼴(돋움, 16pt), 외곽선

세부조건	
※ 차트설명 • 차트제목 : 궁서, 24pt, 굵게, 채우기(흰색), 테두리, 그림자(오프셋 아래쪽) • 차트영역 : 채우기(노랑) 그림영역 : 채우기(흰색) • 데이터 서식 : 투자건수 계열을 표식이 있는 꺾은 선형으로 변경 후 보조축으로 지정 • 값 표시 : 2021년의 투자규모 계열만 ① 도형 삽입 – 스타일 : 미세 효과 – 파랑, 강조 1 – 글꼴 : 굴림, 18pt	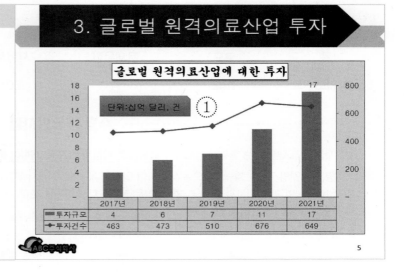

슬라이드 ⑥ **도형 슬라이드** **100**점

(1) 슬라이드와 같이 도형 및 스마트아트를 배치한다(글꼴 : 굴림, 18pt).
(2) 애니메이션 순서 : ① ⇒ ②

세부조건	
① 도형 및 스마트아트 편집 – 스마트아트 디자인 : 3차원 만화, 3차원 광택 처리 – 그룹화 후 애니메이션 효과 : 날아오기(왼쪽에서) ② 도형 편집 – 그룹화 후 애니메이션 효과 : 바운드	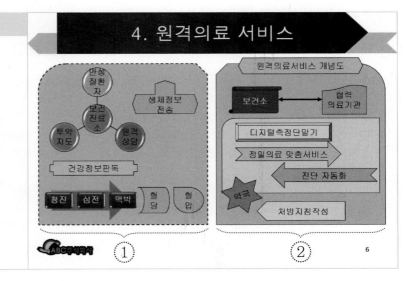

기출문제 10회

▶ 합격 강의

정답파일 Part 4 기출문제₩기출문제 10회 답안.pptx

과목	코드	문제유형	시험시간	수험번호	성명
한글파워포인트	1142	A	60분	20242020	홍길동

수험자 유의사항

- 수험자는 문제지를 받는 즉시 문제지와 **수험표상의 시험과목(프로그램)이 동일한지 반드시 확인**하여야 합니다.
- 파일명은 본인의 "수험번호–성명"으로 입력하여 답안폴더(내 PC₩문서₩ITQ)에 하나의 파일로 저장해야 하며, 답안문서 파일명이 "수험번호–성명"과 일치하지 않거나, 답안파일을 전송하지 않아 미제출로 처리될 경우 실격 처리합니다(예:12345678–홍길동.pptx).
- 답안 작성을 마치면 파일을 저장하고, '답안 전송' 버튼을 선택하여 감독위원 PC로 답안을 전송하십시오. 수험생 정보와 저장한 파일명이 다를 경우 전송되지 않으므로 주의하시기 바랍니다.
- 답안 작성 중에도 **주기적으로 저장하고, '답안 전송'**하여야 문제 발생을 줄일 수 있습니다. 작업한 내용을 저장하지 않고 전송할 경우 이전에 저장된 내용이 전송되니 이점 유의하시기 바랍니다.
- 답안문서는 지정된 경로 외의 다른 보조기억장치에 저장하는 경우, 지정된 시험 시간 외에 작성된 파일을 활용할 경우, 기타 통신수단(이메일, 메신저, 네트워크 등)을 이용하여 타인에게 전달 또는 외부 반출하는 경우는 부정 처리합니다.
- 시험 중 부주의 또는 고의로 시스템을 파손한 경우는 수험자가 변상해야 하며, 〈수험자 유의사항〉에 기재된 방법대로 이행하지 않아 생기는 불이익은 수험생 당사자의 책임임을 알려 드립니다.
- 문제의 조건은 MS오피스 2016 버전으로 설정되어 있으니 유의하시기 바랍니다.
- 시험을 완료한 수험자는 답안파일이 전송되었는지 확인한 후 감독위원의 지시에 따라 문제지를 제출하고 퇴실합니다.

답안 작성요령

- 온라인 답안 작성 절차
  수험자 등록 ⇒ 시험 시작 ⇒ 답안파일 저장 ⇒ 답안 전송 ⇒ 시험 종료
- 슬라이드의 크기는 A4 Paper로 설정하여 작성합니다.
- 슬라이드의 총 개수는 6개로 구성되어 있으며 슬라이드 1부터 순서대로 작업하고 반드시 문제와 세부 조건대로 합니다.
- 별도의 지시사항이 없는 경우 출력형태를 참조하여 글꼴색은 검정 또는 흰색으로 작성하고, 기타사항은 전체적인 균형을 고려하여 작성합니다.
- 슬라이드 도형 및 개체에 출력형태와 다른 스타일(그림자, 외곽선 등)을 적용했을 경우 감점처리 됩니다.
- 슬라이드 번호를 작성합니다(슬라이드 1에는 생략).
- 2~6번 슬라이드 제목 도형과 하단 로고는 슬라이드 마스터를 이용하여 출력형태와 동일하게 작성합니다(슬라이드 1에는 생략).
- 문제와 세부조건, 세부조건 번호 ○(점선원)는 입력하지 않습니다.
- 각 개체의 위치는 오른쪽의 슬라이드와 동일하게 구성합니다.
- 그림 삽입 문제의 경우 반드시 「내 PC₩문서₩ITQ₩Picture」 폴더에서 정확한 파일을 선택하여 삽입하십시오.
- 각 슬라이드를 각각의 파일로 작업해서 저장할 경우 실격 처리됩니다.

(1) 슬라이드 크기 및 순서 : 크기를 A4 용지로 설정하고 슬라이드 순서에 맞게 작성한다.
(2) 슬라이드 마스터 : 2~6슬라이드의 제목, 하단 로고, 슬라이드 번호는 슬라이드 마스터를 이용하여 작성한다.
  – 제목 글꼴(돋움, 40pt, 흰색), 가운데 맞춤, 도형(선 없음)
  – 하단 로고(「내 PC₩문서₩ITQ₩Picture₩로고1.jpg」, 배경(회색) 투명색으로 설정)

슬라이드 ❶ 표지 디자인   **40**점

(1) 표지 디자인 : 도형, 워드아트 및 그림을 이용하여 작성한다.

세부조건	

① 도형 편집
– 도형에 그림 채우기 :
  「내 PC₩문서₩ITQ₩Picture₩그림1.jpg」,
  투명도 50%
– 도형 효과 : 부드러운 가장자리 5포인트
 	
② 워드아트 삽입
– 변환 : 오른쪽 줄이기
– 글꼴 : 굴림, 굵게
– 텍스트 반사 : 1/2 반사, 8pt 오프셋
 	
③ 그림 삽입
– 「내 PC₩문서₩ITQ₩Picture₩로고1.jpg」
– 배경(회색) 투명색으로 설정

슬라이드 ❷ 목차 슬라이드   **60**점

(1) 출력형태와 같이 도형을 이용하여 목차를 작성한다(글꼴 : 돋움, 24pt).   (2) 도형 : 선 없음

세부조건	
① 텍스트에 하이퍼링크 적용 → '슬라이드 5' ② 그림 삽입 – 「내 PC₩문서₩ITQ₩Picture₩그림4.jpg」 – 자르기 기능 이용	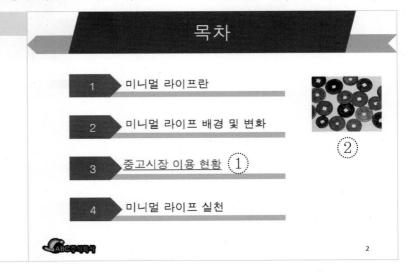

(1) 텍스트 작성 : 글머리 기호 사용(◆, ✓)
    ◆문단(굴림, 24pt, 굵게, 줄간격 : 1.5줄), ✓문단(굴림, 20pt, 줄간격 : 1.5줄)

세부조건	
① 동영상 삽입 : – 「내 PC₩문서₩ITQ₩Picture₩동영상.wmv」 – 자동실행, 반복재생 설정	

1. 미니멀 라이프란

◆ **Minimal Life**
   ✓ A lifestyle that minimizes unnecessary things and lives with minimal
   ✓ Focus on important parts of your life by not stopping and shrinking things

◆ **미니멀 라이프**
   ✓ 불필요한 물건을 줄이고 최소한의 것으로 살아가는 생활방식으로 물건을 줄이는 것에서 그치지 않고 적게 가짐으로써 내면의 삶에 충실하려 노력하는 삶의 방식

ABC문서제작서   3

---

(1) 도형과 표 작성 기능을 이용하여 슬라이드를 작성한다(글꼴 : 굴림, 18pt).

세부조건	

① 상단 도형 :
  2개 도형의 조합으로 작성
 	
② 좌측 도형 :
  그라데이션 효과(선형 아래쪽)
 	
③ 표 스타일 :
  테마 스타일 1 – 강조 5	

2. 미니멀 라이프 배경 및 변화

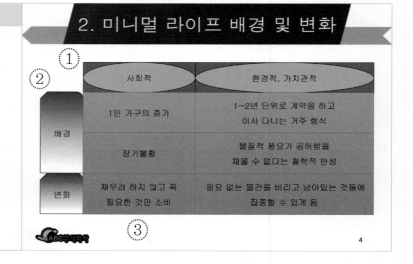

	사회적	환경적, 가치관적
배경	1인 가구의 증가	1~2년 단위로 계약을 하고 이사 다니는 거주 형식
배경	장기불황	물질적 풍요가 공허함을 채울 수 없다는 철학적 반성
변화	채우려 하지 않고 꼭 필요한 것만 소비	필요 없는 물건을 버리고 남아있는 것들에 집중할 수 있게 됨

ABC문서제작서   4

슬라이드 ❺	**차트 슬라이드**	**100**점

(1) 차트 작성 기능을 이용하여 슬라이드를 작성한다.
(2) 차트 : 종류(묶은 세로 막대형), 글꼴(돋움, 16pt), 외곽선

세부조건

※ 차트설명
• 차트제목 : 궁서, 24pt, 굵게,
　채우기(흰색), 테두리,
　그림자(오프셋 아래쪽)
• 차트영역 : 채우기(노랑)
　그림영역 : 채우기(흰색)
• 데이터 서식 : 이용고객(십명) 계열을 표식이 있는
　꺾은선형으로 변경 후 보조축으로 지정
• 값 표시 : 2020년의 결제금액(천만원) 계열만

① 도형 삽입
– 스타일 : 미세 효과 – 파랑, 강조 1
– 글꼴 : 굴림, 18pt

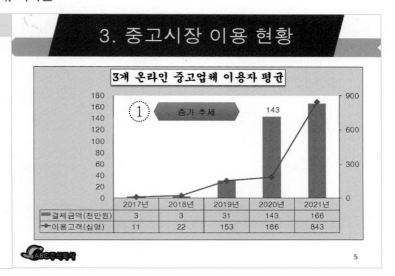

슬라이드 ❻	**도형 슬라이드**	**100**점

(1) 슬라이드와 같이 도형 및 스마트아트를 배치한다(글꼴 : 굴림, 18pt).
(2) 애니메이션 순서 : ① ⇒ ②

세부조건

① 도형 및 스마트아트 편집
– 스마트아트 디자인 :
　3차원 만화,
　3차원 경사
– 그룹화 후 애니메이션 효과 :
　바운드

② 도형 편집
– 그룹화 후 애니메이션 효과 :
　나누기(가로 바깥쪽으로)

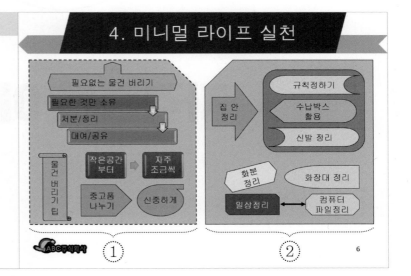

자격증은 이기적!